人邮普华
PUHUA BOOK

我
们
一
起
解
决
问
题

# 新时代
# 高校学生精准资助
# 全周期量化管理研究

刘红旗　唐志文　肖　杰◎著

人民邮电出版社

北　京

**图书在版编目（CIP）数据**

新时代高校学生精准资助全周期量化管理研究 / 刘红旗，唐志文，肖杰著 . -- 北京 : 人民邮电出版社，2025. -- ISBN 978-7-115-67336-7

Ⅰ . G649.20

中国国家版本馆 CIP 数据核字第 2025RQ2595 号

## 内 容 提 要

高校学生资助工作彰显初心、涉及国计、关乎民生、体现公平。推进高校学生资助工作规范科学管理、实现精准资助和资助育人高质量发展是一项系统工程、科学工程，需善用系统思维和方法、借助现代管理科学技术。

本书基于高校学生资助工作理论研究和实践经验，坚持系统观念、问题导向，聚焦长期以来困扰高校学生精准资助管理实践中的关键性问题，突出灰色系统理论方法特色，系统介绍了灰色系统理论中典型的灰色聚类分析、灰色关联分析、灰色预测分析等建模技术和方法，以及它们在破解高校学生精准资助管理实践难题上的应用。

本书可供学生资助管理领域的各级管理者和工作者实践参考，也可供高等教育管理、灰色系统等领域的学者研究借鉴。

◆ 著　　刘红旗　唐志文　肖　杰

责任编辑　贾淑艳

责任印制　彭志环

◆ 人民邮电出版社出版发行　　北京市丰台区成寿寺路 11 号

邮编 100164　电子邮件 315@ptpress.com.cn

网址 https://www.ptpress.com.cn

涿州市般润文化传播有限公司印刷

◆ 开本：720×960　1/16

印张：14.75

字数：300 千字

2025 年 6 月第 1 版

2025 年 9 月河北第 3 次印刷

定　价：89.00 元

读者服务热线：（010）81055656　印装质量热线：（010）81055316

反盗版热线：（010）81055315

# 前　言

从系统论角度看，高校学生精准资助工作是一个由学生资助政策体系、资助宣传体系、资助管理服务体系、资助对象认定体系、资助政策优化配置体系、资助育人体系、资助绩效考核体系、资助育人成效评价体系等子系统构成的多层次、多因素、多目标、多功能，既相互联系又相互制约的复杂系统。高校学生精准资助工作体系既具有一般系统的基本特性，又存在信息不完全、不准确等诸多不确定性问题，这为灰色系统理论、技术和方法在高校学生精准资助管理领域的应用提供了客观条件和现实可能。本书着重探讨了高校学生精准资助管理实践难题的量化解决之道，主要包括高校家庭经济困难学生总量的精准预测、家庭经济困难学生的精准识别与认定、资助资源与资助对象供需精准匹配、国家助学贷款需求精准预测、家庭受灾学生资助等级精准划分、学生资助高质量发展风险评估、学生资助宣传效果影响因素分析、二级学院学生资助绩效综合评估等方面。

在本书的策划和编写过程中，作者一方面深入总结了自己从事高校学生资助管理实践的体会与思考，另一方面充分吸收和借鉴了近年来高校学生资助及灰色系统理论研究方面的成果，这些成果对本书的编写提供了莫大的帮助，对此深表谢意。

本书得到了教育部 2023 年全国高校思想政治工作精品项目“以新时代教育评价改革为导向的‘大资助’育人体系构建”（202335）、2024 年度江苏高校哲学社会科学研究重大项目“基于‘五育并举’的发展型资助育人体系研究”（2024SJZDSZ015）、江苏省教育科学“十四五”规划 2021 年度学生资助专项重点课题“基于数据挖掘的相对困难学生精准资助认定及指标体系优化研究”（X-b/2021/04）、江苏省教育科学“十三五”规划 2018 年度学生资助专项重点课题

1

"多维贫困视角下高校学生资助工作精准化研究"（X-a/2018/12）、南京航空航天大学基本科研业务费科研项目学术著作出版基金"新时代高校学生精准资助实务量化评估研究"（NR2024038）、中央高校基本科研业务费专项资金资助项目（NZ2023015）、南京航空航天大学2024年党的建设研究重点课题"以铸牢中华民族共同体意识为主线推进资助育人研究"（NZ2024007）等项目的资助。本书由南京航空航天大学刘红旗总纂，负责全书结构的策划和最后的统稿工作，并编写了本书的第2章、第4章至第10章，以及第11章的内容；唐志文负责第1章和第3章的编写工作；肖杰参与第10章和第11章的编写，负责高校学生资助宣传效果问卷设计、调查实施和分析报告撰写等工作。本书的写作得到了南京航空航天大学袁潮清教授、陶良彦副教授等老师的悉心指导和南京航空航天大学学生资助管理中心的支持帮助。在此诚挚地向他们表示衷心的感谢！感谢大家为本书编写付出的辛劳和做出的重要贡献。

　　鉴于作者水平有限，书中肯定有不妥之处，恳请专家、同行及读者批评指正。

# 目　录

第 1 章

# 新时代高校学生精准资助的价值意蕴、现实境遇与实践向度

　　党的二十大报告明确提出，教育、科技、人才是全面建设社会主义现代化国家的基础性、战略性支撑。学生资助工作是办好人民满意的教育的重要环节，能为人才培养和科技创新提供有效保障。新中国成立以来，学生资助工作不仅促进了教育公平和社会公平，推动了教育事业的快速发展，还在人力资源开发、扶贫脱贫等方面发挥了重要作用，取得了显著成效。在新时代背景下，随着全面建成小康社会目标的实现和中国式现代化建设的推进，高层次教育公平的发展要求、相对贫困的现实考验、拔尖创新人才的培养目标和德智体美劳全面发展的评价导向，促使高校学生资助工作顺应历史阶段、把握发展机遇、面向学生需求，依托大数据等技术手段不断改革创新，逐步向精准资助转型。高校学生资助工作要在充分理解精准资助的价值意蕴中找准政策方向，在充分把握精准资助的现实境遇中攻坚重难点，在充分融通精准资助的实践向度中完善体系构建，助力教育强国取得新进展。

# 1.1　新时代高校学生精准资助的价值意蕴

## 1.1.1　实现高层次教育公平的必然要求

　　在党的坚强领导下，我国已经形成了中国特色学生资助体系，在经济层面有效保障了"不让任何一个学生因家庭经济困难而失学"，为促进教育公平、助力打赢脱贫攻坚战、建设人力资源强国奠定了坚实基础。随着全面建成小康社会，"绝对贫困"成为历史，"相对贫困"表现为隐蔽性和复杂性，脱贫不稳定、边缘易致贫，以及突发严重困难家庭学生需要更加精准的认定和灵活的支持，这就要求高校学生资助工作必须更加精准把握学生家庭经济情况，在指标科学、标准细化、动态追踪上下功夫，精准、高效、适当地为学生提供经济支持，保障教育公平，阻断贫困代际传递。

　　进入新时代，高校学生资助工作所要追求的是更高层次的教育公平。经济发展的不均衡影响教育资源分配的不均衡，家庭经济困难学生的学业、心理、职业等发展需求同样迫切。因此，在保证"上得起学"的基本目标之外，更需要重视为家庭经济困难学生提供充分的成长和发展机会，逐步实现"上好学、学好业、就好业、走好路"的目标，这就要求高校学生资助工作能够精准把握学生的个性化成长需求，精心设置有针对性的资助育人活动，精确给予不同阶段的关怀和帮助，实现教育资源的调整分配，在促进学生综合发展中实现高层次教育公平。

## 1.1.2  推动高质量人才培养的必由之路

高校学生资助工作的根本目标在于立德树人。培养高质量人才需要始终重视并充分发挥资助工作的"育人"功能，通过构建物质帮助、道德浸润、能力拓展、精神激励有效融合的资助育人机制，推动学生尤其是家庭经济困难学生成长为德智体美劳全面发展的社会主义建设者和接班人。

一方面是要通过氛围营造，在"精准滴灌"中培根铸魂。精准资助就是要将诚信教育、励志教育、社会责任感教育融入学生困难认定、评优评奖、榜样选树的工作流程、评价标准和宣传过程，不断强化学生自立自强、诚实守信、知恩感恩、勇于担当的意志品质，"引导广大青年在思想洗礼、在实践锻造中不断增强做中国人的志气、骨气、底气，让革命薪火代代相传"。

另一方面是要通过内驱力塑造，在"靶向赋能"中激发活力。精准资助就是要通过"五育并举"，激励学生在具体的自我实践中发掘潜能，通过开辟校内外各类勤工助学岗位，支持家庭经济困难学生因需主导的学生组织建立和运行，引导学生在自立自强、自我管理的过程中主动成长；构建科学的综合素质评价体系和推进素质教育的长效机制，创新资助模式与育人方式，营造校园内资助育人的文化氛围，使学生以更加积极主动的态度投入学习、科研和创新实践，将个人需求与社会需求相链接，不断提高人才培养质量。

## 1.1.3  创新高效能资助工作的重要基点

精准资助在提高效率方面发挥着基础性作用。新时代的精准资助工作依托数字技术，通过大数据精准识别资助对象，将资助资源精准投放到有需要的学生身上，能够有效促进资助资源的效益最大化；通过线上申请评估和联动的审核程序，能够简化申请和审批流程，确保资助对象的真实性和合理性；通过信息化手段建立的资助信息管理系统，能够适应资助数据种类多、体量大、跨度长、变化快的特点，弥补传统工作模式中处理滞后、交互闭塞、分析缺乏的缺陷，确保资助工作高效精准。

精准资助为资助工作创新提供了数据基础。学生的精准数据能够全面反映其经济背景、学习成绩、参与活动及消费习惯等，高校可以据此制定和执行更加隐性的资助方式。例如，有高校采用改进后的 Apriori 算法获取学生消费与家庭经济状况之间的关联规则，为贫困学生的认定提供依据，完成学生资助系统的精准资助。然而，从整体来看，当前各高校的资助方式趋于同化、创新缓慢，长此以往容易变成浮于表面的"走过场"。发挥科研优势，探索更多行之有效的资助方式，离不开海量基础数据的支撑和比对。

## 1.2　新时代高校学生精准资助的现实境遇

### 1.2.1　新时代高校学生精准资助的新定位

新时代高校学生精准资助应在综合考虑实际情况、工作要求、学生特点、监督要求和发展方向的基础上，做好五个方面的精准定位。只有工作定位准确和科学，才能更好地实现精准资助的目标，促进教育公平、人才培养和工作提质增效的有效推进。

第一，对象认定准。在"相对贫困"的实际情况中，精准资助首先是对受助学生进行准确认定。在认定受助学生的覆盖范围上，保证宣传全覆盖、政策全知晓、按需全申请；在认定标准上，充分考虑区域差距、城乡差距，统筹考虑致贫显性因素和隐性因素；在程度分类上，合理区分，协调长期需要和短期急需，从而确保资源的合理分配、精准投放。

第二，政策把握准。我国资助政策制度已经整体完善，在奖、勤、助、贷、补、免、偿等方面作出了提纲挈领的原则性要求，教育部每年发布资助工作要点。精准资助就是在制度框架内充分发挥政策的最大效果，明确资助目标，严格遵守标准规范，确保程序公开透明，完善校本资助政策，既追求需助必助、应助尽助，又防止过度资助。

第三，需求对接准。精准资助的核心环节就是与学生需求进行准确对接。这意味着高校要充分了解学生的真实需求，将学生成长特点与国家人才培养方向有机结合，针对性地提供经济帮扶、学业支持、心理辅导、职业指导等方面的支持，并广泛凝聚教师、家长、企业等多方合力，各司其职、各展所长，以实现精准资助的最大效果。

第四，资金发放准。资金发放的准确性是精准资助的重要保障。资助机构需要建立高效的资金管理和发放机制，确保资金及时、准确地发放至资助对象账户。同时，加强对资金使用情况的监督和管理，确保资金使用的合理性和真实性。

第五，成效评估准。精准资助的成效评估需要进行准确、全面的测量和分析，涵盖资助对象认定的准确性和公正性，资金分配的效率与公平性，资助政策和措施的有效性，资助育人的落实程度和效果，学生满意度和反馈，以及资助工作的创新和持续改进能力。这种全面准确的评估有助于精准资助充分实现其在新时代的价值意蕴。

## 1.2.2　新时代高校学生精准资助的新要求

随着我国资助工作的深化发展，对精准资助提出了新的要求，即要在评定过程、需求对接、育人功能、监督管理和评价反馈等方面把握好五对辩证关系，服务学生成长成才。

第一，把握好"动态"与"静态"的关系。在困难等级认定过程中，要把握好学生情况的动态变化与静态需求的平衡。在保证每年秋季学期统一进行困难认定之外，高校要适时更新和调整资助对象的情况，必要时根据国情社情调整资助标准或开辟临时通道，确保资助对象能够符合当前的经济状况，也考虑家庭经济情况可能的变化，防止僵化或缺位的资助。

第二，把握好"个性"与"全面"的关系。新时代学生的个性更加鲜明，与学生需求的对接要兼顾不同学生在学习、生活和职业发展方面各不相同的需求，应根据学生的特点和需求，精准提供个性化的资助支持。同时，要综合考虑，应从学生思想引领、品格塑造、能力提升进行综合考虑，在全面多元的有机资助体系下，给予人人出彩的机会。

第三，把握好"物质"与"精神"的关系。精准资助不仅要在物质上提供及时、适当的帮助，也要由表及里注重对学生的精神激励。可以通过扩大评优评奖导向性、覆盖面和影响力，开展对象化、分众化和互动化的事迹宣讲活动，推进"一站式"学生教育服务中心建设，建优新媒体宣传矩阵，线上线下共同打造学生向身边榜样学习的专门交流空间，育助并重、奖助结合，辐射带动更多学生自立自强、立志成才。

第四，把握好"监督"与"保护"的关系。在推进精准资助工作中，要建立有效的监督机制，确保资助资源的公正合理使用，这就需要做到数据的公开透明。同时，也应保护学生的隐私和权益，确保评定过程和资助信息的适度保密，防止个人信息泄露和滥用，保护家庭经济困难学生的隐私和自尊心。

第五，把握好"兜底"与"发展"的关系。高校资助具有特殊性和进阶性，"满足基本生活需求"的标准仍与高校资助"满足基本学习生活需求"直至"全面发展"这一标准相差甚远。因此，在精准资助方式、资助范围等方面的规范化和评价反馈机制中，要划清"兜底"的底线，提高"发展"的高线，既关注学生的基本生存和学习需求，也关注学生的综合素质提升，在确保为学生提供合适的引导和激励的同时，谨慎防止过度资助，引导学生自立自强。

## 1.2.3　新时代高校学生精准资助的新挑战

在新时代，高校学生精准资助面临以下几个关键的挑战。

第一，宏观政策支持有待加强。高校学生精准资助需要完善的宏观政策支持，确保资助政策与宏观经济发展政策相衔接和协调。目前我国已经形成中国特色学生资助体系，但进入新时代，科技革命、经济形势、民生环境都产生了新的变化，高校资助政策和管理水平参差不齐，体系框架的内容尚待完善，仍需从国家层面形成相应导向，与相关的就业政策、教育政策等相互配合，以更好地满足学生的需求。

第二，数据信息管理方兴未艾。精准资助需要准确的学生信息和数据支持，包括家庭经济状况、学业表现、家庭背景、心理状况等方面的数据。因此，建立健全的数据管理系统和信息共享机制是必要的。而当前学生资助管理工作仍处于从传统型到数字化的转型阶段，大量前期的数据尚未录入，不同端口的数据尚未完全接通，信息安全和隐私保护的规范及技术尚未成熟，确保学生个人信息的安全和合法使用仍需付出大量努力。

第三，定量评估和认定标准尚未统一。实施精准资助需要建立科学、公正、可操作的评估指标和评定方法。如何准确评估学生的家庭经济困难程度、认定资助对象的准确性、确定适当的资助金额等都是具有挑战性的任务。当前我国区域和城乡经济发展差异较大，全国性的定量评价指标及方法尚未出台。因此，高校学生资助机构需要不断改进评估体系，确保资助的精确性和准确性。

第四，社会参与和合作有待完善。实施精准资助需要各方面的积极参与和合作，尤其是学生的多样需求离不开多主体的共同努力，政府、高校、社会组织、企业等都应成为精准资助的参与者。当前，精准资助的设计和落实压力主要集中在高校资助管理机构，该机构与外部互动不强。建立多方合作机制，共同承担责任，协同推进精准资助工作，形成合力和共识，优化资源配置，是一项重要的挑战。

面对这些挑战，高校学生精准资助需要持续探索，不断创新，不断完善政策和措施，不断提高资助工作者的专业化水平和管理能力，确保精准资助能够更好地促进学生成长成才。

# 1.3 新时代高校学生精准资助的实践向度

## 1.3.1 数据找人，集成数据管理与数据分析并行的信息系统

集成数据管理。一是要加强对资助工作人员的技能培训，用好系统的数据统计功能，确保资助数据动态更新，实现资助结构、资金使用和学生信息的可视化，有效提高信息整理、查询的效率，也加强对困难认定、资助申请、审核发放的监督管理。二是要持续加强与民政、残联、乡村振兴等部门的数据共享，助力建立健全和用好学生困难认定线上平台，简化认定流程，对特殊类型家庭

经济困难学生推进政府资助"免申即享"。

优化数据分析。一方面充分利用包括数据挖掘、预测建模等智能分析技术，细致了解学生经济背景、学习成绩、参与活动、消费习惯等全面情况，使资助方式可以更精准地契合学生特点，并通过算法处理，制定和执行更加隐性的资助方式，实现"政策找人"。另一方面借助智能研判，更加系统地评价和分析学生资助整体情况，形成更协同的工作机制，在探究发展规律、识别潜在风险的过程中，确保资源分配的合理性和有效性，防范资助资金滥用或分配不均，拓展数据驱动的精准资助新范式，实现"政策精准到人"。

## 1.3.2　因需施策，构建经济帮扶与综合培养并重的育人体系

保证物质需求，落实经济帮扶。高校育人体系的构建要优化资助政策、精确评估经济状况、提供及时适当的资助、加强资助过程的透明公正和提供发展型服务。学校资助政策应与学生实际需求相匹配，既包括奖助学金、助学贷款等形式的经济援助，也包括职业规划指导、心理健康咨询等发展型服务；通过准确评估学生的经济情况，确保资助对象认定准确、公正，并提供合理的资助金额；建立公平透明的申请和发放机制，及时发放资助金，确保学生物质需求得到满足。

满足发展需求，提升综合素质。学生精准资助要紧扣立德树人根本任务，始终以提升学生素质能力、涵育学生高尚品格为目标，经济帮扶与综合培养并重。高校要激励学生在勤工助学等自我实践中综合发展，不断开展集"勤助技能、人文艺术、安全教育"于一体的专项培训，在"文化传扬、素质提升、视野拓展"三线并行中，弘扬勤助文化，提升学生综合素质；要加强榜样选树和宣传，辐射带动更多学生自立自强、爱国奋斗，投身强国担当的实际行动。

## 1.3.3　对标评估，设计科学规范和赋能回馈并进的评价制度

评价制度科学合理。高校学生精准资助的效果需要不断对标评估进行确认，同时评估结果也能逼推精准资助体系优化升级。一方面，高校需要建立明确的评估指标和标准，以确保评估的准确性和客观性；另一方面，评价制度应考虑

学生个体差异和特征，考虑高校的校本特色和具体实际，既有共同参考落实的"规定动作"，也有因人而异的"特色项目"，以便全面评估精准资助体系满足学生需求、促进学生发展的实际效果。

评价结果分析再利用。赋能回馈的机制可以将评估结果与精准资助决策相结合，及时反馈给学校资助管理机构，为提供个性化支持和改进资助政策提供依据。此外，评价制度应建立良好的信息共享和沟通机制，以促进各方的参与和理解。通过设计科学规范和赋能回馈并进的评价制度，高校能够全面评估学生资助政策的有效性、资助效果的达成情况及学生满意度等，从而持续改进和提升精准资助工作的质量和效果。

## 1.4 本章小结

高校学生资助工作需要在充分理解精准资助的价值意蕴中找准政策方向，在充分把握精准资助的现实境遇中攻坚重难点，在充分融通精准资助的实践向度中完善体系构建，助力教育强国取得新进展。本章主要探讨了高校学生精准资助在实现高层次教育公平、推动高质量人才培养、创新高效能资助工作上的价值意义，剖析了新时代高校学生精准资助的新定位、新要求、新挑战，讨论了新时代高校学生精准资助数据赋能、因需资助、对标评估的实践要求。

## 第 2 章

# 灰色系统理论在高校学生精准资助实践中的应用基础

# 2.1　系统与灰色系统

## 2.1.1　系统的概念要义

唯物辩证法认为，物质世界是普遍联系和不断运动变化的统一整体。每个客观事物都以系统的形式存在，其自身各部分和要素之间及其与周围其他事物之间相互联系、彼此作用。随着实践的不断发展，从孤立到联系、从静态到动态、从一维到多维、从零散到集中、从部分到整体、从现象到本质，人们对客观事物的认识逐步深化、愈加全面。关于系统的概念也在从实践到认识、再从认识到实践的辩证运动中产生并不断发展。如今，系统的概念已经普及到所有科学领域，并渗透到人们的日常思维、生活和工作中。

我国著名科学家钱学森将系统定义为"由相互作用和相互依赖的若干组成部分，结合而成具有特定功能的有机整体，而且这个系统本身又是它所属的一个更大系统的组成部分"。从这个概念出发，系统具有整体性、目的性、稳定性、层次性、复杂性和开放性六种基本特性。具体体现如下。

（1）系统是由若干要素组成的，要素是构成系统的组成部分或单元，单一要素不能成为系统。

（2）系统之"系"在于联系，即系统内诸多要素之间，以及系统要素与系统整体之间相互联系、相互作用，形成复杂而特定的结构并使整个系统趋向于某一个稳定状态。

（3）系统之"统"在于统一，即系统要素之间彼此相互联系形成一个不可分割的统一的有机整体。

（4）系统作为一个整体，具有特定的目的和功能，这一功能以系统结构为载体，是系统内诸要素相互作用、集成耦合的结果。单一要素无法达到系统作为一个整体所要实现的目标和功能。

（5）自然界的一切物质客体不仅自成系统，还互成系统，每一个系统又都可以成为一个大系统的组成部分。

（6）系统各组成部分之间、系统与系统或外界环境之间始终进行着能量的流动、物质的循环和信息的传递，不存在绝对封闭、静态的系统。

## 2.1.2　系统的分类

基于运用系统思想考察、描述和分析客观事物的实际需要，人们从不同的角度出发，根据各个系统的特点和属性将它们分为不同的类型。具体体现如下。

（1）**按系统的自然属性分类**。根据这一分类标准，可以将系统划分为自然系统、人工系统及复合系统。自然系统是在客观世界发展过程中自然形成的系统，与人类的劳动创造无关，如银河系、太阳系、地球大气系统、海洋系统等。人工系统是通过人类自身的劳动和创造而形成的系统，如社会经济系统、工业/产业系统、意识形态系统、科学技术系统、国防军事系统、交通系统等。复合系统是自然系统和人工系统的交叉复合体，即人类在深入认识自然系统、科学把握自然规律基础上改造形成的"自然－社会系统"，如农业水利系统、山水林田湖草沙生态保护系统、海洋开发系统等。

（2）**按系统组成要素的物质属性分类**。根据这一分类标准，可以将系统划分为实体系统和概念系统。其中，实体系统是由有形的物质实体所构成的系统，如车辆系统、飞行器系统等；而概念系统是由各种概念、原理、原则、方法、程序等非物质要素组成的系统，如社会意识形态系统、科学技术系统等。

（3）**按系统的反馈属性分类**。根据这一分类标准，可以将系统划分为开环系统和闭环系统。在系统与环境的相互作用中，系统的输出部分成为新的输入部分，反作用于系统本身，从而影响系统的输出，这一过程即为反馈。反馈包括正反馈与负反馈，其中正反馈加强系统的输出，负反馈则相反。没有反馈的系统即开环系统，系统的输入影响输出，但不受输出的影响。具有反馈的系统称为闭环系统，系统的输入影响输出同时又受到输出直接或间接的影响，各种社会、经济、管理等系统都是闭环系统。

（4）**按人与系统的关系属性分类**。按照这一分类标准，可以将系统划分为可控系统和不可控系统。人能够改变其状态的系统视为可控系统，反之则为不可控系统。大多数人工系统都是可控系统，而自然系统多为不可控系统。

（5）**按系统的规模和复杂程度分类**。我国系统工程学科的开创者钱学森先生建议，按照系统结构的复杂程度可将系统划分为简单系统和复杂系统，其中简单系统按系统规模可分为小系统、大系统和巨系统（简单巨系统）。

（6）**按研究系统的数学模型分类**。如根据系统的输入和输出之间的关系是否满足线性叠加原理，将系统分为线性系统和非线性系统；根据系统参数是否随时间的变化而变化，将系统分为时变系统和非时变系统；根据系统的实时输入和实时状态，是否能够明确唯一地规定下一个状态和实时输出，将系统分为确定系统和不确定系统；根据系统状态是否随着时间而连续性改变，将系统分为连续系统和离散系统；根据是否知道系统的输入 – 输出关系和系统结构及变换过程，将系统分为黑色系统（只知道系统的输入 – 输出关系，不知道系统结构及变换过程）、白色系统（既知道系统输入 – 输出关系，又知道系统结构及变换输入的过程）和灰色系统（仅部分知道系统输入 – 输出的结构过程），等等。

　　总之，万事万物是多样的，系统的分类也是多样的。对系统进行分类，主要是便于对系统进行研究，揭示系统内部或不同系统之间的联系，更好地在认识世界、改造世界过程中妥善处理各类关系。

## 2.2　灰色系统理论的创立与发展

　　人们对任何一个客观事物的认识都是一个由不知到知、由知之少到知之多、由知之浅到知之深、由知其表到知其本的过程，不同的人从各自的眼界学识、经验阅历出发对同一事物也会有不同的认识。因此，人们对一个系统的输入 – 输出关系和系统结构及变换过程等信息认识的全面程度和准确程度，仅仅是一个相对的概念。对于所研究的某一个系统来说，研究者对其或多或少掌握一些信息和总有尚未完全清楚的信息，绝对"白"或者绝对"黑"的系统是极少数的，"灰色"是系统普遍存在的现象。

　　灰色系统理论，顾名思义，是探究客观世界中普遍存在的灰色系统的一种理论和方法。1982 年，中国学者邓聚龙教授在国际性期刊《系统与控制通信》上发表首篇灰色系统理论论文《灰色系统的控制问题》，标志着灰色系统理论这一中国原创新学说的正式问世。灰色系统理论以"部分信息已知，部分信息未知"的贫信息不确定性系统为研究对象，通过对"部分"已知信息的挖掘，提取有价值的信息，实现对系统运行行为、演化规律的正确描述，从而使人们能够运用数学模型实现对"贫信息"不确定性系统的分析、评价、预测、决策和优化控制。四十余年来，灰色系统理论在众多不确定性系统理论和方法中异军突起，快速发展，已经形成了相对成熟完善的理论体系和方法体系，其相关方法和模型在社会科学、自然科学和工程技术等领域得到广泛应用，推动了各个领域的创新和进步。

（1）**理论研究蓬勃发展**。国内所有"双一流"建设高校，以及中国科学院等重要研究院所和众多企事业单位，发表了大量应用灰色系统模型、方法的学术成果。据中国知网（China National Knowledge Infrastructure，CNKI）数据库检索统计，1982 年至今累计发表灰色系统领域论文超过 24 万篇，近年来年均发表论文 1.5 万篇以上。

（2）**理论应用领域广泛**。灰色系统理论模型、方法的应用领域十分宽广，惠及自然科学、社会科学和工程技术的各个领域，如航空航天、地质学、生物医学工程、资源环境、经济管理等。

（3）**研究队伍不断壮大**。近年来，国内许多青年学者纷纷加入灰色系统理论的研究行列，以极大的热情开展理论探索及在不同领域中的应用研究，先后形成南京航空航天大学、东南大学、武汉理工大学、福州大学、汕头大学等多个特色研究团队和研究基地。许多高校将灰色系统理论作为本科生和研究生培养的重要专业课程，有力推动了理论研究后备力量的培养。

（4）**原创理论走向世界**。中外灰色系统理论研究学者通过高层次专门人才的培养、加强原创课程与教学资源建设、积极开展国际合作、建设和发展国内和国际学术组织、组织召开国内和国际学术会议、创办高水平国际学术刊物等重要举措，一步一步将中国原创灰色系统理论推上了国际学术舞台。据 Web of Science 数据库检索统计，120 多个国家和地区的学者开展灰色系统理论和应用研究。

## 2.3 灰色系统理论的基本原理与技术方法体系

### 2.3.1 灰色系统理论的基本原理

在灰色系统理论创立和发展过程中，邓聚龙教授提炼了灰色系统必须满足的基本原理。这些原理具有丰富而深刻的哲学意蕴，是开展灰色系统理论研究的重要遵循。

（1）**差异信息原理**。"差异"是信息，凡信息必有差异。说"事物 A 不同于事物 B"，即含有事物 A 相对于事物 B 之特殊性的有关信息。

（2）**解的非唯一性原理**。信息不完全、不确定的解是非唯一的。"解的非唯一性原理"具体体现为目标可接近、信息可补充、方案可完善、关系可协调、思维可多向、认可可深化、途径可优化。在面对多种可能的解时，能够通过定性分析、补充信息，确定一个或多个满意解。

（3）**最少信息原理**。灰色系统理论是充分开发利用已占有的"最少信息"。"最少信息原理"是"少"与"多"的辩证统一，灰色系统理论解决问题的基本思路是立足"有限信息空间"，最大程度开发利用已占有的"最少信息"。

（4）**认知根据原理**。信息是认知的根据。认知必须以信息为依据，没有信息，无以认知，以完全、确定信息为根据，可以获得完全确定的认知，以不完全、不确定的信息为根据，只能得到不完全、不确定的灰认知。

（5）**新信息优先原理**。新信息对认知的作用大于老信息。"新信息优先原理"是灰色系统理论的信息观，是信息时效性的具体体现。赋予新信息较大的权重，可以提高灰色建模、灰色预测、灰色分析、灰色评估、灰色决策等的功效。

（6）**灰性不灭原理**。"信息不完全"（灰）是绝对的。信息不完全、不确定具有普遍性，信息完全是相对的、暂时的。原有的不确定性消失，新的不确定性很快出现。人类对客观世界的认识，通过信息的不断补充而一次又一次升华，信息无穷尽、灰性永不灭。

## 2.3.2　灰色系统理论的主要技术方法

灰色系统理论以灰色哲学和灰色数学作为理论基础，形成了包括灰算子、灰聚类、灰关联、灰决策、灰预测、灰控制、灰规划等一系列多学科交叉的建模技术和方法体系。常用的灰色系统理论及建模技术方法主要包括以下内容。

（1）**灰色信息挖掘技术方法**。包括各类缓冲算子、均值算子、级别算子、累加算子和累减算子等，主要是通过对散乱数据所含信息的分析和挖掘寻找系统内在的规律。

（2）**灰色关联技术方法**。包括灰色关联公理、邓氏关联度、灰色绝对关联度、灰色综合关联度等，主要用于系统的诊断和分析。

（3）**灰色聚类评估技术方法**。包括灰色关联聚类、变权聚类、定权聚类，以及基于混合可能度函数的灰聚类评估模型和两阶段灰色综合测度决策模型等，主要用于系统要素和对象的分类。

（4）**灰色预测技术方法**。主要是以 GM 系列模型为基础，对事物的时间分布和数值分布进行预测，按其功能和特征可以分成数列预测、区间预测、突变预测、波形预测和系统预测等。

（5）**灰色决策技术方法**。主要包括灰靶决策、灰色关联决策、灰色聚类决策、灰色局势决策、灰色层次决策及多目标智能加权灰靶决策模型，主要用于解决方案选择问题。

（6）**灰色控制技术方法**。主要包括灰色系统的可控性和可观测性、灰色系统的传递函数、灰色系统的鲁棒稳定性和几种典型的灰色控制模型，如灰色关联控制和灰色预测控制等，主要用于了解系统动态变化规律和控制系统的变化过程。

此外，灰色系统理论的建模技术方法还包括灰色规划模型、灰色投入产出模型、灰色博弈模型等。

## 2.4　高校学生资助工作体系的灰性分析

不让一个学生因家庭经济困难而失学，这是党和政府对人民群众作出的郑重承诺。目前，我国高校学生资助已形成了投入上以政府资助为主、学校和社会资助为辅的多层次资助主体，方式上以无偿资助为主、有偿资助为辅的多元化资助内容，对象上以助困为主、奖优为辅的多样化资助形式于一体的具有中国特色、彰显社会主义制度优势的学生资助体系。从系统论角度来看，高校学生资助工作体系是一个包含学生资助政策体系、资助宣传体系、资助管理服务体系、资助对象认定体系、资助政策优化配置体系、资助育人体系、资助工作绩效考核体系、资助育人成效评价体系等子系统在内的多层次、多因素、多目标、多功能，既相互联系又相互制约的复杂系统。静态的教育政策通过主客体、情境、媒介等相互作用形成一套复杂的运行机制。不同的政策实施者、参与者，对教育政策的认知和理解，对政策导向的态度与认同，对目标的阐释及实施者、参与者的价值与情感取向，信息的不对称及评价的多元化都使教育政策的运行呈现出错综复杂性。高校学生资助工作体系既具有一般系统的基本特性，同时又存在信息不完全、不准确等许多不确定性问题，具有比较明显的灰性特征。

（1）**结构灰性**。我国高校学生资助工作体系是一种持续探索、不断完善、逐渐发展的动态体系。自点至面，自单一至丰富，自分散至系统，自单纯物质资助至综合育人资助，其内容持续深化，外延逐渐扩展，形成了多个目标一致但功能各异的子系统。各子系统既独立存在又相互关联，并且受到众多因素的影响，因此，我们对高校学生资助工作体系的认知不可能做到全面全方位。在学生资助工作体系的组织实施和落地过程中，经常会受到不确定因素和非唯一最优解问题的影响，从而导致高校学生资助工作体系结构具有不确定性。

（2）**关系灰性**。在高校学生资助工作体系中，各个组成子系统之间、高校学生资助工作体系整体与各组成子系统之间，以及各组成子系统与外部环境之间，总是充满多种多样、动态复杂的因素，这些因素在各个层面上相互影响、相互联系、相互支撑、相互作用，形成一种非线性、非确定性的函数关系。因此，这种复杂性使这些关系呈现出灰度状态。比如，尽管有相对完善的学生资助政策体系，但如果缺乏深入到位的学生资助政策宣传，就会影响社会各界更好地了解高校资助政策，也不利于政策的贯彻落实。然而，要建立明确可量化的数量关系，将学生资助政策宣传与学生资助政策落实之间的相互影响程度定量化，这却是一件极为困难的事。即便能够量化的影响因素，也可能会呈现随机的变化。因此，我们对它们之间相互的影响机制和影响因素的认识，可能还不够完全或不够清晰。需要更深入地研究，以便更好地把握这些关系，从而推动高校学生资助工作的顺利进行。

（3）**认知灰性**。高校的学生资助工作系统及其各组成部分呈现出复杂且多变的层次结构，且在执行过程中面临诸多无法预见的不确定性挑战。这导致我们在评估学生资助工作体系时，存在理解与认知的双重不确定性。例如，针对从"使所有学生都有学上"到"上好学"再到"享有高质量教育"的目标，我们尚无法对其具体标准进行准确量化，且我们对影响目标实现的相关因素，目前的理解仍不全面、清晰与准确。再比如，有关学生家庭经济困难的成因及认定，可能包括因家庭成员罹患重大疾病导致的贫困，或因遭受突发性重大自然灾害导致的贫困等，因此在开展家庭经济困难学生资格认定时，不同人有不同的理解，这种差异可能体现在个体的知识水平、经验、主观偏好与情感等方面，体现在认识的广度和深度等方面。又如，在高校与社会企业或团体争取社会资助资源的过程中，可能因为各种不确定性因素，导致企业或团体取消或暂停相关资助资源，从而影响社会资助资源的可持续性。

（4）**数据灰性**。在全面系统地分析高校学生资助工作体系这个复杂的问题时，我们需要精确量化体系自身及其各个子系统的基本要素。然而，令人遗憾的是，在学生资助有关信息获取方面存在大量不完全、不准确的问题，这使难以获取一些重要、关键要素的准确数值。例如，在高校家庭经济困难学生资格的认定过程中，经常会发现学生提供的信息往往是不完全的。尤其是在农村生源学生的家庭年收入方面，学生通常只能给出一个大概的区间范围，而非一个确切的数值。而在考虑学生的家庭支出情况时，由于种种因素的制约，同样很难获取准确的数值。再比如，在进行资助政策宣传满意度、资助政策实施公平性及资助工作绩效等方面的评估时，也会由于受到个体主观感受的影响，学生往往只能给出一个相对满意或相对公平的评价区间值，而非一个精确的评价结果。在实施精准化个性资助的过程中，学生个体的受助需求，特别是他们在能力发展等方面的需求差异很大，而且这些需求往往难以量化，这为高校学生资助管理工作带来了巨大的挑战。

综上所述，有关高校学生资助工作体系的数据信息，其信息不完全、数据不准确、认知不清晰且受各种随机不确定性的因素干扰和条件限制，从而导致其数值和代表性等方面都呈现出不确定性特征，这些表现出的不确定性特征即高校学生资助工作体系的灰色特性，它们的客观存在为灰色系统理论及相关技术方法的应用提供了客观基础。

## 2.5　本章小结

本章主要从系统的概念和分类出发来认识和了解灰色系统，在比较分析中认知和把握灰色系统的一般系统特征及其区别于其他系统的异质性和独特性，简述了灰色系统理论创立、发展与壮大的历史进程，概括性地介绍了灰色系统理论的基本原理与建模的技术方法体系，着重从结构灰性、关系灰性、认知灰性和数据灰性四个方面，详细阐述了高校学生资助工作体系的灰性特征，从而为灰色系统建模分析技术和方法在高校学生精准资助工作中的应用奠定基础。

# 第 3 章

# 新中国成立以来高校学生资助
# 政策的发展变迁与趋势前瞻

教育是民族振兴、社会进步的重要基石，是功在当代、利在千秋的德政工程，是国之大计、党之大计。学生资助是促进教育公平和社会公平的重要基础性工作，涉及国计、关乎民生；高校学生资助作为对经济困难学生进行成本补偿的一种有效方式，是保障高等教育平稳发展的一项重要制度安排。新中国成立以来，党和国家高度重视高等教育事业发展和家庭经济困难学生上学问题，探索制定的高校学生资助政策与高等教育相伴而生、相伴而长、相伴而新，在各个阶段呈现出鲜明的特色。70 多年来，高校学生资助政策体系逐步建立健全，管理规范持续加强，资助育人新局面不断开拓，有力保障了"不让任何一个学生因家庭经济困难而失学"。

# 3.1　我国高校学生资助政策的发展阶段与特征分析

## 3.1.1　"人人免费上大学"的社会主义革命和建设时期（1949—1977 年）

资助政策的制定背景

1949 年 9 月 29 日，新中国成立前夕通过的《中国人民政治协商会议共同纲领》就已经明确规定了中华人民共和国的文化教育为新民主主义的，即民族的、科学的、大众的文化教育。从新中国成立到改革开放前夕，党领导建立和巩固的工人阶级领导的、以工农联盟为基础的人民民主专政的国家政权，实现了从新民主主义到社会主义的转变，实现了一穷二白、人口众多的东方大国大步迈进社会主义社会的伟大飞跃。这一阶段的教育以工农为主体，大量地培养工农出身的新型知识分子作为国家建设的坚强骨干，提出了普及与提高正确结合的教育工作发展方针。这一阶段的高校学生资助政策是以促进教育快速发展、与社会主义社会相适应为目标的。

资助政策的具体内容

社会主义革命和建设时期的高校学生资助政策主要包括学生供给制、人民助学金和学杂费减免。新中国成立初期至1955年，我国针对军政干部学校学生、干部子弟学校学生、少数民族学生和烈士子女学生实施"学生供给制"，不收学费、免费提供食宿和服装，并发放津贴用于购置基本生活用品。1952年以来，学生供给制在各类院校、群体中逐渐改变为助学金制度。国家政务院颁发的《关于调整全国高等学校及中等学校学生人民助学金的通知》（1952年7月）和教育部印发的《关于调整全国各级各类学校教职工工资及学生人民助学金标准的通知》（1952年7月），对人民助学金制度进行了统一和规范，高等学校学生全部发放人民助学金，标志着我国"免费上大学加人民助学金"的大学生资助政策的确立。此后，人民助学金的发放标准、比例和对象随着实际情况持续调整。

资助政策的阶段特征

社会主义革命和建设时期，我国高校学生资助以"人民助学金"为主体，属于单一无偿保障型资助，强调"普惠"和"兜底"，主要呈现出三个"全"的特征。一是金额全免费，"高等学校学生全部发放人民助学金"实现了学生免学费上大学，并通过"全体发给"的方式承担其伙食费等生活支出；1955年之后，人民助学金对象转变为"部分发给"，从普惠型向侧重家庭经济困难学生转型，针对"完全无力负担者，发给全部伙食费"。二是范围全覆盖，国家对于高等学校学生的资助包括学习和生活上的全覆盖，对于学生的学费、杂费、生活费都进行全免、减免，保障其基本的学习生活。三是国家全部承担，对于高等学校学生的教育支出由中央财政全部承担，同时基于新中国成立初期的经济情况，提出了"半工半读""半农半读"的号召，鼓励学生自食其力，解决学习费用和吃饭问题，这种做法"对国家对集体对学生个人和家庭都有很大好处"。

社会主义革命和建设时期的高校学生资助作用在于彰显国家性质、促进教育快速发展。在新中国成立初期急需人才的背景下，高校学生资助获得了国家集中力量的支持，探索实行与社会主义社会相适应的学生资助政策，主要目标就是国家大量培养能够承担社会主义革命和建设任务的新型知识分子。基于当时整体经济水平普遍较低、各项基础设施不健全的国情，学生资助工作强调高等教育"教育均等"的价值取向，采取的"人民助学金"制度呈现出普惠的特点。一方面，这样的资助政策极大地促进了我国高等教育事业的发展，适应了当时的国内环境，培养了一大批优秀人才，顺应了快速发展的需求。另一方面，全免费的资助方式也造成了政府财政压力过大、初等教育学业成本过重的情况，为后期改革埋下了伏笔。

## 3.1.2　"教育体制改革与过渡"的改革开放和社会主义现代化建设初期（1978—2006 年）

资助政策的制定背景

1978 年，我国确定实行改革开放。随后，党和国家的工作重点向经济建设转移，逐步实现社会主义计划经济向社会主义市场经济转型。同年召开的全国教育工作会议开幕式上，邓小平强调教育事业必须同国民经济发展的要求相适应，教育体制改革也全面展开。在这一阶段，学校要为社会主义建设培养德智体美劳都得到发展的人才，培养有社会主义觉悟的有文化的劳动者。高等教育的发展方向不仅在于要积极扩大招生人数、充分发挥已有高等学校的潜力，也在于要加快建设新的高等学校。学生资助制度也随之发生较大变化，逐步形成以政府资助为主体、社会资助为补充的政策格局。

资助政策的具体内容

改革开放和社会主义现代化建设初期的学生资助体系发展主要包括奖助并存、奖贷并存、多元补充三个阶段。国家陆续出台了《普通高等学校本、专科学生人民助学金暂行办法》（1983 年 7 月）和《关于改革现行普通高等院校人民助学金制度的报告》（1986 年 7 月）等政策文件，开始在高校引入奖学金，形成人民助学金和奖学金并存的局面。1986 年人民助学金制度被废止，标志着普惠性人民助学金资助宣告终结，1987 年后陆续发布了《普通高等学校本、专科学生实行奖学金制度的办法》（1987 年 7 月）和《普通高等学校本、专科学生实行贷款制度的办法》（1987 年 7 月）等政策文件，形成奖贷并存的高校学生资助局面。1993 年以来，《关于对高等学校生活特别困难学生进行资助的通知》（1993 年 7 月）、《关于在普通高等学校设立勤工助学基金的通知》（1994 年 5 月）和《关于对普通高等学校经济困难学生减免学杂费有关事项的通知》（1995 年 4 月）等政策文件的出台，标志着困难补助、勤工助学、学杂费减免等资助方式的出现，逐渐丰富奖贷结合的资助体系。

资助政策的阶段特征

改革开放和社会主义现代化建设初期，我国高校学生资助以奖学金为主，属于无偿与有偿并存的过渡型资助，主要涵盖奖学金制度、学生贷款制度与勤工俭学，资助政策呈现出了三个"变"的过程。一是资助对象从面向全体学生变成了侧重家庭经济困难学生，一方面，高校扩招、扩建增加了财政支出，难以承担所有学生的学杂费；另一方面，改革开放后一部分人和一部分地区先富起来，可以自行承担学习生活费用。二是资助范围从学杂费、生活费全覆盖变成了侧重"奖优"和"助困"两个方面，改变普惠性助学金内在的激励性不足的问题，激励学生奋发向上、刻苦学习；在解决学生家庭经济困难时，从无偿转变为无偿与有偿并存。三是资助主体由国家全部承担资助责任转变为以政府资助为主体、社会资助为补充，设立了助学贷款，制定勤工俭学暂行工作条例、开设劳动技术教育课，在有偿资助的育人实践过程中明确了思政教育、培养能力、做好福利的主要任务，更加重视激发学生的内生动力。

改革开放和社会主义现代化建设初期的高校学生资助作用在于顺应了改革要求、锚定了教育发展的方向。改革开放以来，国家经济领域的不断改革促进了教育事业的发展与转变，在高校学生资助工作的过程中加强了对于"效率"的重视，强调激励导向、效率优先，并且兼顾效率与公平，不断改革国家对高校学生"包得过多"的情况。因此，人民助学金制度逐渐转变为奖助并存、奖贷并存、多元补充的资助制度。在"效率"层面，落实对思想品德和学习成绩优秀的家庭经济困难学生给予奖励，能够发挥广大学生的积极性，促使其奋发向上、刻苦学习，引导学生实现德智体美劳的全面发展；在"公平"层面，由国家出面向学生提供无息贷款，学生只需在规定期限内给予偿还即可，能够帮助学生在顺利完成学业的同时，深化自强不息、自立自强的意识，是新资助体系和育人方式的萌芽。

### 3.1.3　"新资助政策体系"建立以来的新发展阶段( 2007—2012 年 )

资助政策的制定背景

2007 年以来，我国高等教育发展的速度、效益和改革趋于协调。这一阶段提出要坚持教育为社会主义现代化建设服务、为人民服务，充分体现教育事业发展为了人民、发展依靠人民、发展成果由人民共享的原则，为构建社会主义和谐社会提供坚实的基础。其中一个重要体现，就是认真解决人民群众关心的教育问题，"国家将建立和完善贫困家庭学生资助体系，使学生不因家庭经济困难而失学"，抓好建立健全教育资助体系的各项工作，保障家庭经济困难学生的受教育机会。2007 年 5 月，国务院印发《关于建立健全普通本科高校、高等职业学校和中等职业学校家庭经济困难学生资助政策体系的意见》，标志着我国学生资助进入新的发展阶段。

资助政策的具体内容

"新资助政策体系"建立以来的我国学生资助工作在新发展阶段不断加大资助力度、采取有力措施，动员、鼓励全社会开展多种形式的捐资助学。2007 年印发的《关于认真做好高等学校家庭经济困难学生认定工作的指导意见》，为资助政策的实施提供了可靠依据；同年印发的《普通本科高校、高等职业学校国家奖学金管理暂行办法》和《普通本科高校、高等职业学校国家励志奖学金管理暂行办法》，取消了国家奖学金评选中家庭经济困难的限制，并为此单独设立了国家励志奖学金；同年印发的《普通本科高校、高等职业学校国家助学金管理暂行办法》，将国家助学金分为 2 ～ 3 档，资助人数达在校生人数的 20%。此外，教育部要求进一步做好新生入学"绿色通道"和贯彻落实新资助政策，在部分地区开展生源地信用助学贷款试点，进一步明确了勤工助学的日常管理和统筹安排要求。2009 年以来，为鼓励大学生深入基层、应征入伍，实施高等学校毕业生学费补偿、国家助学贷款代偿，同时加大力度落实鼓励社会力量捐资助学，逐步建立起"奖、助、勤、贷、减、免、补"为主的学生资助体系。

资助政策的阶段特征

自"新资助政策体系"建立以来，我国进入了以国家奖学金为主导、国家助学金为主体、学校和社会资助为重要补充的，有偿资助与无偿资助有机结合的多元混合型资助体系，主要体现了新阶段高校学生资助三个"更加"的特征。一是资助体系更加系统，高校学生资助逐渐在本土化的实践中形成了具有中国特色的多元资助体系。二是资助方式更加规范，高校学生资助的不断发展是通过政策的不断变迁实现的，涵盖"奖、助、勤、贷"等方面的管理办法陆续出台，进一步明确了学生资助的主体、标准、流程和规范，为不让经济困难学生失学提供了科学的制度遵循。三是资助形式更加多元，新阶段的学生资助将更多的社会力量引入资助体系，不仅通过生源地助学贷款等方式扩大学生资助来源，也通过设立勤工助学基金，发放定向补贴，设置研究生"三助"等方式，将校内校外主体纳入管理办法，在帮助学生获得资助的同时进行素质教育。

"新资助政策体系"建立以来的新发展阶段，高校学生资助在健全了机制体制、赋能教育事业方面取得了成就。2007 年以来是学生资助新体系建立健全的时期，也是学生资助工作突飞猛进的时期，高校学生资助不断发展成具有中国特色、符合中国国情的政策体系，资助资源从少到多、资助面从窄到宽、资助内涵由浅入深、资助主体由单一到多元、资助方式从无偿到无偿有偿相结合，助力实现了国家高等教育发展和高校入学人数的"质的飞跃"。积极应对高校入学人数不断增加而导致的高校贫困生群体数量不断加大的问题，主动采取举措对其学业提供多方面的保障，促进学生在德智体美劳方面得到全面发展，加强了社会各界对教育事业的关注和参与，细化了对于不同地区的资助政策和资源，为教育扶贫、教育脱贫奠定了坚实的基础。

### 3.1.4 "教育优先发展"的新时代中国特色社会主义建设新时期（2012 年至今）

#### 资助政策的制定背景

自党的十八大以来，中国特色社会主义进入新时代，我国成功打赢脱贫攻坚战，全面建成小康社会，圆满实现第一个百年奋斗目标，迎来了中国共产党成立一百周年的重要历史节点。在这一阶段，通过深入贯彻以人民为中心的发展思想，建成了世界上规模最大的教育体系。党的十八大报告强调大力促进教育公平，合理配置教育资源，提高家庭经济困难学生资助水平，让每个孩子都成为可用之才。党的十九大报告进一步提出推进教育公平，健全学生资助制度，保证绝大多数城乡新增劳动力接受高中阶段教育、更多接受高等教育。党的二十大报告强调要办好人民满意的教育，全面贯彻党的教育方针，落实立德树人根本任务，培养德智体美劳全面发展的社会主义建设者和接班人，加快建设高质量教育体系，发展素质教育，促进教育公平。这一阶段的高校学生资助为助力打赢脱贫攻坚战，增强人民群众的获得感，加快教育现代化，办好人民满意的教育作出了重要贡献，迈向助力实现中国式现代化的新台阶。

资助政策的具体内容

新时代中国特色社会主义建设新时期，高校学生资助每年都有新举措。2013 年提出设立研究生学业奖学金和国家助学金，2014 年印发《普通高等学校研究生国家奖学金评审办法》，2015 年持续调整完善与国家助学贷款相关的政策措施，2016 年召开高校学生资助育人工作座谈会、提出加强励志教育、诚信教育和社会责任感教育，2017 年提高全日制博士生国家助学金资助标准、开展"全国学生资助规范管理年"，2018 年提高勤工助学酬金标准，2019 年《中国教育现代化 2035》提出要实现困难群体帮扶精准化、资助育人写入"十大育人体系"，2020 年延长助学贷款期限及还本宽限期、调整助学贷款利率，2021 年调整退役士兵学生资助政策、提高国家助学贷款额度，2022 年实施国家助学贷款延期免息一年政策等。资助政策体系逐年完善，力度持续加大，管理逐步规范，发挥了新作用。

资助政策的阶段特征

新时代中国特色社会主义建设新时期，资助政策体系在"三个全覆盖"中更加完善，包括从学前教育到研究生教育的所有学段全覆盖、公办与民办所有学校全覆盖、所有家庭经济困难学生全覆盖，有力地保障了家庭经济困难学生顺利入学、完成学业。同时，"资助育人"被纳入"十大育人体系"，这一阶段的高校学生资助着力解决学生经济困难及个人发展双重需求与资助政策不平衡不充分的问题，实现物质帮扶和精神激励"两手抓"，强调培育德智体美劳全面发展的时代新人。七十余年来，高校学生资助重心经历了从强调数量向强调质量的转变，资助的价值取向实现了从强调教育均等到强调激励导向、效率优先再到强调教育公平的发展，资助育人的实践和内涵实现了从解决学费和吃饭问题到促进学生全面发展的深化，取得了显著的工作成效。

新时代中国特色社会主义建设新时期的高校学生资助作用在于促进了教育公平、发挥资助育人新优势。经历了近70年的发展演化，到这一阶段，我国高校针对家庭经济困难学生的多元化资助体系已经基本形成。党的十八大以来，学生资助实现了"三个全覆盖"，使家庭经济困难学生能接受公平有质量的教育，优化了教育资源配置、阻断了贫困的代际传递，形成了良好的社会环境、促进了教育公平；资助育人成为高校学生资助体系完善和发展的重要方向，在资助过程中更加强调教育引导和培根铸魂，在进行物质资助的同时，越来越强调精神激励，与思政教育相结合，引导学生树立正确的人生观、价值观，明确人生目标、激励他们立德求学，为社会主义现代化事业做出积极贡献。以资助育人理念开展高校学生资助工作，不仅能够帮助学生解决实际需求，也为我国培养出了一批具有社会责任感和使命感的德智体美劳全面发展的人才。

## 3.2 "教育现代化"导向下的高校学生资助发展趋势前瞻

七十余年来，我国高校学生资助工作取得了显著的成效，学生资助促进人力资源开发水平不断提升。然而，随着中国式现代化发展提出新要求，以及相对贫困问题显露、区域性资助不均衡、资助教育引导不及时等情况的出现，教育现代化背景下的高校学生资助工作在资助对象、资助政策、育人成效和规范管理上都还大有可为。

### 3.2.1 数字化转型，让资助对象更加精准

在国家教育数字化战略行动要求下，高校学生资助工作要不断推进数字化转型，为智慧资助、精准资助创造条件。"精准资助"的基础和前提是对资助对象的精准把握，学生发展需求呈多元化、信息呈海量化的特点，要精准把握学生的需求为实施精准资助育人提供有力依据，就需要建好科学模型，用好数据挖掘技术，从多样化的海量数据中快速获得高价值的信息，持续完善家庭经济

困难学生具体认定办法，采取民主评议、量化评估、信函索证、大数据分析、个别访谈、家访等相结合的方式，为确定评价指标、构建评价体系、跟踪培养体系提供数据印证和科学预判，提高家庭经济困难学生认定和帮扶的精准度。同时，资助工作涉及乡村振兴局、民政部、中国残联等部门的数据信息，涉及资助资金的申请、审批、发放和监督等流程，涉及与国家开发银行、中国银行国家助学贷款系统的对接，通过完善资助管理信息系统、加快数据共享的数字化转型，可以进一步完善户籍地与就学地相互协作的工作机制，采用线上比对与线下摸排互为补充的工作方法，有利于实现便捷的一站式服务，实现阳光审批、阳光发放，助力赋能精准预算、精准识别、精准管理、精准帮扶。

### 3.2.2　复合型发展，让资助政策更加健全

资助政策的健全完善和落实落细是"以人民为中心"理念的体现，是实现资助惠及民生、满足学生和家长需要的必然要求。在"健全学生资助制度"的目标导向下，我国已形成以政府为主导、学校和社会积极参与的学生资助政策体系，高校学生资助则形成了"助困、奖优、引导"复合型资助模式。下一步，高校学生资助工作要着力完善发展型资助、复合型资助，为受助学生搭建培根铸魂、启智增慧、成长成才的平台，努力把受助学生培养成为堪当民族复兴重任的时代新人。发展型资助要着眼于引导受助学生综合发展，加强有偿资助和隐性资助，紧密围绕时代特点和国家需求，将"勤工助学"作为有效载体，让家庭经济困难学生通过自己的劳动赚取报酬、缓解经济压力，同时在勤助实践中受教育、长才干；用好特殊时节给困难学生"润物细无声"的支持帮助，持续加强人文关怀，稳步推进教育公平。复合型资助要在落实国家政策的基础上，积极吸纳社会资源，协调学校、家庭、社会的力量，发挥资助育人"主战场"作用，设立专项奖助学金用于支持家庭经济困难学生海外交流、加强与企业的协同育人等；充分发挥优秀学生的榜样作用，通过线上线下相结合的方式选树优秀的受助学生典型，引导广大学生见贤思齐、励志奋斗，形成资助育人合力。

### 3.2.3　品牌化活动，让育人成效更加显著

高校学生资助工作要紧紧围绕立德树人的根本任务，推动学生资助工作与思想政治工作、人才培养工作等紧密结合，切实发挥资助育人实效。在教育现代化的背景下，深化育人成效要求密切围绕教育强国建设规划纲要，结合本校学生工作实际情况，因地制宜规划资助育人工作，优化和改进资助方式，更加注重家庭经济困难学生现实需求，聚焦将物质帮扶与思政教育、学业发展、心理疏导、就业指导、素质提升等有机融合，全面拓展资助育人的内涵，利用新生入学、毕业还贷、评优评奖等契机举办诚信感恩、责任意识等主题教育，从顶层设计层面整体推进资助育人走深走实。在三全育人的要求下，深化育人成效要促进学校育人与家庭育人、社会育人相融合，坚持学校的主导地位，发挥资助工作者和学生辅导员的桥梁纽带作用，经常联系各类困难学生群体，针对性回应家长关切的问题，让资助工作暖心更入心；整合校内外资源，通过邀请知名校友、行业模范、大国工匠等进校与学生开展"面对面"的专题讲座和经验交流，帮助学生丰富阅历、开阔眼界；打造实践平台，面向受助学生成立专门的志愿服务和社会实践团队，引导其走入乡村振兴一线和社区基层一线，在服务奉献中绽放青春之花。

### 3.2.4　规范化管理，让资助制度更加科学

健全的资助机构与高质量的资助队伍是推动新时代学生资助工作高质量发展必不可缺的基础与保障。在推进国家治理体系和治理能力现代化的背景下，学生资助规范管理已经在管理制度规范、监管责任规范、资助程序规范、资金管理规范、信息管理规范、机构队伍规范建设"六规范"工作中稳步推进，实现了学生资助管理质量和管理效能的"跃升"。未来，高校学生资助工作要继续针对管理过程中的薄弱点加强规范化建设。针对资助机构职能弱化、专职人员数量长期不足、工作人员流动性大、工作衔接不及时不到位的问题，需要不断推动资助机构与队伍建设，保障队伍稳定性、研究规律性、执行专业性；针对资助资金结构不合理、资助额度不均衡等问题，需要不断推动资助资源合理配置，向经济欠发达地区、艰苦专业、国家急需专业倾斜；针对资助过程中可能

出现的套取资金、重复资助等问题，要加强联动、推动资助经费管理的精细化，不断健全审核机制、监测评估机制和内部控制体系；针对学生资助多元化发展的趋势，要推进政府立法实践，借助修订教育基本法的契机，将学生资助作为新增条款加以补充，明确政府、学校、银行、学生等主体的法律责任，明确学生资助经费的保障责任，为高校学生资助工作提供法制保障。

## 3.3　新时代高校学生发展型资助工作体系建设的案例实践

南京航空航天大学（以下简称南航）学生资助工作以习近平新时代中国特色社会主义思想为指导，立足立德树人根本任务，在综合素质评价的指挥棒下构建有效的育人体系，努力培养担当民族复兴大任的时代新人。以"大资助"育人体系构建为牵引，着力将精准资助与全面资助相结合，经济支持与精神激励相结合，隐性关怀与品格塑造相结合，形成以"保障性资助、激励性资助、引导性资助、强能性资助"为主要内容的四位一体的本科生资助政策体系，努力构建"经济帮助、道德浸润、能力提升、精神激励"有效结合的资助育人长效机制，为学生逐梦圆梦保驾护航。

在新发展阶段，南航学生资助工作努力在更高站位、更大格局上发挥育人实效，通过奖的引领激励、助的发展赋能让学生更有幸福感和获得感，努力构建一套以新时代教育评价改革为导向的具有南航特色的"大资助"育人体系。一是突出"导向性"，明确大站位，以胸怀"国之大者"，培育时代新人为目标；二是着力"精准化"，面向大群体，奖优面向人人、因材施教，助困覆盖多方面全方位；三是体现"自主式"，构建大体系，搭建科学的奖优评价机制，提供多元化奖助发展平台。

### 3.3.1　由点到面，将精准资助和全面资助相结合

给予家庭经济困难学生精准的帮扶和全面的支持是高校学生资助工作的应有之义，也是构建"大资助"育人体系的重要目标。南航学生资助工作不仅通过满足不同类型学生的成长需求实现点上的精准，还通过构筑全方位资助政策

体系实现面上的全覆盖。

一是推进精准资助。加强研究，探寻优化资助对象精准认定的模型和方法，努力打牢精准资助的理论支撑和工作基础。因时制宜，及时精准为学生送上暖心关怀，在2021年河南洪涝灾害发生后立即面向受灾学生开展"一助一导一倡议"工作，第一时间为受灾学生送上临时困难补助、发放开学交通补贴，摸排1800余名河南籍师生的受灾情况，向受灾学生介绍学校的资助政策，进行心理安抚和疏导，倡导学生在确保自身健康安全的前提下，积极有序、力所能及加入灾后重建、疫情防控志愿者队伍，展现南航学生的责任担当，典型做法得到中国学生资助专题报道，相关工作简报获得工信部领导圈阅；2022年多地暴发疫情时，迅速发布关于开启疫情防控专项临时困难补助申请的通知，共发放专项补助56万余元，资助学生1224人次，同时设置了一批抗疫专项临时勤工助学岗位，为部分特别困难学生提供了爱心餐券；新生报到和放寒假前，面向家庭经济困难学生根据其家乡远近距离分层分类发放交通补助；在学生日常遇到突发疾病、家庭遭遇突发变故时，及时发放临时困难补助等。精准满足家庭经济困难学生多元化、个性化的成长发展需求，如面向学业基础薄弱需要学业支持辅导的学生，依托学业支持辅导中心开展学业帮扶结对；面向急需提升各项实践能力的学生，搭建校内外勤工助学平台；面向生涯规划模糊、就业上有困难的学生，开展"职业素质拓展季"和就业核心能力培训等。

二是完善全面资助。构建了集"保障性、激励性、引导性、强能性"四位一体的较完备的学生资助政策体系，其中既包含了奖、助、勤、贷、补、免、偿等全方位的保障，又设有校长（年度）特别嘉奖、国防科技奖学金、求职创业补贴等特色资源。在教育及评价中打破整齐划一的硬性标准，设置多元化、个性化奖项和荣誉50多项，每年覆盖学生数超过60%。如国防科技奖学金突出对坚定理想信念、厚植家国情怀的引领；园丁励志奖学金由全校教工和后勤集团捐资设立，引导学生突破困境、勇毅前行、励志成才；少数民族精进奖学金专门用于激励勤奋笃学、自立自强的少数民族学生。学校还依托自身航空航天民航行业优势，不断开拓航空工业奖学金、CASC奖助学金等三航特色类奖助资源，在扩大学生奖助覆盖面的同时，引领学生坚定投身三航强国事业的信念。涌现出十年坚守航天梦、研制了四代火箭的"中国大学生年度人物"刘上，立志成为未来航天总师、入选《本专科国家奖学金获奖学生代表名录》（全国100

名）、登上《人民日报》的仲启贤，退伍返校后以血洒边疆的劲头成为"逆袭学霸"的"2021 年江苏省最美大学生"路明威和感念党恩、卫国戍边成为"00后"高原女兵的"2023 年江苏省最美大学生"阿伊提拉·买买提等一系列先进典型。

## 3.3.2　由表及里，将物质支持与精神激励相结合

构建"大资助"育人体系，既要给学生实实在在的物质支持，更要努力做好学生精神上的引领。南航学生资助工作始终将物质支持与精神激励相结合，不断激发学生成长成才的内生动力，促使学生实现"受助 – 自助 – 助人"的角色转变。

一是打造集"关爱"与"激励"于一体的"新生绿色通道"。物质上的支持暖人心，学校不仅准备了升级版暖心大礼包，还为在报到期间过生日的新生送上爱心蛋糕券，为特殊困难的新生提供免费卧具券，给所有走过绿色通道的困难新生发放生活补助和交通补助。精神上的激励催奋进，校长亲临现场为新生赠书并送上勉励话语，曾走过绿色通道的优秀学长学姐为新生送上励志寄语，为新生准备精美的成长打卡明信片，让家庭经济困难学生从入校起就感受到学校的关爱并树立起自立自强、砥砺奋斗的信念。

二是强化"奖优激励"，充分发挥榜样育人作用。持续完善本科生评优评奖制度，按照"五育并举"的要求，完成对学生素质能力测评实施办法的修订工作。举办"大学成就奖"公开答辩和评优评奖公开答辩周等活动，通过公开答辩的方式，给优秀集体和优秀学子一个自我展示、学习交流的平台；邀请往届获奖的优秀校友回校主持相关活动以体现传承；设置推荐人推荐环节，院士、知名教授、任课老师、班主任、政府企业媒体代表等为答辩学生倾情推荐彰显育人合力，答辩现场的内容和氛围也激励更多同学见贤思齐、矢志奋斗。在选出学生典型后，通过表彰大会、"榜样"专题网站、"榜样·对话"优秀学生事迹报告会、"榜样面对面"等活动持续发挥榜样育人作用，开展"校长有约"领航沙龙，邀请校长与校长特别嘉奖获奖学生、校长特别学生助理等优秀学生互动交流、共话成长。为同学们尤其是家庭经济困难学生树立了一批励志榜样，提供了学习榜样、与榜样交流的平台，不断扩大榜样教育的覆盖面和影响力。

三是加强有偿资助，丰富"勤工助学"实践平台。学校每年设立校内勤工助学固定岗 1500 多个，并与国家电网等大型企业联合开发校外勤助专项岗位，建立校外稳定的勤工助学基地；在勤工助学活动开展环节，通过勤助资源培训体验、优秀学生助理评选等，着力培养学生的劳动意识和自强自立精神。建立"学生助理学校"和"爱心空间站"等学生组织，在为家庭经济困难学生提供常态化实践能力锻炼的经费、场地等物质保障的基础上，通过爱心公益、志愿服务等实际工作回应了学生不同的成长发展需求，为学生综合素质的提升提供了有力保障。

### 3.3.3 由浅入深，将隐性关怀与品格塑造相结合

做好学生资助工作，构建"大资助"育人体系的最终落脚点在育人。南航学生资助工作注重以"润物细无声"方式为贫困学生提供隐性支持，并通过开展资助育人系列活动努力塑造学生自立自强、诚实守信、知恩感恩、勇于担当的品格。

一是开展传统佳节暖心活动。发挥"寒冬五送"在资助育人重要载体的作用，将 12 月打造成"励志暖心月"。每年 12 月，在三大校区、十个食堂每天发放 700 份爱心能量早餐，为早起奋斗的学子送上一份温暖，也是对家庭经济困难学生的隐性关怀，并对连续打卡的学生提供满勤奖励，以此激发他们的积极性。每年的爱心能量早餐发放都能刷新纪录，反响热烈、广受好评。2022 年疫情突发期间，在明故宫和将军路两个校区的五个食堂发放 2500 份暖心水饺，为即将奔赴考场的考研学生送上温暖、注入能量。此外，为解决学生实际困难，帮助他们顺利返乡，综合学生家庭经济情况及离校距离分四档发放返乡补助，平均每年发放资助 40 余万元，覆盖学生千余人。同时，通过信息化手段向部分特殊困难学生直接发放 800 元冬日暖心补助。此外，在各种传统佳节都设计特色鲜明的暖心活动，中秋节邀请家庭经济困难学生参与到月饼制作、诗词大会、家书传祝福等活动中，端午节邀请各民族学生一起叠纸龙舟、包粽子，为特殊困难学生直接寄送定制版暖心粽子礼盒等，都是学校为学生送上隐性关怀的同时，传扬感恩、勤俭等中华优秀传统文化的体现。

二是开展"勤助文化季"系列活动。面向全校学生，重点关注家庭经济困

难学生群体，持续开展"勤助文化季"活动，分文化传扬、素质提升、视野拓展三个模块，涵盖校史中的勤助故事、科室走访、"诚信·感恩"主题征文比赛、知识技能"大比拼"、集"勤助技能、人文艺术、安全教育"于一体的专项培训、"逐梦三航"实践体验等十余项活动，努力将扶智、扶志、扶心结合起来，在弘扬校园勤助文化的过程中，提升学生综合素质，服务学生成长成才。

三是开展资助育人主题教育活动。推出"党史中的学生资助"主题教育活动，线上制作"党史中的勤助故事"系列微信推送，再现党史上勤工助学、资助育人的感人事迹；线下通过专题讲座、编演情景剧等方式，以老一辈革命先辈的勤助精神引领学生锤炼高尚品格。此外，常态化开展诚信感恩主题教育活动，每年活动覆盖学生近两万人次，收到以诚信感恩为主题的诗歌、绘画、故事、短片等"1 系列"诚信感恩文化产品千余件，同学们在参与实践活动和创作文化作品的过程中将诚信感恩的优秀品质内化于心、外化于行，取得了良好的育人成效。

南航获评"全国百佳学生资助工作单位典型"、学生资助工作连续多年在江苏省绩效考评中获评"优秀"等次，近 3 年学校资助工作的典型做法、暖心做法在"学习强国"等媒体，以及全国学生资助管理中心、江苏省教育新闻、江苏省学生资助管理中心简报等平台被报道 60 余篇次；学生榜样典型事迹得到人民日报、央视新闻、中国青年报等主流媒体关注报道百余篇次。资助育人工作成效得到工信部、教育部、全国学生资助管理中心、江苏省学生资助管理中心等部门的肯定，社会影响广泛，师生对资助工作的满意度常年保持在 90% 以上。

## 3.4　本章小结

本章梳理并分析了国家高校学生资助政策的历史脉络，将其演进分为"人人免费上大学"的社会主义革命和建设时期（1949—1977 年）、"教育体制改革与过渡"的改革开放和社会主义现代化建设初期（1978—2006 年）、"新资助政策体系"建立以来的新发展阶段（2007—2012 年）、"教育优先发展"的新时代中国特色社会主义建设新时期（2012 年至今）四个历史阶段，概括分析每个历史分期高校学生资助政策制定的时代背景、具体内容和阶段特征。基于"教育现代化"的发展趋势，从"数字化转型，让资助对象更加精准；复合型发展，让资助政策更加健全；品牌化活动，让育人成效更加显著；规范化管理，让资助制度更加科学"四个方面展望了高校学生资助工作的发展动向与变迁趋势。以笔者所在高校学生资助工作实践为案例，全面呈现了国家资助政策在高校落实落地的生动实践。

# 第 4 章

# 基于面板模型和 EDGM 模型的
# 高校家庭经济困难新生数量
# 预测研究

把准家庭经济困难学生的总量规模、做好年度家庭经济困难新生总量预测是增强高校学生资助工作计划性和统筹性的重要保障，这不仅能够提升高校学生资助工作的精准度，还能够为高校从宏观整体层面科学编制年度资助经费预算提供有力的参考依据。同时，它也是高校从宏观层面合理安排和高效使用各类资助政策及资金的基础和先决条件，有利于确保资助经费的合理调配和科学使用。当前，高校在预估新入学家庭经济困难学生的数量时，主要依赖过去的主观经验，采用固定比例的预测方式。这种方法忽视了学生生源地经济发展的地域差异及经济发展带来的变动特征，故需构建一个适宜的模型，用以科学地预测高校家庭经济困难新生的总量。

# 4.1　高校家庭经济困难新生数量预测思路

一所高校的家庭经济困难新生总体数量，主要是由各个省份生源中家庭经济困难的学生数量加总而成的。而各省份家庭经济困难学生的数量，则取决于各自省份的招生人数及家庭经济困难学生占比。考虑到各省份的招生人数由招生计划决定，因此预测高校家庭经济困难新生总量的关键，在于分析各个省份的家庭经济困难学生比例分布情况。然而，家庭经济困难学生比例的形成，则是由诸多因素共同决定的，包括宏观环境影响因素和个体家庭因素。由于本研究的重点在于掌握高校家庭经济困难新生的总量规模，而不涉及学生家庭的微观致贫因素，因此本研究采用学生所在生源省份的宏观数据来分析家庭经济困难学生比例，主要考虑生源省份的经济发展水平和经济增长速度。

本研究提出两个充分得到证实的明确假设，作为研究的指导框架：第一，高校家庭经济困难学生比例与生源省份的经济发展水平有直接关联；第二，高校家庭经济困难学生比例与生源省份的经济增长速度呈正相关关系。设定的第一个假设是关于学生所在生源省份的经济发展水平。当一个省份的经济越发达，其所辖的区域内的居民收入水平就越高，与此同时，对应省份内家庭经济困难的学生的比例就相对越低。本研究通过人均国内生产总值（Gross Domestic Product，GDP）这个指标来具体表示生源省份的经济发展水平。设定的另一个假设是关于学生所在生源省份的经济增长速度。一般来说，经济增长速度较快的地区相比其他地区要稍微欠发达一些。然而，在经济高速发展的过程中，往往会伴随着一种现象，即收入差距的扩大。2020 年，我国已经圆满完成了脱贫攻坚战任务，如期实现了在现行标准下农村贫困人口的全部脱贫，但必须承认的是，相对贫困问题仍然存在。另外，收入差距的扩大，将直接导致相对贫困问题的凸显，也将间接增加高校家庭经济困难学生的数量。本研究将以 GDP 的增长速度来具体表示生源省份的经济增长速度。

根据前述分析，高校家庭经济困难新生数量预测思路如图 4.1 所示。

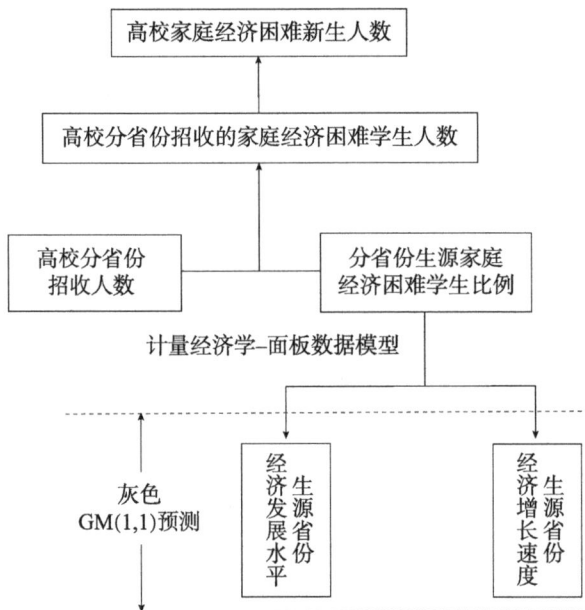

图 4.1　高校家庭经济困难新生数量预测思路

## 4.2　面板数据模型和均值差分 GM(1,1) 模型

对于生源省份家庭经济困难学生比例的预测，会收集到多个省份多个年份的面板数据，将采用面板数据模型来对其建模；而对于生源地和高校所在地的经济发展等指标，因为重点要把握短期的趋势，所以采用灰色 GM(1,1) 模型来

进行预测。

## 4.2.1　面板数据模型

作为一种在现代经济学领域中被广泛应用的计量经济学模型，面板数据模型巧妙地利用了不同对象在不同时间上的全方位的指标数据，这些数据全面深入地揭示了多个对象在不同时点上的变化发展情况。面板数据模型所研究的数据是一种非常特殊的二维数据形式，它包含了两个重要的维度，即截面和时间，这两个维度相互交织、互为补充，共同构建了一幅完整的关于多个对象在不同时点上的变化情况的深度剖析图景。面板数据模型的基本形式为

$$y_{it} = f(x_{1it}, x_{2it}, \ldots, x_{kit}) + u_{it} \tag{4.1}$$

其中，$y_{it}$ 为第 $i$ 个对象在第 $t$ 个时间点上的因变量，$x_{1it}, x_{2it}, \ldots, x_{kit}$ 为自变量，$u_{it}$ 为误差项。

在普遍的统计建模领域中，面板数据模型的主要构建类型通常包括三种：固定效应模型（Footloose Entrepreneurs Model，简称 FE 模型）、混合估计模型（Pooled Regression Model，简称 POOL 模型）和随机效应模型（Random Effects Mode，简称 RE 模型）。当进行具体的模型设定时，面临需要从这三种模型中挑选出最优模型的挑战。为了能够更准确地选择出适合当前研究情境的模型，我们可以借助 F 检验、BP 检验及 Hausman 检验（豪斯曼检验）等统计学方法来辅助判断，这些检验方法能够帮助我们更加客观地分析不同模型间的优势与劣势，从而为最终的模型选择提供有力的参考依据。一般是根据 F 检验的结果，选择 POOL 模型或 FE 模型；根据 BP 检验的结果，决定选用 RE 模型还是POOL 模型；根据 Hausman 检验的结果，为在 POOL 模型与 FE 模型间做出选择提供依据。

## 4.2.2　均值差分 GM(1,1) 模型

作为灰色系统理论的核心构成部分，GM(1,1) 模型是灰色系统理论中应用非常广泛的一种模型，能够在样本缺失导致信息有限的情况下，充分挖掘和发

挥观察到的决策信息，从而得出高精度的预测结果。在灰色预测领域，GM(1,1)模型堪称一种强有力的工具，其适用性十分独特，广泛体现在小样本、贫信息的数据预测中。GM(1,1)模型的关键理念是，通过对一个数据序列进行累加生成一系列趋势明显的新数据序列，然后依据这些新数据序列的增长趋势构建模型进行预测，再通过累减方法进行逆向操作以恢复原始数据序列，得出预测结果，据此预测未来的发展趋势。在该模型中，G 表示灰色，M 表示模型，括号内第一个 1 代表一阶微分方程，第二个 1 代表微分方程中有一个变量。GM(1,1)模型建模及预测实施的一般步骤如下。

**第 1 步**：收集形成原始数据序列。按照时间顺序排列成原始数据序列，记为 $X^{(0)}$：$X^{(0)} = [x^{(0)}(1), x^{(0)}(2), ..., x^{(0)}(n)]$。其中，$x^{(0)}(k) \geqslant 0, k = 1, 2, 3, ..., n$，$n$ 为原始数据序列的长度。

**第 2 步**：对原始数据序列作级比检验，看是否满足准指数规律以判断其是否适用于模型构建。级比值为原始数据序列的任一个数与其前一个数的比值，其计算公式如下。

$$\lambda(k) = \frac{x^{(0)}(k-1)}{x^{(0)}(k)}, k = 2, 3, ..., n \tag{4.2}$$

若 $\lambda(k) \in (e^{\frac{-2}{n+1}}, e^{\frac{2}{n+1}})$，则原始数据序列可以直接用于建立 GM(1,1) 模型和进行灰色预测。否则，则需要通过平移转换等对原始数据序列进行变换处理。

**第 3 步**：生成累加数据序列（1-AGO）。对原始数据序列 $X^{(0)}$ 进行累加生成获得 $X^{(1)}$。

$X^{(1)} = \left[ X^{(1)}(1), X^{(1)}(2), ..., X^{(1)}(n) \right]$，其中，

$$X^{(1)}(k) = \sum_{i=1}^{k} X^{(0)}(k), k = 1, 2, ..., n \tag{4.3}$$

**第 4 步**：生成紧邻均值序列。对 $X^{(1)}$ 进行紧邻均值生成得到紧邻均值生成序列 $Z^{(1)}$：$Z^{(1)} = \left[ z^{(1)}(2), z^{(1)}(3), ..., z^{(1)}(n) \right]$。其中，

$$Z^{(k)} = \frac{1}{2} \left[ x^{(1)}(k) + x^{(1)}(k-1) \right], k = 2, 3, ..., n \tag{4.4}$$

**第 5 步**：确定 GM(1,1) 模型的均值差分形式和白化方程。用原始数据序列和累加生成序列 $X^{(1)}$ 构建的微分方程为

$$x^{(0)}(k) + az^{(1)}(k) = b \qquad (4.5)$$

式（4.6）即为 GM(1,1) 模型的均值差分形式，其中 $a$ 为发展系数，$b$ 为灰色作用量。其对应的白化方程为

$$\frac{dx^{(1)}}{dt} + ax^{(1)} = b \qquad (4.6)$$

参数向量 $\hat{a} = [a, b]^T$ 可以运用最小二乘法计算得出。其计算公式如下。

$$\hat{a} = (B^T, B) \ B^T Y \qquad (4.7)$$

其中，Y、B 分别为

$$B = \begin{bmatrix} -z^{(1)}(2) & 1 \\ -z^{(1)}(3) & 1 \\ \vdots & \vdots \\ -z^{(1)}(n) & 1 \end{bmatrix} \qquad Y = \begin{bmatrix} x^{(0)}(2) \\ x^{(0)}(3) \\ \vdots \\ x^{(0)}(n) \end{bmatrix}$$

**第 6 步**：时间响应函数。对白化方程进行求解，从而获得时间响应函数为

$$x^{(1)}(k+1) = [x^{(0)}(1) - \frac{b}{a}](\frac{1-0.5a}{1+0.5a})^k + \frac{b}{a}, k = 1, 2, \ldots, n \qquad (4.8)$$

**第 7 步**：时间响应序列。获取时间响应序列为

$$x^{(1)}(t) = [x^{(0)}(1) - \frac{b}{a}](\frac{1-0.5a}{1+0.5a})^t + \frac{b}{a} \qquad (4.9)$$

**第 8 步**：数据模拟和预测 $x^{(0)}(n+1)$ 的值。根据所获取的一次累加生成序列，累减可得对 $X^{(0)}$ 的还原式。其计算公式如下。

$$\hat{x}^{(0)}(k) = (\frac{-a}{1-0.5a})[x^{(0)}(1) - \frac{b}{a}](\frac{1-0.5a}{1+0.5a})^k \qquad (4.10)$$

## 4.3　高校家庭经济困难新生总数预测案例

本案例研究分别收集了江苏某高校 31 个生源省份 2012 级至 2021 级家庭经济困难学生比例，以及各省区市 2012 年至 2021 年人均 GDP 和 GDP 增速，生源省区市的数据来源于各省统计年鉴 2022，详见表 4.1、表 4.2 和表 4.3。

表 4.1　江苏某高校不同生源省区市的家庭经济困难学生比例（%）

| 省区市 | 2012级 | 2013级 | 2014级 | 2015级 | 2016级 | 2017级 | 2018级 | 2019级 | 2020级 | 2021级 |
|---|---|---|---|---|---|---|---|---|---|---|
| 北京 | 1.72 | 3.85 | 0.00 | 3.51 | 1.82 | 3.85 | 3.77 | 2.13 | 0.00 | 0.00 |
| 天津 | 13.21 | 8.70 | 14.58 | 5.66 | 4.26 | 5.56 | 8.06 | 1.56 | 5.71 | 0.00 |
| 河北 | 46.10 | 52.25 | 36.90 | 37.29 | 29.70 | 23.73 | 25.91 | 18.81 | 15.90 | 12.69 |
| 山西 | 54.40 | 46.00 | 37.11 | 32.50 | 30.41 | 40.91 | 30.07 | 26.03 | 22.73 | 21.15 |
| 内蒙古 | 30.65 | 36.36 | 51.47 | 29.85 | 31.82 | 27.94 | 31.43 | 29.41 | 22.86 | 23.19 |
| 辽宁 | 14.09 | 19.23 | 14.91 | 13.04 | 11.80 | 10.69 | 9.03 | 12.08 | 10.20 | 9.33 |
| 吉林 | 16.47 | 20.22 | 38.64 | 22.22 | 24.68 | 17.14 | 14.71 | 14.08 | 7.41 | 10.39 |
| 黑龙江 | 23.94 | 40.32 | 50.85 | 41.67 | 25.32 | 29.29 | 18.10 | 8.24 | 12.20 | 12.68 |
| 上海 | 0.00 | 2.63 | 0.00 | 0.00 | 0.00 | 8.11 | 0.00 | 4.55 | 0.00 | 0.00 |
| 江苏 | 10.16 | 11.59 | 16.27 | 14.38 | 9.45 | 8.54 | 6.26 | 8.57 | 6.34 | 5.92 |
| 浙江 | 11.11 | 7.66 | 5.24 | 8.80 | 7.55 | 6.94 | 6.10 | 4.91 | 4.68 | 2.64 |
| 安徽 | 30.42 | 30.43 | 33.84 | 32.91 | 34.87 | 25.53 | 27.57 | 22.54 | 20.00 | 15.62 |
| 福建 | 13.53 | 16.10 | 18.25 | 14.29 | 11.40 | 10.00 | 11.21 | 12.50 | 8.33 | 8.94 |
| 江西 | 46.21 | 34.52 | 40.96 | 33.33 | 30.36 | 32.74 | 27.33 | 23.56 | 17.98 | 13.97 |
| 山东 | 25.91 | 26.92 | 26.24 | 22.06 | 19.42 | 14.80 | 22.35 | 23.38 | 10.93 | 9.32 |
| 河南 | 63.78 | 57.14 | 52.16 | 39.68 | 41.87 | 40.55 | 44.53 | 34.90 | 28.02 | 23.83 |
| 湖北 | 28.28 | 29.41 | 30.14 | 17.27 | 22.30 | 22.76 | 14.18 | 17.57 | 10.42 | 10.27 |
| 湖南 | 28.31 | 35.33 | 32.56 | 20.81 | 25.00 | 23.30 | 24.29 | 17.93 | 12.57 | 14.14 |
| 广东 | 17.54 | 11.59 | 10.00 | 8.22 | 4.11 | 9.59 | 5.33 | 8.54 | 7.07 | 5.38 |
| 广西 | 27.45 | 59.38 | 50.00 | 37.84 | 35.71 | 38.37 | 34.09 | 40.23 | 26.04 | 29.90 |
| 海南 | 28.57 | 22.58 | 11.43 | 39.39 | 9.68 | 18.75 | 9.38 | 14.29 | 25.00 | 2.94 |
| 重庆 | 30.16 | 32.88 | 32.89 | 27.85 | 34.18 | 30.38 | 30.00 | 23.53 | 15.52 | 18.10 |
| 四川 | 33.50 | 26.46 | 26.81 | 27.46 | 25.20 | 26.36 | 25.30 | 21.99 | 13.78 | 14.34 |
| 贵州 | 51.14 | 58.00 | 41.12 | 36.04 | 29.06 | 44.54 | 43.33 | 49.60 | 40.00 | 37.69 |
| 云南 | 39.73 | 35.29 | 24.44 | 35.56 | 26.37 | 30.21 | 37.50 | 29.59 | 24.49 | 22.22 |
| 西藏 | 50.00 | 57.14 | 31.82 | 42.86 | 13.64 | 40.00 | 30.00 | 26.09 | 28.57 | 9.52 |
| 陕西 | 55.49 | 58.72 | 41.63 | 31.80 | 33.48 | 28.19 | 24.12 | 25.67 | 22.98 | 21.76 |
| 甘肃 | 91.03 | 73.12 | 56.67 | 55.93 | 47.46 | 56.41 | 61.94 | 47.83 | 37.98 | 36.97 |
| 青海 | 31.58 | 22.22 | 27.78 | 38.89 | 21.05 | 47.37 | 15.79 | 23.81 | 23.81 | 14.29 |

（续表）

| 省区市 | 2012 级 | 2013 级 | 2014 级 | 2015 级 | 2016 级 | 2017 级 | 2018 级 | 2019 级 | 2020 级 | 2021 级 |
|---|---|---|---|---|---|---|---|---|---|---|
| 宁夏 | 31.58 | 33.33 | 16.67 | 52.63 | 55.00 | 38.10 | 45.45 | 42.86 | 77.27 | 56.52 |
| 新疆 | 28.72 | 29.41 | 34.91 | 36.61 | 35.04 | 41.67 | 48.82 | 50.75 | 45.19 | 44.68 |

表 4.2　不同生源省区市的人均 GDP（单位：千元）

| 省区市 | 2012 年 | 2013 年 | 2014 年 | 2015 年 | 2016 年 | 2017 年 | 2018 年 | 2019 年 | 2020 年 | 2021 年 |
|---|---|---|---|---|---|---|---|---|---|---|
| 北京 | 92.76 | 100.57 | 106.73 | 113.69 | 123.39 | 136.17 | 150.96 | 161.78 | 164.16 | 183.98 |
| 天津 | 66.52 | 71.35 | 74.96 | 75.87 | 79.65 | 87.28 | 96.69 | 101.56 | 101.07 | 113.73 |
| 河北 | 31.84 | 33.35 | 34.51 | 35.99 | 38.69 | 41.45 | 43.81 | 47.04 | 48.30 | 54.17 |
| 山西 | 32.86 | 33.85 | 34.25 | 33.59 | 33.97 | 41.24 | 45.52 | 48.47 | 51.51 | 64.82 |
| 内蒙古 | 42.44 | 46.32 | 49.59 | 52.97 | 56.56 | 61.20 | 66.49 | 71.17 | 71.64 | 85.42 |
| 辽宁 | 40.78 | 43.96 | 45.92 | 46.48 | 47.07 | 50.22 | 54.66 | 58.02 | 58.63 | 65.03 |
| 吉林 | 32.01 | 35.14 | 37.54 | 38.13 | 40.26 | 42.89 | 44.93 | 47.55 | 50.56 | 55.45 |
| 黑龙江 | 29.35 | 32.07 | 33.46 | 32.76 | 34.03 | 35.89 | 38.20 | 41.16 | 42.43 | 47.27 |
| 上海 | 89.60 | 95.70 | 102.80 | 109.20 | 121.40 | 133.50 | 145.70 | 153.30 | 156.80 | 173.60 |
| 江苏 | 66.53 | 72.77 | 78.71 | 85.87 | 92.66 | 102.20 | 110.51 | 116.65 | 121.33 | 137.04 |
| 浙江 | 61.10 | 65.11 | 68.57 | 73.28 | 78.38 | 85.61 | 93.23 | 98.77 | 100.74 | 113.03 |
| 安徽 | 30.70 | 34.40 | 37.58 | 39.69 | 43.69 | 49.09 | 56.06 | 60.56 | 62.41 | 70.32 |
| 福建 | 52.96 | 58.26 | 63.71 | 67.65 | 74.02 | 83.76 | 94.72 | 102.72 | 105.11 | 116.94 |
| 江西 | 28.26 | 31.95 | 34.99 | 37.44 | 40.95 | 44.88 | 50.35 | 54.64 | 57.07 | 65.56 |
| 山东 | 44.35 | 48.67 | 51.93 | 56.21 | 59.24 | 62.99 | 66.28 | 69.90 | 71.83 | 81.73 |
| 河南 | 30.50 | 33.11 | 35.98 | 38.34 | 41.33 | 45.72 | 50.71 | 54.36 | 54.69 | 59.41 |
| 湖北 | 39.15 | 43.84 | 48.64 | 52.02 | 56.84 | 63.17 | 71.10 | 76.71 | 73.69 | 86.42 |
| 湖南 | 32.20 | 35.70 | 39.18 | 43.16 | 46.61 | 51.03 | 54.76 | 60.10 | 62.54 | 69.44 |
| 广东 | 52.31 | 56.03 | 59.91 | 64.52 | 69.67 | 76.22 | 81.63 | 86.96 | 88.52 | 98.29 |
| 广西 | 24.18 | 26.42 | 28.60 | 30.89 | 33.34 | 36.44 | 39.84 | 42.78 | 44.24 | 49.21 |
| 海南 | 30.99 | 34.05 | 37.17 | 39.70 | 43.01 | 46.63 | 50.26 | 53.93 | 55.44 | 63.71 |
| 重庆 | 39.18 | 43.53 | 48.31 | 52.48 | 58.33 | 64.18 | 68.46 | 74.34 | 78.29 | 86.88 |
| 四川 | 29.63 | 32.75 | 35.56 | 37.15 | 40.30 | 45.84 | 51.66 | 55.62 | 58.01 | 64.33 |
| 贵州 | 18.95 | 22.21 | 25.10 | 28.55 | 31.59 | 35.99 | 40.27 | 43.73 | 46.36 | 50.81 |

（续表）

| 省区市 | 2012 年 | 2013 年 | 2014 年 | 2015 年 | 2016 年 | 2017 年 | 2018 年 | 2019 年 | 2020 年 | 2021 年 |
|---|---|---|---|---|---|---|---|---|---|---|
| 云南 | 23.99 | 27.67 | 30.22 | 32.12 | 35.05 | 39.46 | 44.45 | 49.32 | 52.05 | 57.69 |
| 西藏 | 22.80 | 26.20 | 29.30 | 31.80 | 35.00 | 39.20 | 44.10 | 47.50 | 52.30 | 56.80 |
| 陕西 | 37.45 | 41.91 | 45.61 | 46.65 | 49.34 | 55.22 | 61.12 | 65.51 | 65.87 | 75.36 |
| 甘肃 | 21.14 | 23.65 | 25.72 | 25.95 | 27.40 | 29.10 | 32.18 | 34.71 | 35.85 | 41.05 |
| 青海 | 26.84 | 30.01 | 32.22 | 34.88 | 38.97 | 42.21 | 46.85 | 49.98 | 50.85 | 56.40 |
| 宁夏 | 32.61 | 35.14 | 36.82 | 37.88 | 40.34 | 45.72 | 49.61 | 52.36 | 55.02 | 62.55 |
| 新疆 | 33.10 | 36.99 | 40.19 | 39.52 | 40.02 | 45.48 | 51.24 | 53.54 | 53.59 | 63.00 |

数据来源：各省区市统计年鉴 2022。

表 4.3　不同生源省区市的 GDP 增速（%）

| 省区市 | 2012 年 | 2013 年 | 2014 年 | 2015 年 | 2016 年 | 2017 年 | 2018 年 | 2019 年 | 2020 年 | 2021 年 |
|---|---|---|---|---|---|---|---|---|---|---|
| 北京 | 7.7 | 7.7 | 7.4 | 6.9 | 6.9 | 6.8 | 6.7 | 6.1 | 1.1 | 8.5 |
| 天津 | 11.3 | 10.1 | 7.5 | 6.9 | 6.0 | 3.4 | 3.4 | 4.8 | 1.4 | 6.6 |
| 河北 | 8.7 | 8.2 | 6.5 | 6.8 | 6.7 | 6.6 | 6.5 | 6.7 | 3.8 | 6.5 |
| 山西 | 9.2 | 9.0 | 4.9 | 3.0 | 4.1 | 6.8 | 6.6 | 6.1 | 3.6 | 9.1 |
| 内蒙古 | 10.7 | 8.7 | 7.8 | 7.7 | 7.0 | 4.0 | 5.2 | 5.2 | 0.2 | 6.3 |
| 辽宁 | 8.9 | 8.7 | 5.7 | 2.8 | 0.5 | 4.2 | 5.6 | 5.4 | 0.6 | 5.8 |
| 吉林 | 8.9 | 8.5 | 6.3 | 6.1 | 6.5 | 5.2 | 4.4 | 3.0 | 2.3 | 6.6 |
| 黑龙江 | 8.7 | 7.6 | 5.3 | 5.4 | 4.4 | 6.0 | 4.5 | 4.0 | 0.9 | 6.1 |
| 上海 | 7.5 | 7.9 | 7.1 | 7.0 | 6.9 | 7.0 | 6.8 | 6.0 | 1.7 | 8.1 |
| 江苏 | 10.2 | 9.7 | 8.6 | 8.6 | 7.8 | 7.2 | 6.7 | 5.9 | 3.7 | 8.6 |
| 浙江 | 8.1 | 8.3 | 7.7 | 8.0 | 7.5 | 7.8 | 7.1 | 6.8 | 3.6 | 8.5 |
| 安徽 | 11.2 | 10.3 | 9.2 | 8.7 | 8.8 | 8.6 | 8.0 | 7.3 | 3.7 | 8.3 |
| 福建 | 11.5 | 11.0 | 9.9 | 8.9 | 8.4 | 8.1 | 8.3 | 7.5 | 3.2 | 8.0 |
| 江西 | 11.0 | 10.1 | 9.7 | 9.1 | 9.0 | 8.8 | 8.7 | 7.9 | 3.8 | 8.8 |
| 山东 | 9.7 | 9.4 | 8.5 | 7.8 | 7.4 | 7.3 | 6.3 | 5.3 | 3.5 | 8.3 |
| 河南 | 9.4 | 8.4 | 8.2 | 7.7 | 7.5 | 7.1 | 7.2 | 6.4 | 0.7 | 6.4 |
| 湖北 | 11.2 | 10.2 | 9.7 | 8.6 | 8.1 | 7.8 | 7.3 | 7.3 | −5.4 | 12.9 |
| 湖南 | 11.4 | 10.1 | 9.5 | 8.5 | 8.0 | 8.0 | 7.8 | 7.6 | 3.8 | 7.7 |

（续表）

| 省区市 | 2012 年 | 2013 年 | 2014 年 | 2015 年 | 2016 年 | 2017 年 | 2018 年 | 2019 年 | 2020 年 | 2021 年 |
|---|---|---|---|---|---|---|---|---|---|---|
| 广东 | 8.3 | 8.5 | 7.8 | 8.0 | 7.5 | 7.5 | 6.8 | 6.2 | 2.3 | 8.0 |
| 广西 | 10.1 | 10.0 | 8.3 | 7.9 | 7.0 | 7.1 | 6.8 | 6.0 | 3.7 | 7.5 |
| 海南 | 9.4 | 9.6 | 8.6 | 7.8 | 7.5 | 7.0 | 5.8 | 5.8 | 3.5 | 11.2 |
| 重庆 | 13.6 | 12.3 | 10.9 | 11.0 | 10.7 | 9.3 | 6.0 | 6.3 | 3.9 | 8.3 |
| 四川 | 11.7 | 10.0 | 8.5 | 7.9 | 7.8 | 8.1 | 8.0 | 7.4 | 3.8 | 8.2 |
| 贵州 | 13.0 | 12.4 | 10.8 | 10.7 | 10.5 | 10.2 | 9.1 | 8.3 | 4.5 | 8.1 |
| 云南 | 12.0 | 12.2 | 8.1 | 8.7 | 8.7 | 9.5 | 8.9 | 8.1 | 4.0 | 7.3 |
| 西藏 | 11.8 | 12.1 | 10.8 | 11.0 | 10.1 | 10.0 | 8.9 | 8.1 | 7.8 | 6.7 |
| 陕西 | 12.2 | 10.5 | 9.6 | 7.7 | 7.5 | 7.8 | 8.1 | 6.0 | 2.1 | 6.5 |
| 甘肃 | 11.8 | 11.3 | 9.0 | 8.2 | 7.6 | 3.5 | 6.1 | 6.2 | 3.8 | 6.9 |
| 青海 | 11.2 | 10.8 | 9.2 | 8.17 | 7.84 | 7.24 | 7.14 | 6.05 | 1.46 | 5.69 |
| 宁夏 | 10.5 | 9.8 | 8.0 | 8.0 | 7.4 | 7.3 | 6.8 | 6.5 | 3.9 | 6.7 |
| 新疆 | 11.0 | 11.0 | 10 | 8.8 | 7.5 | 7.6 | 6.1 | 6.2 | 3.4 | 7.0 |

数据来源：各省区市统计年鉴 2022。

首先，根据 4.1 节提出的预测思路，构建家庭经济困难学生比例的面板模型如下。

$$p_{it} = \alpha_{it} + \beta_1 PGDP_{it} + \beta_2 GGDP_{it} \qquad (4.11)$$

其中，$p_{it}$ 为第 $i$ 个生源省份的家庭经济困难学生比例；$PGDP_{it}$ 为第 $i$ 个生源省份的人均 GDP；$GGDP_{it}$ 为第 $i$ 个生源省份的 GDP 增速。

根据表 4.1、表 4.2 和表 4.3 中的数据，对所建立的面板模型进行实证研究。进行 F 检验、BP 检验、Hausman 检验，选择合适的模型，结果如表 4.4 所示。

表 4.4　检验结果汇总（$n$-310）

| 检验类型 | 检验目的 | 检验值 | 检验结论 |
|---|---|---|---|
| F 检验 | FE 模型和 POOL 模型比较选择 | $F(30,277)=16.174$，$p=0.000$ | FE 模型 |
| BP 检验 | RE 模型和 POOL 模型比较选择 | $\chi^2(1)=343.331$，$p=0.000$ | RE 模型 |
| Hausman 检验 | FE 模型和 RE 模型比较选择 | $\chi^2(1)=295.010$，$p=0.000$ | FE 模型 |

F 检验呈现出 5% 水平的显著性 $F(30,277)=16.174$，$p=0.000<0.05$，意味着相对 POOL 模型而言，FE 模型更优。BP 检验呈现出 5% 水平的显著性 $\chi^2(1)=343.331$，$p=0.000<0.05$，意味着相对 POOL 模型而言，RE 模型更优。Hausman 检验呈现出 5% 水平的显著性 $\chi^2(1)=295.010$，$p=0.000<0.05$，意味着相对 RE 模型而言，FE 模型更优。综上，最终选择固定效应模型。

固定效应模型的结果如表 4.5 所示。

表 4.5 固定效应模型的结果

| 项 | 回归系数 | 标准误差 | $t$ | $p$ | 95% CI |
|---|---|---|---|---|---|
| PGDP | −0.0005 | 0.0002 | −2.82 | 0.005*** | −0.0009 ~ −0.0002 |
| GGDP | 1.2146 | 0.2248 | 5.40 | 0.000*** | 0.7722 ~ 1.6571 |
| 截距 | 0.1909 | 0.0228 | 8.36 | 0.000*** | 0.1460 ~ 0.2359 |
| $F(2,277)=25.59$，$p=0.000$ | | | | | |
| $R^2=0.175$，$R^2(within)=0.156$ | | | | | |
| *$p<0.1$ **$p<0.05$ ***$p<0.01$ | | | | | |

从表 4.5 结果可知，PGDP 和 GGDP 系数显著，且和 4.1 节的预期相一致。PGDP 系数为 −0.0005，当生源地人均 GDP 增长 1000 元，家庭经济困难学生比例下降 0.0005 个百分点；GGDP 的系数为 1.2146，经济增速每高 1 个百分点，生源地的家庭经济困难学生比例将增加 1.2146 个百分点。

**其次**，依据 4.2 节中阐述的 GM(1,1) 模型预测实施步骤，运用《灰色系统理论及其应用（第七版）》（GSTA7.0）软件中的均值差分 GM(1,1) 模型，对各生源省份的人均 GDP 和 GDP 增速进行预测。在预测过程中，各生源省份的人均 GDP 主要基于近 4 年的数据进行预测；而 GDP 增速则由于受疫情的影响，在 2020 年和 2021 年产生了较大波动，与此同时，我国经济增长也已从高速阶段转变为中高速阶段，为了更好地反映这种趋势，采用 2012—2019 年的数据来预测各个生源省份的 GDP 增速。具体预测结果如表 4.6 所示。

表 4.6 2023 年各生源省份的人均 GDP 和 GDP 增速预测结果

| 省区市 | 2023 年人均 GDP 预测值 / 千元 | 2023 年 GDP 增速预测值 /% |
|---|---|---|
| 北京 | 207.05 | 5.5 |
| 天津 | 125.64 | 1.6 |

（续表）

| 省区市 | 2023 年人均 GDP 预测值 / 千元 | 2023 年 GDP 增速预测值 /% |
|---|---|---|
| 河北 | 61.82 | 5.7 |
| 山西 | 86.07 | 5.3 |
| 内蒙古 | 101.16 | 3.0 |
| 辽宁 | 72.13 | 2.3 |
| 吉林 | 64.44 | 2.2 |
| 黑龙江 | 53.85 | 2.9 |
| 上海 | 194.90 | 5.5 |
| 江苏 | 159.74 | 4.5 |
| 浙江 | 128.08 | 6.3 |
| 安徽 | 80.94 | 6.2 |
| 福建 | 131.95 | 5.8 |
| 江西 | 78.02 | 7.1 |
| 山东 | 94.65 | 4.1 |
| 河南 | 64.32 | 5.6 |
| 湖北 | 95.36 | 5.4 |
| 湖南 | 79.70 | 6.0 |
| 广东 | 110.05 | 5.5 |
| 广西 | 56.18 | 4.4 |
| 海南 | 74.52 | 4.0 |
| 重庆 | 100.99 | 4.4 |
| 四川 | 73.93 | 6.3 |
| 贵州 | 58.82 | 6.9 |
| 云南 | 67.14 | 6.9 |
| 西藏 | 67.93 | 6.7 |
| 陕西 | 85.59 | 4.8 |
| 甘肃 | 48.1 | 2.7 |
| 青海 | 63.05 | 4.3 |
| 宁夏 | 74.19 | 4.9 |
| 新疆 | 73.09 | 3.8 |

再次，鉴于各生源省份的家庭经济困难学生比例的变动受人均 GDP 和经济增速变动的影响，在 GM(1,1) 模型预测结果基础上进一步对 2023 年各生源省份家庭经济困难学生比例进行预测。通过计算 2023 年不同生源省份的人均 GDP 与 2021 年的差值，以及 2023 年 GDP 增幅与 2021 年的差值，以表 4.5 中所列的回归系数作为依据，便可推算出各生源省份家庭经济困难学生的比例变动情况，进一步可以计算 2023 年各生源省份家庭经济困难学生的比例。需要特别说明的是，对于家庭经济困难学生比例为 0 的生源省份，即使人均 GDP 有所增长、经济增速有所放缓，但由于家庭经济困难学生的比例不可能为负，因此设定为 0。各生源省份 2023 年家庭经济困难学生比例变化及 2023 年比例预测值如表 4.7 所示。

表 4.7　各生源省份 2023 年家庭经济困难学生比例变化及 2023 年比例预测值

| 省区市 | 2023 年人均 GDP 与 2021 年的差值 /千元 | 2023 年 GDP 增速 与 2021 年的差值 /% | 家庭经济困难 学生比例变化 /% | 2023 年家庭经济困 难学生比例预测值 /% |
|---|---|---|---|---|
| 北京 | 23.07 | −3.0 | −3.64 | 0.00 |
| 天津 | 11.91 | −5.0 | −6.07 | 0.00 |
| 河北 | 7.65 | −0.8 | −0.97 | 11.72 |
| 山西 | 21.25 | −3.8 | −4.62 | 16.54 |
| 内蒙古 | 15.74 | −3.3 | −4.01 | 19.18 |
| 辽宁 | 7.10 | −3.5 | −4.25 | 5.08 |
| 吉林 | 8.99 | −4.4 | −5.34 | 5.05 |
| 黑龙江 | 6.58 | −3.2 | −3.89 | 8.79 |
| 上海 | 21.30 | −2.6 | −3.16 | 0.00 |
| 江苏 | 22.70 | −4.1 | −4.98 | 0.94 |
| 浙江 | 15.05 | −2.2 | −2.67 | 0.00 |
| 安徽 | 10.62 | −2.1 | −2.55 | 13.06 |
| 福建 | 15.01 | −2.2 | −2.67 | 6.27 |
| 江西 | 12.46 | −1.7 | −2.06 | 11.90 |
| 山东 | 12.92 | −4.2 | −5.10 | 4.22 |
| 河南 | 4.91 | −0.8 | −0.97 | 22.86 |
| 湖北 | 8.94 | −7.5 | −9.11 | 1.16 |

（续表）

| 省区市 | 2023 年人均 GDP 与 2021 年的差值 /千元 | 2023 年 GDP 增速 与 2021 年的差值 /% | 家庭经济困难 学生比例变化 /% | 2023 年家庭经济困 难学生比例预测值 /% |
|---|---|---|---|---|
| 湖南 | 10.26 | −1.7 | −2.06 | 12.07 |
| 广东 | 11.77 | −2.5 | −3.04 | 2.34 |
| 广西 | 6.97 | −3.1 | −3.77 | 26.13 |
| 海南 | 10.81 | −7.2 | −8.75 | 0.00 |
| 重庆 | 14.11 | −3.9 | −4.74 | 13.36 |
| 四川 | 9.60 | −1.9 | −2.31 | 12.03 |
| 贵州 | 8.01 | −1.2 | −1.46 | 36.23 |
| 云南 | 9.45 | −0.4 | −0.49 | 21.74 |
| 西藏 | 11.13 | 0.0 | 0.00 | 9.52 |
| 陕西 | 10.23 | −1.7 | −2.06 | 19.69 |
| 甘肃 | 7.05 | −4.2 | −5.10 | 31.87 |
| 青海 | 6.65 | −1.39 | −1.69 | 12.60 |
| 宁夏 | 11.64 | −1.8 | −2.19 | 54.34 |
| 新疆 | 10.09 | −3.2 | −3.89 | 40.79 |

　　**最后**，通过将该高校在各生源省份的招生人数与其所对应的家庭经济困难学生比例相乘，能够准确获知该高校 2023 年招收的各生源省份家庭经济困难学生的具体人数及学校总数。考虑无法获得该案例高校 2023 年招生的实际数，本研究以其在各省招生的计划数为基础预测该校各生源省份 2023 级家庭经济困难学生数及新生总数。经预测，该校 2023 年招收学生中家庭经济困难学生有 555人，具体结果如表 4.8 所示。

表 4.8　案例高校 2023 年各生源省份家庭经济困难学生数及学校总数预测结果

| 省区市 | 该校 2023 年家庭经济困难学生数生 源省份预测值 / 人 | 该校 2023 级家庭经济困难新生总 数预测值 / 人 |
|---|---|---|
| 北京 | 0 | |
| 天津 | 0 | 555 |
| 河北 | 22 | |

（续表）

| 省区市 | 该校 2023 年家庭经济困难学生数生源省份预测值 / 人 | 该校 2023 级家庭经济困难新生总数预测值 / 人 |
|---|---|---|
| 山西 | 25 | |
| 内蒙古 | 13 | |
| 辽宁 | 7 | |
| 吉林 | 4 | |
| 黑龙江 | 6 | |
| 上海 | 0 | |
| 江苏 | 8 | |
| 浙江 | 0 | |
| 安徽 | 44 | |
| 福建 | 8 | |
| 江西 | 21 | |
| 山东 | 10 | |
| 河南 | 59 | |
| 湖北 | 2 | 555 |
| 湖南 | 23 | |
| 广东 | 2 | |
| 广西 | 25 | |
| 海南 | 0 | |
| 重庆 | 15 | |
| 四川 | 30 | |
| 贵州 | 46 | |
| 云南 | 21 | |
| 西藏 | 2 | |
| 陕西 | 45 | |
| 甘肃 | 38 | |
| 青海 | 3 | |
| 宁夏 | 12 | |
| 新疆 | 63 | |

## 4.4　本章小结

从宏观层面总体把握高校学生资助对象的数量规模和区域分布，是合理安排各类资助政策、提高资助管理效能效益的重要要求。本章充分考虑了高校学生生源地经济发展的地域差异和经济发展带来的变动特征，提出了高校家庭经济困难新生数量预测思路，运用面板数据模型和均值差分 GM(1,1) 模型对高校家庭经济困难学生总量规模及区域分布进行了实证预测，对于高校不断推进学生资助精准化管理具有一定的积极意义。

第 5 章

# 基于矩阵型灰色聚类模型的高校学生资助对象精准认定研究

学生资助对象的认定是整个高校学生资助政策实施过程中最基础、最核心的环节。它不仅直接影响资助资源配置的合理性，还关乎资助政策实施的公平性和资助育人体系的实效性。学生资助对象的认定既是一个理论问题和认识问题，也是一个实践问题和技术问题。在理论和认识层面，最核心的问题是如何定义贫困。在实践和技术层面，关键在于如何有效测量和区分学生的贫困程度。目前，高校学生资助对象的识别主要基于狭义绝对的贫困概念内涵，关注的是物质生活或经济上的贫困，主要通过单一的经济属性（如学生家庭经济收入或求学费用支出）来衡量学生的困难程度。然而，这种方法对大学生全面发展和长远发展的关照不足，存在明显的简单化倾向，其在推进精准资助、应助尽助和实现资助育人方面的局限性很大。为了克服这种局限性，需要坚持以学生为中心，以促进学生健康全面发展为目标，以多维贫困理论为框架，建立高校学生资助对象认定量化指标体系和科学合理的模型方法。这种方法可更全面地了解和把握学生的贫困成因，更准确地测量学生资助对象的贫困程度和特征，有助于夯实提高学生资助工作精准度和实效性的理论基础和实践基础。

## 5.1　基于多维贫困理论的高校学生资助对象认定指标体系的设计

作为国家资助公共政策体系在高等教育领域的具体体现和实际应用，高校学生资助工作是针对家庭经济困难大学生这一特定资助对象所开展的一项兼具政治性、政策性、专业性及实践性的重要业务。该项业务旨在通过全面落实一系列资助政策和措施，为家庭经济困难大学生享有更加公平而有质量的高等教育提供全方位、全过程、全领域的帮扶和支持，保障他们安心求学，激励他们成长成才。诚然，任何公共政策的设计和实施通常都是以特定的理论作为依据和支撑，并随着相关理论概念和知识结构的不断演化而逐步深化和系统化，贫困理论是高校学生资助政策设计与实施的基础，贫困的内涵为高校学生资助对象认定提供了理论依据和实践视角。

## 5.1.1　贫困概念演进及其在学生资助对象认定上的实践意义

什么是贫困和如何界定贫困是贫困及反贫困理论与实践研究的起始点和关键问题。贫困作为一种对人类社会特有现象的阐述和解释,直观体现为生活的困苦和艰辛。起初,学者们最先从经济学层面来认识贫困和研究贫困问题,一般认为贫困是一种人们因缺乏必备的生产生活资源而呈现出的不利的状况,主要是从收入、消费、资产等单一维度是否能够满足生存基本需求的角度来定义贫困。其后,随着经济社会的发展和贫困理论研究的深化,贫困的界定并没有停留在经济或物质层面,其概念的内涵及维度在不断深化,贫困的衡量标准也在不断发生变化,如能力贫困超越单一的"收入、消费、资产"维度,将教育、健康、住房和其他非货币维度的社会因素纳入贫困概念,并强调这些因素对人们获取基本生活资料和服务能力的影响,权利贫困、社会排斥贫困、脆弱性贫困则又进一步将政治、心理、文化等因素融入贫困概念。从历史演进来看,贫困的研究视角不断地从单一经济学视角向经济学、发展学、社会学、政治学等多视角进行系统性融合转变,贫困的概念内涵发展呈现出从一维到多维、从表象到本质的特点,经历了从狭义贫困到广义贫困,从绝对贫困到相对贫困,从物质贫困到精神贫困,从单纯的经济因素的贫困到综合考虑经济、政治、文化、社会、环境等各种因素的能力贫困、权利贫困、社会排斥贫困、脆弱性贫困的演进历程。贫困的这些概念并非相互排斥的,它们之间相互补充、相互促进、相得益彰,共同丰富了贫困的多维内涵。

从多维度贫困视角出发,对高校学生资助对象的识别、评估和帮扶,要超越单一的"家庭经济状况或学生学习生活消费"维度,应更多综合考虑其他关键因素。在实际的高校学生资助工作中,我们发现,许多家庭经济困难的学生,由于环境所限,社会接触较少,对新事物的认知和接受速度较慢,知识领域和操作技能水平相对较低,从而心理压力较大,容易产生自卑、焦虑乃至抑郁等负面情感。如果仅仅以学生的家庭经济状况作为评判其贫困程度的依据,将导致资助策略缺乏针对性和全面性。经济层面的贫困可通过物质帮助得以弥补,但心理、文化及能力层面的贫困却无法得到解决。立足于多维贫困的高校学生资助的终极目标和价值取向,并非仅为基本的经济支持,而在于关注学生全面成长与发展的资助。基于多维贫困的高校学生资助对象的认定,有助于更深入探究学生的贫之所在和困之成因，有助于对症下药、应需而助，更好地满足他们的发展实际需求，进而为他们的全面发展提供基本的经济保障和良好的成才环境。

## 5.1.2　多维贫困视域下高校学生资助对象认定指标体系解析

鉴于前述分析，我国现阶段高校学生资助所要应对的大学生贫困问题已不再是局限于经济层面的贫困，而是包括经济支持、发展能力、发展环境、发展机会、心理层面等方面的多维贫困。结合多维贫困理论及相关研究成果，我们将大学生所面临的贫困概括为两个层面：一是经济层面上的"硬性贫困"，主要表现为来自家庭的经济支持难以满足学习和生活的基本需求；二是在发展层面上的"软性贫困"，主要表现为学生个体对于资源、机会的获取，以及心理调适等方面的能力难以满足全面发展的高质量需求。因此，我们将从这两个层面构建新阶段高校学生资助对象认定指标体系。

（1）**经济层面认定指标的选取**。在对学生经济层面上的"硬性贫困"进行评估时，主要关注五个关键指标，即学生家庭所在地区的经济发展水平、家庭结构类型、家庭人口负担、家庭收入状况，以及家庭负债和因病支出。首先，以学生生源地县区市的人均可支配收入来衡量家庭所在地区的经济发展水平，收入越低，家庭经济状况越困难。其次，采用赋值法来评估家庭结构类型，孤儿家庭赋值 100，城乡低保及残疾人家庭赋值 80，单亲家庭赋值 60，其他家庭赋值 40，赋值越高，家庭经济状况越困难。再次，通过家庭在读学生和需要赡养的老人数占家庭总人口的比例来衡量家庭人口负担，负担越重，家庭经济状况越困难。此外，以家庭人均年收入为指标评估家庭收入状况，收入越低，家庭经济状况越困难。最后，以家庭负债和因病年均支出的合计额来衡量家庭负债及因病支出状况，负债越大、因病年均支出越高，家庭经济状况越困难。

（2）**发展层面认定指标的选取**。在对学生发展层面上的"软性贫困"进行评估时，主要关注学生自主学习能力、动手实践能力、学术创新能力、人际交往能力、生涯规划能力、心理调适能力等方面存在的不足。这些能力的匮乏不仅影响他们的学业成绩，也会在很大程度上制约他们的未来发展。第一，自主学习能力是指学生个体在面临问题时，能够独立思考、寻找解决方案的能力。

这是一个优秀人才必备的素质，对于个人成长和发展具有重要意义。由于成长过程中缺乏足够的学习资源和机会的支持，家庭经济困难学生往往学习基础薄弱、知识体系不完善。第二，动手实践能力是指将理论知识应用于实际操作的能力。培养学生的动手实践能力，有助于提升学生的综合素质，以更好地适应社会需求。然而，家庭经济困难学生由于条件所限，很难获得充足的实践机会，从而在实践能力方面表现不佳，进一步影响到他们将理论知识应用于实际操作的能力。第三，学术创新能力是指在学术科研上能够独立思考、提出新观点、创新理论的能力。在高校人才培养中，培养学生的学术创新能力，有助于他们成长为拔尖创新人才。长期以来，由于教育资源及素质教育在各区域间配置不均衡，家庭经济困难学生多缺乏创新意识、专业特长。第四，人际交往能力是指在沟通交流、合作共事过程中的能力。具备良好人际交往能力的人，能在各种场合与他人有效沟通，建立良好的人际关系，为个人发展创造有利条件。培养学生人际交往能力，有助于提高他们的社会适应能力，为他们的未来发展奠定基础。然而，家庭经济困难学生由于家庭背景和成长环境等因素，往往在人际交往方面存在一定的障碍，不仅影响校园生活的融入，也可能对未来的职场发展产生负面影响。第五，生涯规划能力是指在职业生涯中，能够明确自己的发展目标，制定合理的规划，并付诸实践的能力。对学生来说，培养生涯规划能力有助于他们更好地了解自己的兴趣和特长，为未来的职业发展做好充分准备。家庭经济困难学生在生涯规划能力方面的不足，主要表现在对未来的迷茫和不确定性。这使他们在面临人生抉择时，难以作出明智的选择。第六，心理调适能力是指在面对压力、挫折等负面情绪时，能够调整自己的心态，保持积极向上的精神状态。培养学生的心理调适能力，有助于他们建立正确的价值观，增强心理素质，为未来的生活和工作打下坚实基础。家庭经济困难学生在面对生活困境时，容易产生自卑、焦虑等负面情绪。这些心理问题如不及时解决，将对他们的身心健康造成严重影响。这些能力可以通过基本的问卷或量表来评估。

新阶段多维贫困视域下高校学生资助对象认定指标体系如表 5.1 所示，其中效益型指标的指标数值越大，表示学生的贫困程度越高；成本型指标的含义则反之。

表 5.1 新阶段多维贫困视域下高校学生资助对象认定指标体系

| 目标层 | 准则层 | 指标层 | 指标类型 |
|---|---|---|---|
| 高校学生资助对象贫困程度 | 学生家庭经济支持层面 | 家庭所在地区的经济发展水平 | 成本型指标 |
| | | 家庭结构类型 | 效益型指标 |
| | | 家庭人口负担 | |
| | | 家庭收入状况 | 成本型指标 |
| | | 家庭负债和因病支出 | 效益型指标 |
| | 学生个体发展能力层面 | 自主学习能力 | 成本型指标 |
| | | 动手实践能力 | |
| | | 学术创新能力 | |
| | | 人际交往能力 | |
| | | 生涯规划能力 | |
| | | 心理调适能力 | |

## 5.2 矩阵型灰色聚类模型的建立和一般步骤

灰色聚类是灰色系统理论与聚类分析交叉融合而成的一种数学分析技术。自 1982 年灰色系统理论创立以来,灰色聚类一直是灰色系统理论研究工作者深入讨论的重要领域,已经成为在社会经济管理实践中得到较多认可和广泛应用的灰色建模技术之一。其基本思想是根据灰色关联矩阵或灰数的可能度函数将所考察的观测指标或观测对象划分成若干个可定义类别的方法。一个灰类就是属于同一类的观测指标或观测对象的集合,在同一个灰类中观测指标或观测对象之间具有较高的相似度,不同灰类中的观测指标或观测对象之间相似度较低。依据聚类对象不同,通常将灰色聚类分为灰色关联聚类和基于可能度函数的灰色聚类(主要包括灰色变权聚类评估模型、灰色定权聚类评估模型、基于混合可能度函数的灰色聚类评估模型)。其中,灰色关联聚类主要用于同类因素的归并,以使复杂系统简化;基于可能度函数的灰色聚类主要用于考察观测对象是否属于事先设定的不同类别,以便区别对待。

传统意义上的灰色聚类模型是根据聚类对象单一维度或是多个维度属性信息构建指标体系的综合聚类，对聚类对象间的关系信息和对象诸多属性间的差异信息利用不充分，在灰类构造上对聚类对象多属性差异挖掘不深入，进而在聚类结果类别划分上比较单一、笼统和宽泛，且对聚类结果有着相对严格的约束，完备性不够。遵循灰色系统差异信息和最少信息的基本原理，依据灰色聚类的基本思想，充分利用聚类对象已有的多属性信息，建立面向对象多属性差异的矩阵型灰色聚类方法，可实现对聚类对象更加多元、自由的类型划分。矩阵型灰色聚类模型建模如下。

设有 $n$ 个聚类对象，记对象集 $O = \{o_1, o_2, \ldots, o_n\}$ ；每个对象均有 $p$ 个属性，记属性集 $A = (a_1, a_2, \ldots, a_p)$ ；任一属性 $a_l$ [ $l = (1, 2, \ldots, p)$ ] 下有 $m_{a_l}$ 个属性指标。设第 $i$ 个对象在第 $l$ 个属性 $a_l$ 下的第 $j$ 个属性指标为 $x_{ia_l}^j$ [ $j = (1, 2, \ldots, m_{al})$ ]。

**定义 5.1** 称 $x_i = (x_{ia_1}, x_{ia_2}, \ldots, x_{ia_p})$ 为第 $i$ 个对象 $o_i$ 的属性指标序列，其中 $x_{ia_k} = (x_{ia_k}^1, x_{ia_k}^2, \ldots, x_{ia_k}^{m_{a_k}})(k = 1, 2, \ldots, m_{a_l})$ 。

**定义 5.2** 设 $V_{ia_l} = \eta_l \sum_{j=1}^{m_{a_l}} w_j r_{ia_l}^j$ 为第 $i$ 个对象在第 $l$ 个属性 $a_l$ 下的综合评估值，其中 $\eta_l$ 为属性 $a_l$ 的权重，$\eta_l$ 大小反映了决策者对不同属性的重视程度；$w_j$ 为第 $l$ 个属性 $a_l$ 下第 $j$ 个指标的权重，$w_j$ 大小体现了不同指标的重要程度；$r_{ia_l}^j$ 为消除量纲后的属性指标标准值。则 $V_i = (V_{ia_1}, V_{ia_2}, \ldots, V_{ia_p})$ 为第 $i$ 个对象 $o_i$ 的属性综合评估值序列。

为使属性指标保持同一极性，可依据效益型指标、成本型指标、适中型指标的分类标准对指标属性值进行归一化处理。具体处理方法如下。

效益型指标：$r_{ia_l}^j = \dfrac{x_{ia_k}^j - MIN\limits_{j}\{x_{ia_k}^j\}}{MAX\limits_{j}\{x_{ia_k}^j\} - MIN\limits_{j}\{x_{ia_k}^j\}}$

成本型指标：$r_{ia_l}^j = \dfrac{MAX\limits_{j}\{x_{ia_k}^j\} - x_{ia_k}^j}{MAX\limits_{j}\{x_{ia_k}^j\} - MIN\limits_{j}\{x_{ia_k}^j\}}$

适中型指标：$r_{ia_l}^j = 1 - \dfrac{\left| x_{ia_k}^j - x'^{j}_{ia_k} \right|}{MAX\limits_{j}\left| x_{ia_k}^j - x'^{j}_{ia_k} \right|}$

其中，$x_{ia_k}^{'j}$ 为适中型指标 $x_{ia_k}^j$ 的最优取值。

**定义 5.3**　设在任一属性 $a_l$ [ $l=(1,2,\ldots,p)$ ] 上均有 $s$ [ $s=(1,2,\ldots,n)$ ] 个灰类，记第 $l$ 个属性 $a_l$ 上的第 $k$ 个灰类为 $s_{a_l}^k$ [ $k=(1,2,\ldots,s)$ ]，则称 $s_{a_l}=(s_{a_l}^1,s_{a_l}^2,\ldots,s_{a_l}^s)$ 为属性 $a_l$ 下的灰类向量，$s=(s_{a_1},s_{a_2},\ldots,s_{a_p})$ 为灰类集。

**定义 5.4**　设属性集 $A=(a_1,a_2,\ldots,a_p)$，灰类集 $S=(s_{a_1}^k,s_{a_2}^k,\ldots,s_{a_p}^k)$，则称 $(A,S)$ 为矩阵灰类属性坐标空间。每一个对象的所属类别可以视作矩阵灰类属性坐标空间上的一个点，该点可以用对象的属性综合评估向量值表示；$p$ 个属性上的 $s$ 个灰类共将矩阵灰类属性坐标空间划分成 $s^p$ 个矩阵灰类子空间。矩阵型灰色聚类法即判断对象处于矩阵灰类属性坐标空间上哪一个矩阵灰类子空间，每个对象所属的灰类不再是单一属性或整体属性上的综合分类的结果，而是由不同属性类别组合的结果，呈现矩阵形式。

**定义 5.5**　设在每一个灰类子空间上，均存在一个能够显著体现该属性空间上灰类特征的点，称为特征点，该点可以作为其所在灰类子空间的代表，用 $V_{fp}$ 表示。每个灰类子空间都是由该特征点所表示的对象和与该点最接近的对象组成，每个对象在属性灰类坐标空间的位置可以用不同属性下的综合评估值来确定。灰类子空间特征点的特征值确定步骤如下。

**第 1 步**：在属性指标保持同一极性条件下，构建属性灰类坐标空间，分别计算出每个对象在不同属性维度下的综合评估值 $V_{ia_l}$。

**第 2 步**：将每个对象在不同属性维度下的综合评估值 $_{ia_l}$ 按照降（升）序从大到小（从小到大）进行排列。

**第 3 步**：按照综合评估值的降序，以 $\dfrac{1}{p\times s}$ 为起始点，以 $\dfrac{2}{p\times s}$ 为间距以此搜索确定其他分位点，分位点的总个数共有 $s$ 个。处于该分位点上对象评估值即作为该属性维度上的灰类特征值。

**定义 5.6**　设第 $q(q=1,2,\ldots,s^p)$ 个灰类子空间特征点为 $v_{fp}^q$，则称 $V_{fp}^q=(V_{fpa_1}^q,V_{fpa_2}^q,\ldots,V_{fpa_p}^q)$ 为第 $q(q=1,2,\ldots,s^p)$ 个灰类子空间特征点序列。

设 $V_i=(V_{ia_1},V_{ia_2},\ldots,V_{ia_p})$ 为系统特征序列；$V_{fp}^q=(V_{fpa_1}^q,V_{fpa_2}^q,\ldots,V_{fpa_p}^q)$ 为比较序列。依据灰色关联度的一般求解思路，针对每一个对象计算出其属性综合评估序列与各个矩阵灰类子空间特征点序列的灰类特征点关联度 $\gamma_{iq}$，其中，

$$\gamma_{iq} = \frac{1}{s-1} \Sigma \left[ MIN |V_{ia_1} - V_{fpa_1}^q| + MAX |V_{ia_1} - V_{fpa_1}^q|/(s-1) \right] / \left[ |V_{ia_1} - V_{fpa_1}^q| + MAX |V_{ia_1} - V_{fpa_1}^q|/(s-1) \right]$$

由 $\underset{1 \leqslant l \leqslant s^p}{MAX}\{\gamma_{iq}\} = \gamma_{iq^*}$，可以判定对象 $o_i$ 属于第 $q^*$ 个矩阵灰类。$\gamma_{iq}$ 越大，表明对象 $o_i$ 越隶属于第 $q^*$ 个矩阵灰类；当有多个对象同属于第 $q^*$ 个矩阵灰类时，还可以进一步根据关联度的大小确定同属于第 $q^*$ 个矩阵灰类上的各个对象的优劣或位次。

综合以上分析，矩阵型灰色聚类方法的一般步骤归纳如下。

**第 1 步**：分别给出对象 $o_i$ 在已知多个属性下指标数值，并依据指标权重和属性权重计算得出对象 $o_i$ 的属性综合评估序列 $V_i$。

**第 2 步**：依据 $p$ 个属性上的 $s$ 个灰类，构成各个矩阵灰类属性坐标空间上的矩阵灰类；并依据特征点的提取规则，得出各矩阵灰类子空间的特征点序列。

**第 3 步**：依据灰色关联度的一般求解思路，对每一个对象计算其属性综合评估序列与各个灰类子空间特征点序列的灰色关联度 $\gamma_{iq}$。

**第 4 步**：若 $\underset{1 \leqslant l \leqslant s^p}{MAX}\{\gamma_{iq}\} = \gamma_{iq^*}$，则可以判定对象 $o_i$ 属于第 $q^*$ 个矩阵灰类。

# 5.3 基于矩阵型灰色聚类的高校学生资助对象认定算例分析

本算例假定有 17 个学生提出认定申请，相关申请材料经班级、年级和学院审核确认，假设在学生家庭经济支持层面有特别困难、困难和一般困难 3 个预设属性灰类，在学生个体发展能力层面有特别匮乏、匮乏和一般匮乏 3 个预设属性灰类，两个不同层面下的预设属性灰类共构成 9 个矩阵灰类子空间。为便于计算，本算例假设在学生家庭经济支持层面与学生个体发展能力层面的权重相等，各属性下特征指标权重相等。各层面下各指标数据如表 5.2 所示。

表 5.2　学生家庭经济支持及个体发展能力数据统计表

| 学生 | 学生家庭经济支持层面 | | | | | 学生个体发展能力层面 | | | | | |
|---|---|---|---|---|---|---|---|---|---|---|---|
| | 家庭所在地经济发展水平（万元） | 家庭结构类型 | 家庭人口负担（%） | 家庭收入状况（万元） | 家庭负债和因病支出（万元） | 自主学习能力 | 动手实践能力 | 学术创新能力 | 人际交往能力 | 生涯规划能力 | 心理调适能力 |
| 学生 1 | 0.57 | 80 | 0.40 | 0.65 | 0.78 | 73.41 | 69.14 | 41.11 | 75.88 | 92.97 | 57.31 |
| 学生 2 | 1.90 | 60 | 0.25 | 1.55 | 2.61 | 36.61 | 98.01 | 62.01 | 35.55 | 20.01 | 32.46 |
| 学生 3 | 3.05 | 40 | 0.60 | 4.5 | 2.18 | 54.39 | 39.05 | 91.95 | 94.04 | 81.43 | 54.06 |
| 学生 4 | 0.87 | 80 | 0.40 | 1.25 | 3.22 | 92.15 | 65.66 | 47.43 | 83.59 | 80.96 | 87.72 |
| 学生 5 | 1.53 | 60 | 0.50 | 1.75 | 3.04 | 74.50 | 30.64 | 58.34 | 44.12 | 87.95 | 70.23 |
| 学生 6 | 0.93 | 80 | 0.33 | 0.65 | 0.83 | 53.16 | 43.51 | 60.86 | 61.05 | 53.66 | 98.77 |
| 学生 7 | 1.22 | 100 | 1.00 | 0.15 | 2.87 | 41.78 | 67.85 | 22.81 | 81.46 | 62.41 | 66.67 |
| 学生 8 | 2.73 | 80 | 0.50 | 0.85 | 2.74 | 84.30 | 77.04 | 31.39 | 84.83 | 57.04 | 98.26 |
| 学生 9 | 2.23 | 60 | 0.75 | 3.25 | 1.78 | 32.41 | 43.07 | 65.54 | 42.06 | 35.87 | 21.56 |
| 学生 10 | 2.32 | 40 | 0.33 | 2.75 | 3.04 | 35.62 | 81.79 | 82.77 | 94.05 | 62.54 | 62.90 |
| 学生 11 | 2.55 | 40 | 0.50 | 3.35 | 1.83 | 59.92 | 25.96 | 42.14 | 62.44 | 51.62 | 97.37 |
| 学生 12 | 1.79 | 80 | 0.57 | 0.85 | 1.61 | 44.31 | 99.69 | 56.25 | 61.76 | 43.11 | 40.97 |
| 学生 13 | 3.01 | 60 | 0.40 | 2.05 | 2.57 | 81.79 | 20.88 | 58.49 | 58.56 | 92.33 | 97.25 |
| 学生 14 | 0.89 | 40 | 0.20 | 0.78 | 0.68 | 65.27 | 50.59 | 61.98 | 71.85 | 30.40 | 36.57 |
| 学生 15 | 1.15 | 40 | 0.33 | 1.25 | 2.55 | 67.42 | 31.12 | 59.67 | 78.62 | 99.41 | 80.36 |
| 学生 16 | 2.01 | 40 | 0.60 | 1.80 | 2.28 | 59.53 | 49.91 | 38.95 | 83.43 | 83.34 | 28.18 |
| 学生 17 | 0.65 | 80 | 0.80 | 0.35 | 0.70 | 70.89 | 65.43 | 41.99 | 49.16 | 33.19 | 46.44 |

第 1 步：按照表 5.2 中给出的学生家庭经济支持层面与学生个体发展能力层面各个指标数值，根据指标类型堆砌进行规范化处理，并依据指标权重和属性权重计算出对各个学生在家庭经济支持层面与个体发展能力层面的综合评估序列。各个学生两个层面下的综合评估值如表 5.3 所示。可得到最大评估序列和最小评估序列如下。

$$V_{max} = (1.94, 1.64) \text{、} V_{min} = (0.30, 0.53)$$

表 5.3　学生家庭经济支持及个体发展能力综合评估值

| 学生 | 学生家庭经济支持层面 | 学生个体发展能力层面 |
|---|---|---|
| 学生 1 | 1.44 | 0.78 |
| 学生 2 | 0.95 | 1.48 |
| 学生 3 | 0.47 | 0.72 |
| 学生 4 | 1.11 | 0.53 |
| 学生 5 | 0.89 | 1.02 |
| 学生 6 | 0.98 | 0.98 |
| 学生 7 | 1.94 | 1.10 |
| 学生 8 | 1.09 | 0.65 |
| 学生 9 | 0.98 | 1.64 |
| 学生 10 | 0.30 | 0.74 |
| 学生 11 | 0.59 | 1.10 |
| 学生 12 | 1.21 | 1.15 |
| 学生 13 | 0.80 | 0.78 |
| 学生 14 | 0.74 | 1.21 |
| 学生 15 | 0.58 | 0.72 |
| 学生 16 | 0.75 | 1.07 |
| 学生 17 | 1.48 | 1.30 |
| 最大值 | 1.94 | 1.64 |
| 最小值 | 0.30 | 0.53 |
| 中间值 | 1.12 | 1.09 |

第 2 步：依据两个属性下的预设灰类，可以构造出矩阵灰类集，并求出各矩阵灰类的特征点。二维属性矩阵灰类集如图 5.1 所示。各灰类子空间对应的

特征点矩阵如下。

$$\begin{bmatrix} (1.94,0.53) & (1.94,1.09) & (1.94,1.64) \\ (1.12,0.53) & (1.12,1.09) & (1.12,1.64) \\ (0.30,0.53) & (0.30,1.09) & (0.30,1.64) \end{bmatrix}$$

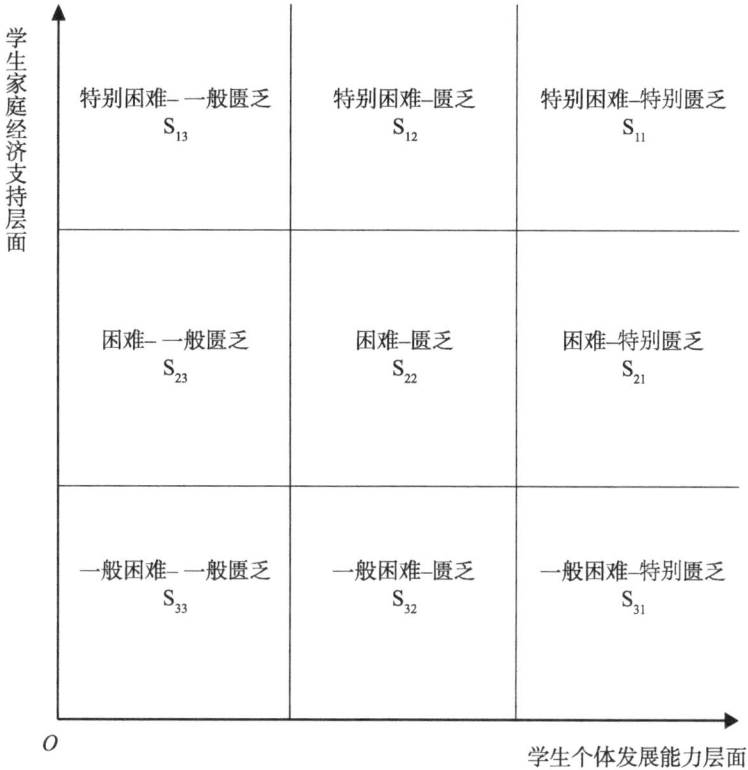

**图 5.1　二维属性矩阵灰类集示例图**

**第 3 步**：针对每一个学生计算其综合评估列与各个灰类子空间特征点序列的灰色关联度 $\gamma_{iq}$。以学生 1 为例，如下所示。

$$\gamma_{\text{学生}1q} = \begin{bmatrix} 0.72 & 0.63 & 0.52 \\ 0.76 & 0.86 & 0.55 \\ 0.38 & 0.50 & 0.48 \end{bmatrix}$$

**第 4 步**：根据 $\underset{1 \leq l \leq s^p}{MAX}\{\gamma_{iq}\} = \gamma_{iq^*}$，可以判定对象 $o_i$ 属于第 $q^*$ 个矩阵灰类。由此，可以判断出学生 1 属于"家庭经济支持困难 – 个体发展能力匮乏"，即 $S_{22}$ 这个类别。

按照上述方法，我们可以依次计算出其他学生综合评估序列与各灰类子空间特征点的最大灰色关联度分别如下。

$$MAX(\gamma_{\text{学生}2q}) = S_{21} = 0.99, \quad MAX(\gamma_{\text{学生}3q}) = S_{33} = 0.99, \quad MAX(\gamma_{\text{学生}4q}) = S_{23} = 0.99,$$

$$MAX(\gamma_{\text{学生}5q}) = S_{22} = 0.89, \quad MAX(\gamma_{\text{学生}6q}) = S_{22} = 0.98, \quad MAX(\gamma_{\text{学生}7q}) = S_{12} = 0.99,$$

$$MAX(\gamma_{\text{学生}8q}) = S_{23} = 0.93, \quad MAX(\gamma_{\text{学生}9q}) = S_{21} = 0.90, \quad MAX(\gamma_{\text{学生}10q}) = S_{33} = 0.90,$$

$$MAX(\gamma_{\text{学生}11q}) = S_{32} = 0.85, \quad MAX(\gamma_{\text{学生}12q}) = S_{22} = 0.97, \quad MAX(\gamma_{\text{学生}13q}) = S_{23} = 0.96,$$

$$MAX(\gamma_{\text{学生}14q}) = S_{32} = 0.85, \quad MAX(\gamma_{\text{学生}15q}) = S_{33} = 0.95, \quad MAX(\gamma_{\text{学生}16q}) = S_{22} = 0.82,$$

$$MAX(\gamma_{\text{学生}17q}) = S_{22} = 0.92。$$

依据上述计算结果，可以得出如下聚类结论：在 9 个矩阵型灰类中，算例中的学生共归属 6 个灰类。其中，学生 7 属于个体发展能力匮乏的特困生；学生 1、学生 5、学生 6、学生 12、学生 16 和学生 17 属于个体发展能力匮乏的困难生；学生 2 和学生 9 属于个体发展能力特别匮乏的困难生；学生 4、学生 8 和学生 13 属于个体发展能力一般匮乏的困难生；学生 3、学生 10 和学生 15 属于个体发展能力一般匮乏的一般困难生；学生 11 和学生 14 属于个体发展能力匮乏的一般困难生。聚类结果统计如图 5.2 和图 5.3 所示。

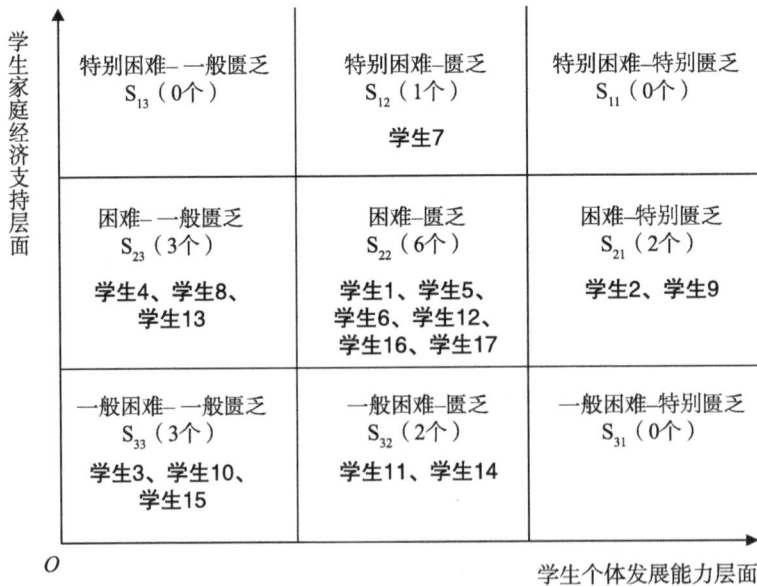

| 学生家庭经济支持层面 | 特别困难–一般匮乏 $S_{13}$（0个） | 特别困难–匮乏 $S_{12}$（1个）  学生7 | 特别困难–特别匮乏 $S_{11}$（0个） |
|---|---|---|---|
| | 困难–一般匮乏 $S_{23}$（3个）  学生4、学生8、学生13 | 困难–匮乏 $S_{22}$（6个）  学生1、学生5、学生6、学生12、学生16、学生17 | 困难–特别匮乏 $S_{21}$（2个）  学生2、学生9 |
| | 一般困难–一般匮乏 $S_{33}$（3个）  学生3、学生10、学生15 | 一般困难–匮乏 $S_{32}$（2个）  学生11、学生14 | 一般困难–特别匮乏 $S_{31}$（0个） |

$O$ 　　　　　　　　　　　　　　　学生个体发展能力层面

图 5.2　矩阵型灰色聚类结果

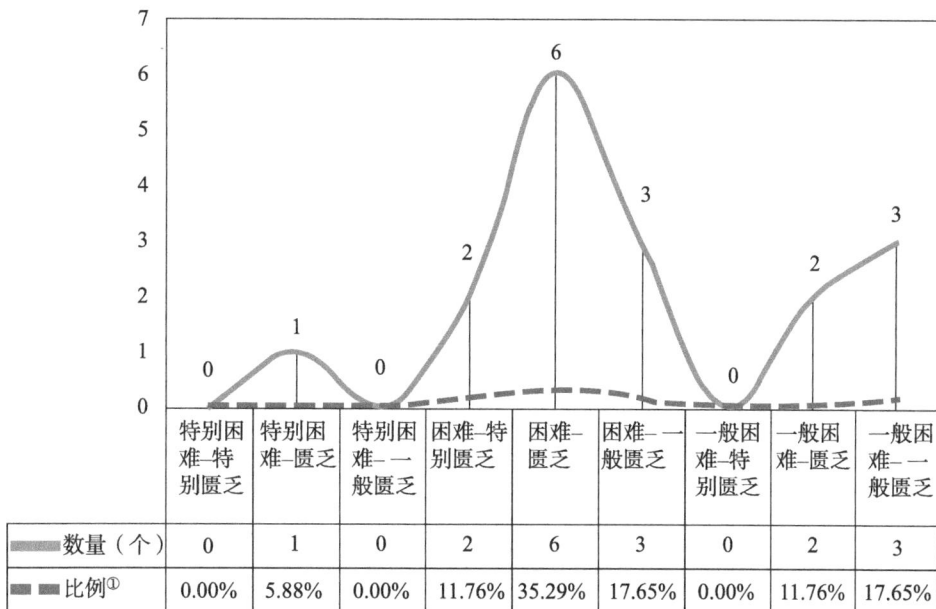

| | 特别困难–特别匮乏 | 特别困难–匮乏 | 特别困难––般匮乏 | 困难–特别匮乏 | 困难–匮乏 | 困难––般匮乏 | 一般困难–特别匮乏 | 一般困难–匮乏 | 一般困难––般匮乏 |
|---|---|---|---|---|---|---|---|---|---|
| ▬▬数量（个） | 0 | 1 | 0 | 2 | 6 | 3 | 0 | 2 | 3 |
| ▬▬比例① | 0.00% | 5.88% | 0.00% | 11.76% | 35.29% | 17.65% | 0.00% | 11.76% | 17.65% |

图 5.3　聚类结果灰类分布情况

从聚类结果灰类分布情况看，算例中家庭经济支持困难 – 个体发展能力匮乏学生占比为 35.29%，家庭经济支持困难 – 个体发展能力一般匮乏、家庭经济支持一般困难 – 个体发展能力一般匮乏学生比重紧随其后，占比均为 17.65%，家庭经济支持困难 – 个体发展能力特别匮乏、家庭经济支持一般困难 – 个体发展能力匮乏学生比重共同位列第三，占比均为 11.76%，家庭经济支持特别困难 – 个体发展能力匮乏学生占比为 5.88%。聚类结果总体符合正态分布规律，总体呈现"两头低、中间高"的特征，这说明矩阵型灰色聚类模型在对学生多维贫困程度测量评估上具有较高的可信度和可靠性。

## 5.4　本章小结

精准认定家庭经济困难学生是做好高校学生资助工作的重要前提，是决定

---

① 　本行数据加总值为 99.9%，系由修约规则产生的影响。

高校学生资助政策落实效果的基础性工作。本章运用多维贫困的理念来审视高校家庭经济困难学生资助工作，立足资助助人育人成人的价值目标，将高校学生的贫困概括为物质层面的"硬性贫困"和发展层面的"软性贫困"，建立基于多维贫困理论的高校学生资助对象认定指标体系。应用矩阵型灰色关联聚类模型对高校学生资助对象进行实证认定评估，不仅可以确定其多维贫困的组合类型，实现学生资助对象多维贫困的组间比较，而且还可以通过比较其灰色关联度，实现同一类内学生之间的比较，有助于更准确地把握每个学生个体和不同类型学生群体贫困的多维特征，从而为高校精准识别资助对象、关注资助对象的全方位需求，丰富资助实施途径，在供需平衡的基础上优化资助内容，在多元协同中为实现资助育人提供科学支撑。

第 6 章

# 基于灰色关联的高校资助资源与资助对象供需匹配研究

随着我国经济的快速发展、教育改革的持续深化，以及社会主要矛盾的转化，新时代我国高校学生资助工作供需两侧正面临着深刻变革。这一变革集中表现为从聚焦学生就学家庭经济支持不足的物质性需求，转向充分且高质量地满足学生多元化、个性化和高层次的发展性需求，呈现出一种从单一关注到全面满足的发展态势。从供给侧看，虽然自 2007 年国家新资助政策实施以来，以奖、贷、助、勤、补、减、偿、免等为主要内容的高校学生资助政策体系的内涵和外延同步不断拓展，资助资金的总体规模持续扩大，保障型资助的力度和强度不断加大，资助政策执行落实的温度和育人成效显著提高，但是仍需认识到现阶段高校学生资助工作体系还不够完善，资助资源的整体性落实、一体化配置不足，资助政策落实执行的精准性适配性不足，资助资金使用的效益性和资助育人的实效性不足。从需求侧看，随着我国全面消除绝对贫困的成果显现，高校家庭经济困难学生在经济层面的困难需求已不再被其视为优先关注的焦点，他们更多展现出对个人尊严、理解与自我实现等成长性需求的重视，其在心理、情感、能力提升及就业等领域的发展性需求持续增加，所面临的困扰也由基本生计问题转移为个人发展议题。高校学生资助工作应该是一个不断满足家庭经济困难学生的需求和不断激发其新需求的过程，是一个让家庭经济困难学生在资助过程中不断得到发展和成长的过程。家庭经济困难学生在从较低层次需求到较高层次需求得到满足的过程中，不断得到精神激励和行为的动力，身心得到健康发展，综合能力稳步提升，从而为毕业后走向社会、实现自身价值奠定了坚实的基础。这是一个高校学生资助供需两侧双向发力、提质增效，在资助中实现育人、在育人中创新资助的过程，通过供给侧精准把握学生的多元化需求，确保所需即有所供，通过需求侧主动教育引导学生积极谋求自身发展，使之所供即为所求。在此过程中，如何将各种丰富多样的资助资源（资助政策体系内容）与资助对象的多元化需求进行科学、高效和精准的匹配，以最大限度提升资助育人成效和体现教育公平，已成为制约当前高校学生资助工作高质量发展的关键性挑战。

# 6.1 资助资源与资助对象供需匹配灰色关联模型的建立

灰色关联分析是应用灰色系统理论在实际问题中进行比较和判断的技术工具，是灰色系统理论及技术方法中十分活跃、拥有广泛应用前景的一个重要分支。它基于序列曲线几何形状的相似程度来判断序列之间联系的紧密程度。如果曲线越接近，那么相应序列之间的关联度就会更大，反之，曲线越远离，那么关联度就会越小。学者们先后将灰色关联度的思想和原理应用于解决车货供需匹配、区域产业结构贸易结构、高校课程与教学人员公平匹配、人岗动态匹配等问题，为本研究提供了良好借鉴。而在高校学生资助资源与资助对象的匹配问题中，二者匹配度的高低反映的是资助资源与资助对象特征之间的相似和接近程度，这与灰色关联度在内涵上高度契合。基于以上分析，建立高校学生资助资源和资助对象之间的供需匹配灰色关联模型，旨在通过这一模型对高校学生资助资源供给和资助对象需求之间的匹配程度进行量化分析，为进一步提高高校学生资助资源配置的科学性、提升资助对象需求满足的精准性、增强资助育人实效性和资助工作公平性提供参考。

**定义 6.1　资助对象集合**

令 $A=\{a_i\},1\leqslant i\leqslant n$，则称 $A$ 为由 $n$ 个资助对象组成的集合，其中 $a_i$ 为第 $i$ 个资助对象。

**定义 6.2　资助资源集合**

令 $B=\{b_j\},1\leqslant j\leqslant m$，则称 $B$ 为由 $m$ 个资助资源组成的集合，其中 $b_j$ 为第 $j$ 个资助资源。

**定义 6.3　属性集合**

令 $C=\{c_k\},1\leqslant k\leqslant l$，则称 $C$ 为由 $l$ 个资助资源组成的资助资源集合，其中 $c_k$ 为第 $k$ 个属性。属性既包含资助对象的个性需求维度，也体现资助资源的功能价值维度。每种资助资源往往具有多重价值功能，这些功能在不同阶段上，对不同年级资助对象不同类型需求的满足，亦有直接间接之别与高低大小之分；同时，资助对象在不同年级、不同层级上的需求会表现出差异性，旧有需求已被满足，新的需求也在相应地产生，资助供需匹配是一个不断变化的动态过程。

### 定义 6.4　供需匹配系数

令 $x_{ijk} = \begin{cases} b_{jk} / a_{ik} & b_{jk} < a_{ik} \\ 1 & b_{jk} \geqslant a_{ik} \end{cases}$，则称 $x_{ijk}$ 为资助对象 $a_i$、资助资源 $b_j$ 在属性

$c_k$ 上的匹配系数。其中，$a_{ik}$ 为资助对象 $a_i$ 在属性 $c_k$ 上的需求强度，$b_{jk}$ 为资助资源 $b_j$ 在属性 $c_k$ 上的功能强度。$x_{ijk}$ 在学生资助工作实践中包含三层含义，一是一般来说，任何一种资助资源的功能性供给都要相对滞后于或略低于资助对象的属性需求，$b_{jk} < a_{ik}$ 为常态；二是当某一种资助资源的功能性供给刚好满足资助对象的某一属性需求，此时即达到了供需的完全匹配，$x_{ijk}$ 等于 1 即为供需匹配的理想态；三是在现实中，当然可能存在一种资助资源的功能性供给超出某一类属性需求的极个别现象，即 $b_{jk} > a_{ik}$，如对学生经济需求的超额资助，但是综合考虑一所高校资助资源的整体有限性、经济资助的最高限额，以及经济资助对其他需求满足具有溢出或转移效应等多重因素，本研究也将此种特殊情景下的 $x_{ijk}$ 限定为 1。

### 定义 6.5　供需匹配系数向量

令 $X_{ij} = [x_{ijk}]_{l \times 1}$，则称 $X_{ij}$ 为资助对象 $a_i$ 和资助资源 $b_j$ 供需匹配灰色关联向量。

### 定义 6.6　资助对象属性权重

令 $W_i = \{w_{ik}\}$，则称 $w_{ik}$ 为资助对象 $a_i$ 在属性 $c_k$ 上的权重。其中，$w_{ik} = a_{ik} / \sum a_{ik}$。

### 定义 6.7　供需匹配灰色关联度

令 $p_{ij} = W_i \times X_{ij}$，则称 $p_{ij}$ 为资助对象 $a_i$ 和资助资源 $b_j$ 供需匹配灰色关联度。

### 定理 6.1　供需匹配灰色关联度满足灰色关联公理中规范性与接近性

**证明**　（1）规范性：$0 < x_{ijk} \leqslant 1$，且 $0 < w_{ik} < 1$，显然 $0 < p_{ij} \leqslant 1$。

　　　　（2）接近性：显然成立。

由于供需匹配灰色关联度测度的是资助资源对资助对象的"满足"程度，不考虑其他因素的影响，因而不存在整体性的问题；并且，资助资源对资助对象的"满足"程度与资助对象对资助资源的"适合"程度并非一个问题的两个方面，所以也不存在偶对称性的问题。

### 定义 6.8 供需匹配灰色关联矩阵

令 $P_{ij}=[p_{ij}]_{m\times n}$，则称 $P_{ij}$ 为资助对象集合 $A$ 与资助资源集合 $B$ 的供需匹配灰色关联矩阵。

### 定义 6.9 优先资助资源

对于任一资助资源 $b_q$ 和资助对象 $a_i$，若存在 $p_{iq}\geqslant p_{ij}$，则称 $b_q$ 为资助对象 $a_i$ 的优先资助资源。多个优先资助资源或供需匹配灰色关联度较大的资助资源即构成了针对资助对象 $a_i$ 的优先资助包或组合式资助包。

## 6.2 资助资源与资助对象供需灰色匹配实施步骤

根据 6.1 节中的定义，高校学生资助资源与资助对象供需灰色匹配的实施步骤，如图 6.1 所示。

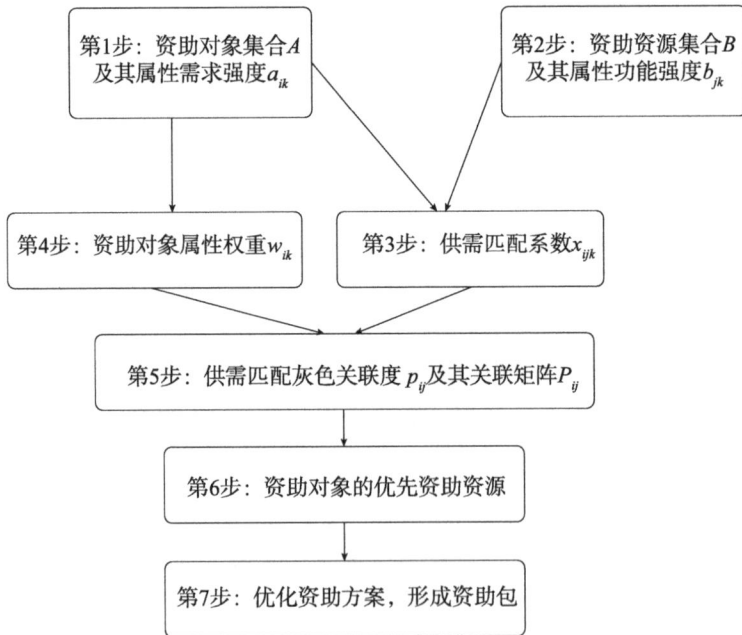

图 6.1 资助资源与资助对象供需灰色匹配步骤示意图

**第 1 步：确定资助对象及其各属性上的需求强度。** 每年秋季学期在各项资助政策分配落实前，以学院年级为单位同时同步开展家庭经济困难学生资格更新和需求梳理工作，确定资助对象集合 $A$，并通过组织学生填写资格认定及需求信息采集表生成各资助对象在各个属性上的需求强度 $a_{ik}$。

**第 2 步：确定资助资源及其在各属性上的功能强度。** 分析不同资助资源的特征（包含但不限于保障型、奖励型、强能型等），厘清不同资助资源对资助对象各属性的功能和效果，构建资助资源集合 $B$ 及其在属性 $c_k$ 上的功能强度 $b_{jk}$。

**第 3 步：计算供需匹配系数。** 根据定义 6.4，计算资助对象 $a_i$、资助资源 $b_j$ 在属性 $c_k$ 上的匹配系数 $x_{ijk}$。

**第 4 步：计算资助对象在属性上的权重。** 根据定义 6.6，计算资助对象 $a_i$ 在属性 $c_k$ 上的权重 $w_{ik}$。

**第 5 步：计算供需匹配灰色关联度 $p_{ij}$ 及其关联矩阵 $P_{ij}$。** 根据定义 6.5、6.7 和 6.8，计算得出资助对象 $a_i$ 和资助资源 $b_j$ 供需匹配灰色关联度 $p_{ij}$，以及资助对象集合 $A$ 与资助资源集合 $B$ 的供需匹配灰色关联矩阵 $P_{ij}$。

**第 6 步：确定资助对象的优先资助资源。** 根据定义 6.9，确定资助对象 $a_i$ 与资助资源的匹配关系，对资助资源进行排序、筛选确定优先资助资源。

**第 7 步：优化资助方案，形成资助包。** 根据优先资助资源，优化形成对资助对象 $a_i$ 的资助包。

# 6.3　某高校资助资源与资助对象供需灰色匹配案例

根据"一年一审核、一次一匹配"的原则，高校在每年 9 月都会发布关于家庭经济困难学生的资格认定，以及困难学生数据库更新的公告。其目的是根据"学校 – 学院 – 年级 – 班级"的资助管理服务机制，对学生及其家庭的经济状况、资助需求进行信息收集。在收集经济状况信息时，重点关注学生家庭的收入来源、支出情况、学生在校的主要开支，以及从其他渠道获得的经济支持等方面。在收集学业帮扶、心理关怀、素质提升、职业发展等方面的需求时，主要引导学生对照李克特 7 级量表进行自评。该量表共有"非常不迫切、不迫切、比较不迫切、一般、比较迫切、迫切、非常迫切"7 个等级，每个等级分别对应 1 ~ 7 分。这些信息既为每年资助整体目标的确立奠定了基础依据，同时也对资助对象多元化需求进行了具体化的量度。出于篇幅的考虑，本研究只选取 10 个有代表性的资助对象作为算例。

**第一步**，确定代表性资助对象及其需求，如表 6.1 所示。

表 6.1　资助对象及其需求强度

| 资助对象 | 经济支持 $a_{11}$ | 学业帮扶 $a_{12}$ | 心理关怀 $a_{13}$ | 素质提升 $a_{14}$ | 职业发展 $a_{15}$ |
|---|---|---|---|---|---|
| $a_1$ | 7 | 1 | 3 | 3 | 3 |
| $a_2$ | 7 | 6 | 5 | 2 | 2 |
| $a_3$ | 6 | 2 | 3 | 3 | 2 |
| $a_4$ | 7 | 6 | 6 | 7 | 7 |
| $a_5$ | 7 | 3 | 3 | 6 | 6 |
| $a_6$ | 5 | 7 | 5 | 3 | 5 |
| $a_7$ | 5 | 5 | 5 | 4 | 5 |
| $a_8$ | 6 | 7 | 3 | 3 | 3 |
| $a_9$ | 6 | 3 | 2 | 7 | 7 |
| $a_{10}$ | 7 | 7 | 7 | 7 | 7 |

**第二步**，采用李克特 7 级量表，运用专家调查法，对当年度的资助资源进行特征分析。在具体实践中，可采用班级和年级辅导员两级评价均分形式，确定各资助资源在各资助对象不同属性上的功能强度。鉴于研究需要，假定算例当年度有 8 类资助资源，未将其具体化为高校学生资助政策体系中的具体内容资源，同时假定当某一资助资源对需求无显著性的满足功能时，其功能强度值为 0，具体如表 6.2 所示。

表 6.2　资助资源及其功能强度

| 资助资源 | 经济支持 $b_{11}$ | 学业帮扶 $b_{12}$ | 心理关怀 $b_{13}$ | 素质提升 $b_{14}$ | 职业发展 $b_{15}$ |
|---|---|---|---|---|---|
| $b_1$ | 5 | 0 | 5 | 3 | 6 |
| $b_2$ | 4 | 0 | 5 | 6 | 5 |
| $b_3$ | 5 | 0 | 5 | 4 | 6 |
| $b_4$ | 0 | 7 | 6 | 2 | 2 |
| $b_5$ | 0 | 0 | 5 | 6 | 6 |

（续表）

| 资助资源 | 经济支持 $b_{11}$ | 学业帮扶 $b_{12}$ | 心理关怀 $b_{13}$ | 素质提升 $b_{14}$ | 职业发展 $b_{15}$ |
|---|---|---|---|---|---|
| $b_6$ | 7 | 0 | 0 | 0 | 0 |
| $b_7$ | 7 | 0 | 0 | 0 | 0 |
| $b_8$ | 7 | 0 | 0 | 0 | 0 |

**第三步**，计算各属性对资助对象的权重，具体如表 6.3 所示。不同于通常的权重计算，本研究中的权重计算具有三个方面的特点。第一，同样的一组属性对不同资助对象的权重是不一样的。这是由不同资助对象的需求不同造成的，需求不同必然对属性的重视程度不同。第二，计算方法上体现了需求的强度，反映了资助对象需要什么，资助资源就应该相应地重点提供什么的匹配思路。第三，强调对资助对象的全面资助，经济支持、学业帮扶、心理关怀、素质提升和职业发展五个方面都应得到帮扶，从而实现资助与育人的有机融合，更充分发挥资助育人的功能，切实保障学生的全面健康发展。

表 6.3　各属性对资助对象权重

| 资助对象 | 经济支持 $w_{i1}$ | 学业帮扶 $w_{i2}$ | 心理关怀 $w_{i3}$ | 素质提升 $w_{i4}$ | 职业发展 $w_{i5}$ |
|---|---|---|---|---|---|
| $a_1$ | 0.412 | 0.059 | 0.176 | 0.176 | 0.176 |
| $a_2$ | 0.318 | 0.273 | 0.227 | 0.091 | 0.091 |
| $a_3$ | 0.375 | 0.125 | 0.188 | 0.188 | 0.125 |
| $a_4$ | 0.212 | 0.182 | 0.182 | 0.212 | 0.212 |
| $a_5$ | 0.280 | 0.120 | 0.120 | 0.240 | 0.240 |
| $a_6$ | 0.200 | 0.280 | 0.200 | 0.120 | 0.200 |
| $a_7$ | 0.208 | 0.208 | 0.208 | 0.167 | 0.208 |
| $a_8$ | 0.272 | 0.318 | 0.136 | 0.136 | 0.136 |
| $a_9$ | 0.240 | 0.120 | 0.080 | 0.280 | 0.280 |
| $a_{10}$ | 0.200 | 0.200 | 0.200 | 0.200 | 0.200 |

**第四步**，在定义 6.4 计算得出的供需匹配系数的基础上，根据定义 6.7 计算供需匹配灰色关联度。限于篇幅，本部分仅给出资助对象 $a_1$ 匹配系数和匹配灰

色关联度，如表 6.4 所示。供需匹配系数为 1，表明相应的资助资源可以让资助对象 $a_1$ 在该属性上得到完全满足；$a_1$ 为 0，表明相应的资助资源在该属性上没有相应的功能，或者资助对象 $a_1$ 在该属性上没有任何需求。供需匹配灰色关联度如表 6.4 最右侧一列所示，反映了各资助资源在经济支持、学业帮扶、心理关怀、素质提升、职业发展五个方面与资助对象 $a_1$ 的综合匹配程度。

表 6.4 资助对象 $a_1$ 与各资助资源的供需匹配系数和灰色关联度

| 资助对象 | 经济支持 $x_{1j1}$ | 学业帮扶 $x_{1j2}$ | 心理关怀 $x_{1j3}$ | 素质提升 $x_{1j4}$ | 职业发展 $x_{1j5}$ | 灰色关联度 $p_{1j}$ |
|---|---|---|---|---|---|---|
| $b_1$ | 0.714 | 0 | 1 | 1 | 1 | 0.824 |
| $b_2$ | 0.571 | 0 | 1 | 1 | 1 | 0.765 |
| $b_3$ | 0.714 | 0 | 1 | 1 | 1 | 0.824 |
| $b_4$ | 0 | 1 | 1 | 0.667 | 0.667 | 0.471 |
| $b_5$ | 0 | 0 | 1 | 1 | 1 | 0.529 |
| $b_6$ | 1 | 0 | 0 | 0 | 0 | 0.412 |
| $b_7$ | 1 | 0 | 0 | 0 | 0 | 0.412 |
| $b_8$ | 1 | 0 | 0 | 0 | 0 | 0.412 |

类似地，可以计算出其他资助对象与各资助资源的供需匹配灰色关联度，结果如表 6.5 所示。供需匹配灰色关联度为资助资源和资助对象的高效匹配提供了直接的信息，还揭示了资助资源的重要特征。第一，对于具有多种功能的资助资源，如勤工助学，其供需匹配灰色关联度要高于单一功能的资助资源，这表明具有多种功能的资助资源在促进资助对象全面发展上更具优势；第二，相当部分资助对象与资助资源之间的供需匹配关联度比较低，如资助对象 $a_{10}$ 与各资助资源的供需匹配灰色关联度均在 0.6 以下。这表明对于特定的资助对象，仅依赖单一的资助资源可能难以形成足够充分的资助，需要采用组合式的资助策略。因此，有必要在供需匹配灰色关联度的基础上，进一步优化资助方案设计，制定出更加契合资助对象的实际需求，最大限度满足资助对象需求的个性化和组合式资助方案。

**第五步**，根据定义 6.9 确定各资助对象的优先资助资源，如表 6.5 中加粗画线部分所示。由于一些资助资源在形式上比较接近，它们与同一资助对象的供需匹配灰色关联度相同，可以在充分理解"不兼得"原则的基础上，根据资助资源的总量规模对其进行全面而科学的统筹安排，从而确保资助资源的有效覆盖。同时，对于一些资助对象，它们与各个资助资源之间的供需匹配灰色关联度相对较小，可以在确定优先资助资源的基础上，持续考虑其他的资助资源予以补充，形成组合资助包，以确保需求得到充分满足。此外，由于同类资助资源在功能上具有一定的相似性，在设计组合资助方案时，应该尽可能地采用不同类型的资助资源，以确保资助资源能够整体发挥出最大效益。按照这些规则进行细致地设计和优化，从而最终形成一份契合每个资助对象实际需求的精准资助方案，从而实现有限资助资源与资助对象需求的最优匹配。

表 6.5　资助对象与资助资源的供需匹配灰色关联度

| 资助资源 | $a_1$ | $a_2$ | $a_3$ | $a_4$ | $a_5$ | $a_6$ | $a_7$ | $a_8$ | $a_9$ | $a_{10}$ |
|---|---|---|---|---|---|---|---|---|---|---|
| $b_1$ | **0.824** | 0.636 | **0.813** | 0.576 | 0.680 | **0.720** | 0.750 | **0.636** | 0.640 | 0.543 |
| $b_2$ | 0.765 | 0.591 | 0.750 | **0.606** | **0.720** | 0.680 | 0.750 | 0.591 | **0.680** | **0.571** |
| $b_3$ | **0.824** | 0.636 | **0.813** | **0.606** | **0.720** | **0.720** | 0.792 | **0.636** | **0.680** | **0.571** |
| $b_4$ | 0.471 | **0.682** | 0.563 | 0.485 | 0.400 | 0.640 | 0.583 | **0.636** | 0.360 | 0.486 |
| $b_5$ | 0.529 | 0.409 | 0.500 | 0.515 | 0.600 | 0.520 | 0.583 | 0.409 | 0.560 | 0.486 |
| $b_6$ | 0.4125 | 0.318 | 0.375 | 0.212 | 0.280 | 0.200 | 0.208 | 0.273 | 0.240 | 0.200 |
| $b_7$ | 0.412 | 0.318 | 0.375 | 0.212 | 0.280 | 0.200 | 0.208 | 0.273 | 0.240 | 0.200 |
| $b_8$ | 0.4125 | 0.318 | 0.375 | 0.212 | 0.280 | 0.200 | 0.208 | 0.273 | 0.240 | 0.200 |

在本算例中，进一步将 0.800 设定为资助资源匹配的显著阈值。在这个阈值下，对于任一个资助对象 $a_i$，若有资助资源的供需匹配灰色关联度达到或超过 0.800，则将这一资助资源直接确定为对其的最优资助方案。

对于资助对象 $a_1$ 和 $a_3$，$b_1$ 和 $b_3$ 均是他们的优先资助资源，且供需匹配灰色关联度同样都超过了 0.800。此时，根据同一对象优先资助资源不兼得、同一资源供需匹配灰色关联度大者优先获取的原则，资助对象 $a_1$ 的最优资助方案为 $b_1$，资助对象 $a_3$ 的最优资助方案为 $b_3$。

对于其他资助对象，在确定优先资助资源和统筹平衡各类资助资源的基础上，进一步分析并整合供需匹配灰色关联度较大的、其他类型的资助资源，构建组合式资助包策略，最终形成完整的资助匹配方案，如表 6.6 所示。

表 6.6　资助对象的资助匹配方案

| 资助包类型 | 资助对象 | 资助资源组合 |
|---|---|---|
| 单一资助包 | $a_1$ | $b_1$ |
| | $a_3$ | $b_3$ |
| 双重资助包 | $a_2$ | $b_4+b_6$ |
| 混合资助包 | $a_4$ | $b_2+b_5+b_7$ |
| | $a_5$ | $b_3+b_5+b_7$ |
| | $a_6$ | $b_1+b_4+b_8$ |
| | $a_7$ | $b_3+b_6+b_7$ |
| | $a_8$ | $b_3+b_4+b_7$ |
| | $a_9$、$a_{10}$ | $b_2+b_5+b_8$ |

**第六步**，在学生资助管理实践中，为确保每个资助对象所获得的资助资源能够最大限度地满足其实际需求，进一步将资助工作的着力点落在促进受助学生的个人发展上，资助方案的优化和设计尚需充分把握好以下方面。

一是从需求维度对资助对象进行准确而细致的画像，是实现精准性资助、提升资助整体效果的最基础，也是至关重要的第一步。这个过程需要对资助对象的具体需求有全面深入的了解，进行详细分析和归类，为后续的资助方案和策略的制定提供精准的参考和指导，为有效解决学生资助问题打下坚实的基础。

二是从功能维度对资助资源进行全盘的统筹和详细的分析，是决定资助资源能否达到预期效益的关键要素。这些分析既需要深入研究资助项目的金额大小，也要考察资助期限的长短，更要具体研究资助项目的特性和功能。

三是资助资源供给和资助对象需求的匹配并非一次性过程，既要对资助资源的执行进行持续跟踪，也要对资助对象的需求进行实时监控，特别是要对匹配过程中收集到的供需两侧的数据进行深度分析，找出存在的问题点和优化点，并据此进行方案的优化调整，进而确保资助资源的合理分配，以及资助对象的个性需求都能够得到满足，实现资源效益最大化。

四是要始终牢固树立以学生需求为导向的资助育人理念，充分发挥学生在供需匹配中的主体性作用，引导和促使他们由被动受助向主动发展转变，同时建立高效的资助对象反馈机制，积极将他们的意见和建议纳入资助方案优化过程，从而使资助方案更贴近学生实际需求，使每一份资助资源都能精准地服务于每一个有需要的学生。

　　五是资助资源与资助对象间的数据信息既多元又繁复，这对学生资助工作的数字化和智能化提出了新要求，需要进一步构建高效、便利的信息管理系统。通过应用前沿的信息技术手段，如人工智能和大数据等，进行精确处理与匹配，以提升工作效率。

## 6.4　本章小结

　　高校学生资助管理的过程，本质上是学生资助政策供给与学生资助对象需求高效精准匹配，促进有效供给与有效需求实现动态平衡的过程。本章构建了高校学生资助资源与资助对象供需匹配灰色关联模型，基于多维贫困视角分析了资助对象的多元需求强度和资助资源的多重功能强度，通过计算资助对象与资助资源的供需匹配灰色关联度，给出了针对资助对象实际需求的组合式资助策略，有助于推动资助资源的合理配置、资助对象需求的精准满足，进而提升学生资助整体效能效益。

第 7 章

# 基于 OGM $(1, N)$ 模型的高校国家助学贷款需求精准预测研究

作为我国政府主导的一项重要教育资助政策，国家助学贷款旨在帮助解决学生在校期间的学费和住宿费问题。这一政策有助于确保每一个有学习愿望和潜力的学生都能够接受公平的高等教育，不受经济条件的制约。国家助学贷款分为校园地国家助学贷款和生源地国家助学贷款两种类型，均为信用贷款，以满足学生在校园内的基本生活和学习需求。自 1999 年实施至今，国家助学贷款已成为普通高校学生获得资助的重要渠道，也是资助力度和规模最大的资助措施，在帮助高校家庭经济困难学生安心上学、顺利完成学业上发挥了极其重要的作用。统计数据显示，截至 2023 年，国家助学贷款已累计发放 4000 多亿元，共资助家庭经济困难学生 2000 余万名。近年来，随着我国经济社会的不断发展，国家助学贷款的额度不断提高，从政策实施初期的全日制普通本专科生、研究生最高贷款额度每人每年 6000 元，先后逐步提高至 2014 年的本专科生最高贷款额度每人每年 8000 元、研究生每人每年 12000 元和 2021 年的本专科生最高贷款额度每人每年 12000 元、研究生每人每年 16000 元，同时贷款期限也由学制加 6 年、最长不超过 10 年延长至学制加 15 年、最长不超过 22 年。在高校国家助学贷款管理实践中，做好贷款前的需求摸底工作，科学预测助学贷款规模和资金需求是高校国家助学贷款政策顺利实施的关键环节和重要保障，也是深化校银校地合作、提高国家助学贷款精益化管理效能、促进国家助学贷款持续健康发展的重要基础。然而，由于学生家庭经济状况的不确定性可能致使贷款需求波动较大，同时各地区各高校之间的差异也让贷款需求的预测变得复杂。如何挖掘和利用往年国家助学贷款数据及相关社会经济指标构建预测模型，更为科学地预测高校国家助学贷款需求，以优化相关政策及管理措施，这是一个既重要又具有挑战性的课题。

## 7.1　OGM(1,N) 模型建模机理与步骤

在灰色预测模型中，根据建模变量的个数可以将其分为单变量灰色预测模型和多变量灰色预测模型。相比于以 GM(1,1) 为代表的单变量灰色预测模型，以 GM(1,N) 为代表的多变量因果关系灰色预测模型在建模过程中充分考虑了外

部环境相关因素对系统变化趋势的影响，有效弥补了单变量灰色预测模型结构单一、模拟能力有限的不足，在对受多因素影响的变量预测中具有出色的预测能力和显著的预测优势。

**定义** 7.1　设 $X_1^{(0)} = [X_1^{(0)}(1), X_1^{(0)}(1), \ldots, X_1^{(0)}(m)]$ 为系统行为特征数据序列（或称因变量序列），$X_i^{(0)} = [X_i^{(0)}(1), X_i^{(0)}(1), \ldots, X_i^{(0)}(m)](i=1, 2, \ldots, N)$ 为系统相关因素数据序列（或称自变量序列），$X_1^{(1)}$、$X_i^{(1)}$ 分别为 $X_1^{(0)}$、$X_i^{(0)}$ 一阶累加（1-AGO）数据序列，$Z_1^{(1)}$ 为 $X_1^{(1)}$ 的紧邻均值序列，则称

$$x_1^{(0)}(k) + az_1^{(1)}(k) = \sum_{i=2}^{N} b_i x_i^{(1)}(k) \qquad （7.1）$$

为 GM(1,$N$) 模型。

在 GM(1,$N$) 模型中，$x_1^{(1)}(k) = \sum_{g=1}^{k} x_1^{(0)}(g)$、$x_i^{(1)}(k) = \sum_{g=1}^{k} x_i^{(0)}(g)$、$Z_1^{(1)}(k) = 0.5 \times [x_1^{(1)}(k) + x_1^{(1)}(k-1)], k = 2, 3, \ldots, m$；$-a$ 为系统的发展系数，$b_i x_i^{(1)}(k)$ 为系统驱动项，$b_i$ 为系统的驱动系数，$\hat{a} = [a, b_1, b_2, \ldots, b_N]$ 为参数列。

**定义** 7.2　同样设 $X_1^{(0)} = [X_1^{(0)}(1), X_1^{(0)}(1), \ldots, X_1^{(0)}(m)]$ 为系统行为特征数据序列（或称因变量序列），$X_i^{(0)} = [X_i^{(0)}(1), Xi_1^{(0)}(1), \ldots, X_i^{(0)}(m)](i=1, 2, \ldots, N)$ 为系统相关因素数据序列（或称自变量序列），$X_1^{(1)}$、$X_i^{(1)}$ 分别为 $X_1^{(0)}$、$X_i^{(0)}$ 一阶累加（1-AGO）数据序列，$Z_1^{(1)}$ 为 $X_1^{(1)}$ 的紧邻均值序列，则称

$$x_1^{(0)}(k) + az_1^{(1)}(k) = \sum_{i=2}^{N} b_i x_i^{(1)}(k) + h_1(k-1) + h_2 \qquad （7.2）$$

为 GM(1,$N$) 优化模型，简称 OGM(1,$N$) 模型，式（7.2）中 $h_1(k-1)$、$h_2$ 分别称为 OGM(1,$N$) 模型的线性修正项和灰色作用量。

**定理** 7.1　序列 $X_1^{(0)}$、$X_i^{(0)}(i=1, 2, \ldots, N)$、$Z_1^{(1)}$ 如前述所定义，则 OGM(1,$N$) 模型参数列 $\hat{p} = [b_1, b_2, \ldots, b_2, a, h_1, h_2]^T$ 的最小二乘估计满足

$$\hat{p} = (B^T B)^{-1} B^T Y \qquad （7.3）$$

$$其中，B = \begin{bmatrix} x_2^{(1)}(2) & x_2^{(1)}(2) & \cdots & x_N^{(1)}(2) & -z_1^{(1)}(2) & 1 & 1 \\ x_2^{(1)}(3) & x_2^{(1)}(3) & \cdots & x_N^{(1)}(3) & -z_1^{(1)}(3) & 2 & 1 \\ \vdots & \vdots & \vdots & \vdots & \vdots & \vdots & \vdots \\ x_2^{(1)}(m) & x_2^{(1)}(m) & \cdots & x_N^{(1)}(m) & -z_1^{(1)}(m) & m-1 & 1 \end{bmatrix}$$

$$Y = \begin{bmatrix} x_1^{(0)}(2) \\ x_1^{(0)}(3) \\ \vdots \\ x_1^{(0)}(m) \end{bmatrix}$$

**定义 7.3**　设 OGM(1,*N*) 模型如定义 7.2 所述，$\hat{p} = \left[ b_1, b_2, \ldots, b_2, a, h_1, h_2 \right]^T$，则称

$$\hat{x}_1^{(0)}(k) = \sum_{i=2}^{N} b_i \hat{x}_i^{(1)}(k) - az_1^{(1)}(k) + h_1(k-1) + h_2$$

为 OGM(1,*N*) 差分模型。

两相比较，传统的 GM(1,*N*) 模型在建模机理、参数使用及模型结构方面存在一定缺陷，进而影响了 GM(1,*N*) 模型性能的稳定性。OGM(1,*N*) 模型在 GM(1,*N*) 模型的基础上引入了线性修正项和灰作用量，充分考虑了项数 *k* 的线性关系对 GM(1,*N*) 模型性能的影响，弥补了 GM(1,*N*) 模型推导过程中将其视作灰常量的缺陷。另外，OGM(1,*N*) 模型用差分模型代替了 GM(1,*N*) 模型的影子方程，并通过该差分方程来推导时间响应式，这确保了参数估计和参数应用的"同源性"。

**定理 7.2**　OGM(1,*N*) 模型的时间响应式为

$$\hat{x}_1^{(1)}(k) = \sum_{t=1}^{k-1} \left[ \mu_1 \sum_{i=2}^{N} \mu_2^{t-1} b_i x_i^{(1)}(k-t+1) \right] + \mu_2^{k-1} \hat{x}_1^{(1)}(1) + \sum_{j=0}^{k-2} \mu_2^j \left[ (k-j)\mu_3 + \mu_4 \right]$$

（7.4）

**定理 7.3**　OGM(1,*N*) 模型的累减生成式为

$$\hat{x}_1^{(0)}(k) = \mu_1(\mu_2 - 1) \sum_{t=1}^{k-2} \left[ \sum_{i=2}^{N} \mu_2^{t-1} b_i x_i^{(1)}(k-t) \right] + \mu_1 \sum_{i=2}^{N} b_i x_i^{(1)}(k) + \sum_{j=0}^{k-3} \mu_2^j \mu_3 +$$
$$(\mu_2 - 1)\mu_2^{k-2} x_1^{(1)}(1) + \mu_2^{k-2}(2\mu_3 + \mu_4)$$

（7.5）

在上述式（7.4）和式（7.5）中，

$$\mu_1 = \frac{1}{1+0.5a} \qquad \mu_2 = \frac{1-0.5a}{1+0.5a}$$

$$\mu_3 = \frac{h_1}{1+0.5a} \qquad \mu_4 = \frac{h_2-h_1}{1+0.5a}$$

## 7.2 OGM(1,$N$) 模型在高校国家助学贷款需求预测中的实证应用

一所高校的国家助学贷款需求规模可以用人均贷款额度和贷款需求人数来衡量，且受到高校招生人数、学生家庭经济状况的影响。为此，本研究将人均贷款额度和在校贷款累计人数作为因变量，将高校每年招生人数、城乡收入比、人均国内生产总值作为三个影响因子，分别建立人均贷款额度和在校贷款累计人数的 OGM(1,$N$) 模型。研究数据主要来自案例高校招生统计数据和《中国统计年鉴》。其中用 2013—2021 年的数据来计算预测模型参数，2022 年的数据来检验模型的预测误差。

**第 1 步**：确定系统行为特征序列及相关因素数据序列的原始数据，具体如表 7.1 所示。

表 7.1 高校国家助学贷款需求规模及影响因素统计数据

| 变量 | 2013 年 | 2014 年 | 2015 年 | 2016 年 | 2017 年 | 2018 年 | 2019 年 | 2020 年 | 2021 年 | 2022 年 |
|---|---|---|---|---|---|---|---|---|---|---|
| 人均贷款额（元） | 5973 | 7059 | 7806 | 8157 | 8281 | 8505 | 8664 | 8906 | 9515 | 10 796 |
| 在校贷款累计人数（人） | 1136 | 1394 | 1680 | 1848 | 2007 | 2334 | 2439 | 2652 | 2807 | 3020 |
| 招生人数（人） | 7158 | 7232 | 7306 | 7351 | 8126 | 8416 | 8779 | 9574 | 9766 | 9991 |
| 城乡收入比（%） | 2.8067 | 2.7499 | 2.7311 | 2.7191 | 2.7096 | 2.6853 | 2.6440 | 2.5588 | 2.5045 | 2.4479 |
| 人均 GDP（元） | 43 497 | 46 912 | 49 922 | 53 783 | 59 592 | 65 534 | 70 078 | 71 828 | 81 370 | 85 698 |

**第 2 步**：构建的人均贷款额和在校贷款累计人数的 OGM(1,$N$) 模型属于因果关系模型，要对因变量进行预测，就必须先对自变量进行预测。本研究通过

建立 TDGM(1,1) 模型 $x^{(0)}(k)+az^{(1)}(k)=kb+c$ 分别预测三个影响因素（自变量）未来五年的指标值，具体如表 7.2 所示。

表 7.2　高校国家助学贷款影响因素预测值

| 变量 | 参数 | | | 年份 | | | | |
|---|---|---|---|---|---|---|---|---|
| | $a$ | $b$ | $c$ | 2016 年 | 2017 年 | 2018 年 | 2019 年 | 2020 年 |
| 招生人数（人） | −0.0494 | −26.4268 | 6536.4286 | 10 653 | 11 165 | 11 704 | 12 269 | 12 863 |
| 城乡收入比（%） | −0.2553 | −0.7151 | 2.7585 | 2.3333 | 2.1966 | 2.0198 | 1.7913 | 1.4959 |
| 人均 GDP（元） | −0.0488 | 1777.8744 | 40 399.8963 | 91 982 | 98 407 | 105 154 | 112 238 | 119 677 |

**第 3 步**：分别建立案例高校人均贷款额和在校贷款累计人数的 OGM(1,N) 模型。鉴于高校国家助学贷款申请最高额度分别在 2014 年和 2021 年进行了两次调增，对于高校人均贷款额 OGM(1,N) 模型的构建，需要对原始数据进行缓冲处理。在本研究中，采用平均弱化缓冲算子对因变量进行数据预处理，处理后的数据如下所示，将 $S^{(0)}$ 作为因变量序列建模。

$$s^{(0)}=(8366.338, 8632.316, 8828.935, 8975.052, 9111.334, 9277.482, 9470.495,$$
$$9739.374, 10\ 155.98, 10\ 796.457)$$

根据定理 7.1，可计算出高校人均贷款额和在校贷款累计人数的 OGM(1,N) 模型的参数 $\hat{p}$。计算求出的参数数值如表 7.3 所示。

表 7.3　高校人均贷款额和在校贷款累计人数的 OGM(1,N) 模型参数数值

| 模型 | 参数 | | | | | |
|---|---|---|---|---|---|---|
| | $b_2$ | $b_3$ | $b_4$ | $a$ | $h_1$ | $h_2$ |
| 高校人均贷款额 OGM(1,N) 模型 | −3037.6937 | −0.1438 | 0.0129 | 0.4284 | 12 616.7628 | 19 236.2774 |
| 在校贷款累计人数 OGM(1,N) 模型 | 599.7070 | 0.1697 | 0.0076 | 0.5062 | −2226.9626 | −1896.3697 |

根据参数 $\hat{p}$ 的数值，可进一步求出高校人均贷款额和在校贷款累计人数的 OGM(1,N) 模型时间响应式参数 $\mu_1$、$\mu_2$、$\mu_3$、$\mu_4$，具体如表 7.4 所示。

表 7.4　高校人均贷款额和在校贷款累计人数的 OGM(1,$N$) 模型时间响应式参数数值

| 模型 | 参数 | | | |
|---|---|---|---|---|
| | $\mu_1$ | $\mu_2$ | $\mu_3$ | $\mu_4$ |
| 高校人均贷款额 OGM(1,$N$) 模型 | 0.8236 | 0.6472 | 10 391.0087 | 5451.7498 |
| 在校贷款累计人数 OGM(1,$N$) 模型 | 0.7980 | 0.5960 | −1777.1627 | 263.8200 |

由此，根据定理 7.2 和参数 $\mu_1$、$\mu_2$、$\mu_3$、$\mu_4$，可以分别建立高校人均贷款额和在校贷款累计人数的 OGM(1,$N$) 模型时间响应式。

（1）高校人均贷款额 OGM(1,$N$) 模型时间响应式为

$$\hat{x}_1^{(1)}(k) = \sum_{t=1}^{k-1}\left[0.8236\ \sum_{i=2}^{N}0.6472^{\,t-1}b_i x_i^{(1)}(k-t+1)\right] + 5973\times 0.6472^{\,k-1} +$$
$$\sum_{j=0}^{k-2}0.6472^{\,j}\left[10391.0087(k-j)+5451.7498\right] \tag{7.6}$$

（2）高校在校贷款累计人数的 OGM(1,$N$) 模型时间响应式为

$$\hat{x}_1^{(1)}(k) = \sum_{t=1}^{k-1}\left[0.798\sum_{i=2}^{N}0.596^{\,t-1}b_i x_i^{(1)}(k-t+1)\right] + 1136\times 0.596^{\,k-1} +$$
$$\sum_{j=0}^{k-2}0.596^{\,j}\left[-1777.1627(k-j)+263.82\right] \tag{7.7}$$

**第 4 步**：计算 OGM(1,$N$) 模型的模拟值及模拟误差。根据式（7.6）和式（7.7）可计算 2013—2022 年案例高校人均贷款额和在校贷款累计人数的模拟值及模拟误差、预测值及预测误差，分别如表 7.5 和表 7.6 所示。

表 7.5　高校人均贷款额模拟值、预测值及误差

| 年份 | 原始数 $x_1^{(0)}(k)$ | 模拟值 $\hat{x}_1^{(0)}(k)$ | 残差 $\varepsilon(k)$<br>$\varepsilon(k)=\hat{x}_1^{(0)}(k)-x_1^{(0)}(k)$ | 百分误差 $\Delta_k(\%)$<br>$\Delta_k=\left|\varepsilon(k)/x_1^{(0)}(k)\right|\times 100\%$ |
|---|---|---|---|---|
| 2013 年 | — | — | | — |
| 2014 年 | 8632.316 | 8637.530 | 5.213 | 0.060 |
| 2015 年 | 8828.935 | 8813.916 | −15.019 | 0.170 |
| 2016 年 | 8975.052 | 8993.808 | 18.756 | 0.209 |
| 2017 年 | 9111.334 | 9103.978 | −7.355 | 0.081 |
| 2018 年 | 9277.482 | 9264.900 | −12.582 | 0.136 |

（续表）

| 年份 | 原始数 $x_1^{(0)}(k)$ | 模拟值 $\hat{x}_1^{(0)}(k)$ | 残差 $\varepsilon(k)$<br>$\varepsilon(k)=\hat{x}_1^{(0)}(k)-x_1^{(0)}(k)$ | 百分误差 $\Delta_k(\%)$<br>$\Delta_k=\left|\varepsilon(k)/x_1^{(0)}(k)\right|\times100\%$ |
|---|---|---|---|---|
| 2019 年 | 9470.495 | 9477.691 | 7.195 | 0.076 |
| 2020 年 | 9739.374 | 9753.020 | 13.646 | 0.140 |
| 2021 年 | 10 155.978 | 10 145.760 | −10.218 | 0.101 |
| 平均模拟百分比误差 $\bar{\Delta}$ | | | | 0.122% |
| 2022 年 | 10 796.457 | 9570.222 | −1226.235 | 2.182 |
| 平均预测百分比误差 $\bar{\Delta}$ | | | | 2.182% |

表 7.6 高校在校贷款累计人数模拟值、预测值及误差

| 年份 | 原始数<br>$x_1^{(0)}(k)$ | 模拟值 $\hat{x}_1^{(0)}(k)$ | 残差 $\varepsilon(k)$<br>$\varepsilon(k)=\hat{x}_1^{(0)}(k)-x_1^{(0)}(k)$ | 百分误差 $\Delta_k(\%)$<br>$\Delta_k=\left|\varepsilon(k)/x_1^{(0)}(k)\right|\times100\%$ |
|---|---|---|---|---|
| 2013 年 | 1136 | — | — | — |
| 2014 年 | 1394 | 1404.893 | 10.893 | 0.781 |
| 2015 年 | 1680 | 1658.289 | −21.711 | 1.292 |
| 2016 年 | 1848 | 1832.988 | −15.012 | 0.812 |
| 2017 年 | 2007 | 2072.618 | 65.618 | 3.269 |
| 2018 年 | 2334 | 2278.975 | −55.025 | 2.358 |
| 2019 年 | 2439 | 2458.812 | 19.812 | 0.812 |
| 2020 年 | 2652 | 2643.478 | −8.522 | 0.321 |
| 2021 年 | 2807 | 2811.178 | 4.178 | 0.149 |
| 平均模拟百分比误差 | | | | 1.224% |
| 2022 年 | 3020 | 2940.654 | −79.346 | 2.627 |
| 平均预测百分比误差 | | | | 2.627% |

　　根据有关部门和金融机构的要求，预测贷款人数与额度和实际申请获得的贷款人数与额度，原则上误差不超过 5%。高校人均贷款额 OGM(1,N) 模型的平均模拟百分比误差为 0.122%、高校在校贷款累计人数平均模拟百分比误差为 1.224%，高校人均贷款额和在校贷款累计人数 OGM(1,N) 模型的平均预测百分

比误差分别为 2.182% 和 2.627%，这些误差数据显示具有良好的模拟效果和预测效果。

第 5 步：预测未来五年案例高校人均贷款额和在校贷款累计人数。使用第 2 步中三个自变量的预测值，将其分别代入式（7.6）和式（7.7），即可分别预测出未来五年案例高校人均贷款额和在校贷款累计人数，结果如表 7.7 和表 7.8 所示。

表 7.7　使用 OGM(1,$N$) 模型预测未来五年案例高校人均贷款额

| 年份 | 2023 年 | 2024 年 | 2025 年 | 2026 年 | 2027 年 |
|------|---------|---------|---------|---------|---------|
| 人均贷款额（元） | 11 104.644 | 11 806.206 | 12 710.458 | 13 875.720 | 15 377.643 |

表 7.8　使用 OGM(1,$N$) 模型预测未来五年案例高校在校贷款累计人数

| 年份 | 2023 年 | 2024 年 | 2025 年 | 2026 年 | 2027 年 |
|------|---------|---------|---------|---------|---------|
| 在校贷款累计人数（人） | 3091 | 3223 | 3331 | 3405 | 3433 |

从表 7.7 和表 7.8 可知，案例高校未来五年的学生人均贷款额和在校贷款累计人数将处于增长趋势，到 2027 年人均贷款额将达到 15 377.643 元，当年度在校贷款累计人数为 3433 人，当年新增的国家助学贷款的潜在需求人数可以通过用当年度在校贷款累计人数预测值减去上年度实际在校贷款累计人数，再加上当年度贷款毕业生数求得。在人均贷款额和贷款累计人数持续增长趋势下，为促进助学贷款良性可持续发展，案例高校应进一步加强校园地贷款的校银双方及生源地贷款的校地银三方合作的力度，切实提高各方贷前管理的精细化水平和工作效能，在合理确定当年度的金融机构贷款的放款规模的基础上，确保家庭经济困难学生的贷款需求得到充分满足，确保做到应贷尽贷、易贷快贷。

## 7.3　本章小结

科学预测高校助学贷款需求规模是加强贷前管理、推动国家助学贷款政策顺利实施的重要基础性工作。本章将高校国家助学贷款学生的需求视作一个受

多种因素影响的微观系统，在介绍 OGM(1,N) 模型建模机理与步骤的基础上，分别构建了高校人均贷款额和在校贷款累计人数 OGM(1,N) 模型，并对案例高校的人均贷款额和在校贷款累计人数进行了模拟和预测，取得了良好的模拟和预测效果，为科学预测高校助学贷款需求规模提供了一种有效的建模方法和预测手段，有助于促进高校国家助学贷款的精细化管理。

第 8 章

# 基于灰色定权聚类的高校家庭受灾学生资助等级精准划分研究

现代社会是一个高风险的社会，充斥着各种难以预料的不确定性和高风险因素，诸如自然灾害、公共卫生事件及事故灾难等突发事件频繁发生。突如其来的一场自然灾害或一起事故灾难，不仅可能让原本殷实的小康之家周转不灵、陷入窘困，更会让原本贫困的家庭雪上加霜。在这样的背景下，大学生及其家庭可能遇到的困难类型、频次多种多样，这对新阶段高校学生资助工作提出了新的更高水平的要求。因此，有必要对高校学生应急资助机制进行进一步的优化和完善，以确保学生能够得到及时、有效的应急资助，尽可能地减少或消除灾害风险对大学生及其家庭所带来的负面影响。这不仅有助于维护教育公平、促进社会和谐，而且有利于培养具备社会责任感和创新精神的优秀人才。

作为一种非常态的辅助性和应急性资助措施，临时困难补助是高校学生资助政策体系的有机组成部分。资助对象主要是个人罹患重大疾病、受到严重意外伤害，或家庭突遭自然灾害及变故的学生，旨在帮助他们解决或摆脱在学习和生活过程中所面临的突发性、临时性及特殊性的经济困境。高校临时困难补助的对象并不仅限于学校已经认定的家庭经济困难学生，也考虑到了突遭临时性困难但此前并不属于资助对象的学生，这充分展现了学生资助工作在原则性与灵活性、动态性与即时性方面的有机结合，既可保证精准资助，又能确保应助尽助。当前，我国高校临时困难补助主要采取"先申请后审核再补助"的流程，此种方式在一定程度上保证了资助的公平与公正，但在实际操作中仍存在短板和不足。例如，在补助实施过程中，信息不对称的现象难以避免。一方面，这可能导致部分真正受灾的学生无法获得及时援助；另一方面，也可能让基层年级辅导员和学院难以全面、准确收集和掌握受灾学生的情况，从而也无法科学评估学生受灾程度。在这样的情况下，往往只能简单采取"一刀切"的补助方式，这种方式既难以满足不同类型学生或群体的个性化需求，又可能导致补助审核和发放缺乏标准，造成补助资金分配使用的不公平不到位和有限补助资源的浪费。为此，有必要对高校家庭受灾学生应急资助等级进行科学准确的评估，以便为规范高校学生临时困难补助的管理和使用提供客观依据，为充分发挥好临时困难补助的应急资助功能，切实帮助学生解决好各类紧急性、暂时性困难提供科学支持。

# 8.1 灰色定权聚类评估模型

灰色定权聚类评估模型是基于灰类可能度函数的灰色聚类模型之一，旨在考察观测对象是否属于事先设定的不同类别，以便区别对待，主要是根据灰色定权聚类系数的值对聚类对象进行综合评估和归类。

## 8.1.1 灰类可能度函数

在灰色系统理论中，通常用可能度来刻画一个灰数取某一数值的可能性，或某一具体数值为灰数真值（truth value）的可能性，用可能度函数（possibility function）来描述一个灰数取不同数值的"可能性"大小。

**定义 8.1** 设有 $n$ 个聚类对象，$m$ 个聚类指标，$s$ 个不同灰类，根据对象 $i(i=1,2,\ldots,n)$ 关于指标 $j(j=1,2,\ldots,m)$ 的观测值 $x_{ij}(i=1,2,\ldots,n;j=1,2,\ldots,m)$ 将对象 $i$ 归入灰类 $k(k\in\{1,2,\ldots,s\})$，称为灰色聚类。

**定义 8.2** 将 $n$ 个对象关于指标 $j$ 的取值相应地分成 $s$ 个灰类，$j$ 指标关于灰类 $k$ 的可能度函数记作 $f_j^k(\bullet)$。

**定义 8.3** 设 $j$ 指标关于灰类 $k$ 的可能度函数 $f_j^k(\bullet)$ 为如图 8.1 所示的典型可能度函数，则称 $x_j^k(1)$、$x_j^k(2)$、$x_j^k(3)$、$x_j^k(4)$ 为 $f_j^k(\bullet)$ 的转折点，典型可能度函数记作 $f_j^k\left[x_j^k(1),x_j^k(2),x_j^k(3),x_j^k(4)\right]$。

**定义 8.4** 若典型可能度函数 $f_j^k(\bullet)$ 无第一个转折点 $x_j^k(1)$ 和第二个转折点 $x_j^k(2)$，即如图 8.2 所示的可能度函数，则称为 $f_j^k(\bullet)$ 下限测度可能度函数，记作 $f_j^k\left[-,-,x_j^k(3),x_j^k(4)\right]$。

**定义 8.5** 若典型可能度函数 $f_j^k(\bullet)$ 第二个转折点 $x_j^k(2)$ 和第三个转折点 $x_j^k(3)$ 重合，即如图 8.3 所示的可能度函数，则称 $f_j^k(\bullet)$ 为适中测度可能度函数，记作 $f_j^k\left[x_j^k(1),x_j^k(2),-,x_j^k(4)\right]$。

**定义 8.6** 若典型可能度函数 $f_j^k(\bullet)$ 无第三个转折点 $x_j^k(3)$ 和第四个转折点 $x_j^k(4)$，即如图 8.4 所示的可能度函数，则称 $f_j^k(\bullet)$ 为上限测度可能度函数，记作 $f_j^k\left[x_j^k(1),x_j^k(2),-,-\right]$。

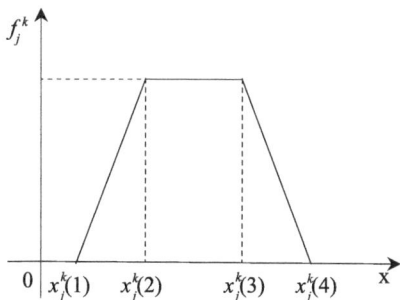

图 8.1　典型可能度函数

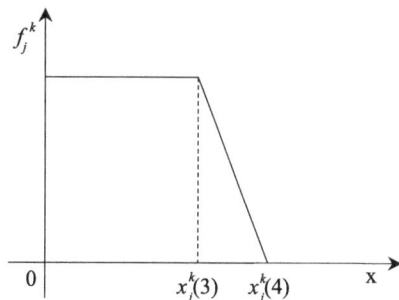

图 8.2　下限测度可能度函数

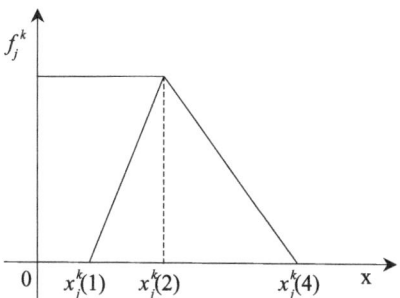

图 8.3　适中测度可能度函数

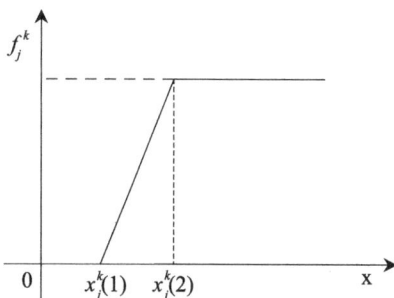

图 8.4　上限测度可能度函数

四种可能度函数的函数表达式分别如下。

$$f_j^k(x) = \begin{cases} 0 & x \notin \left[ x_j^k(1), x_j^k(4) \right] \\ \dfrac{x - x_j^k(1)}{x_j^k(2) - x_j^k(1)} & x \in \left[ x_j^k(1), x_j^k(2) \right] \\ 1 & x \in \left[ x_j^k(2), x_j^k(3) \right] \\ \dfrac{x_j^k(1) - x}{x_j^k(4) - x_j^k(3)} & x \in \left[ x_j^k(3), x_j^k(4) \right] \end{cases} \quad （典型可能度函数）$$

$$f_j^k(x) = \begin{cases} 0 & x \notin \left[ 0, x_j^k(4) \right] \\ 1 & x \in \left[ 0, x_j^k(3) \right] \\ \dfrac{x_j^k(4) - x}{x_j^k(4) - x_j^k(3)} & x \in \left[ x_j^k(3), x_j^k(4) \right] \end{cases} \quad （下限测度可能度函数）$$

$$f_j^k(x) = \begin{cases} 0 & x \notin \left[ x_j^k(1), x_j^k(4) \right] \\ \dfrac{x - x_j^k(4)}{x_j^k(2) - x_j^k(1)} & x \in \left[ x_j^k(1), x_j^k(2) \right] \\ \dfrac{x_j^k(4) - x}{x_j^k(4) - x_j^k(2)} & x \in \left[ x_j^k(2), x_j^k(4) \right] \end{cases} \quad (\text{适中测度可能度函数})$$

$$f_j^k(x) = \begin{cases} 0 & x < x_j^k(1) \\ \dfrac{x - x_j^k(1)}{x_j^k(2) - x_j^k(1)} & x \in \left[ x_j^k(1), x_j^k(2) \right] \\ 1 & x \geqslant x_j^k(2) \end{cases} \quad (\text{上限测度可能度函数})$$

一般来说，一个灰数的可能度函数是研究者根据已知信息设计的，没有固定形式。函数曲线的起点和终点取值主要根据实际情况确定。

**定义** 8.7 对于典型可能度函数，令 $\lambda_j^k = \dfrac{1}{2}\left[ x_j^k(2) + x_j^k(3) \right]$；对于下限测度可能度函数，令 $\lambda_j^k = x_j^k(3)$；对于适中测度可能度函数和上限测度可能度函数，令 $\lambda_j^k = x_j^k(2)$，则称 $\lambda_j^k$ 为 $j$ 指标关于灰类 $k$ 的基本值。

**定义** 8.8 设 $\lambda_j^k$ 为 $j$ 指标关于灰类 $k$ 的基本值，则称

$$\eta_j^k = \frac{\lambda_j^k}{\sum\limits_{j=1}^m \lambda_j^k}$$

为 $j$ 指标关于灰类 $k$ 的权。

**定义** 8.9 设 $x_{ij}$ 为对象 $i$ 关于 $j$ 指标的观测值，$f_j^k(\bullet)$ 为 $j$ 指标关于灰类 $k$ 的可能度函数，$\eta_j^k$ 为 $j$ 指标关于灰类 $k$ 的权，则称

$$\sigma_i^k = \sum_{j=1}^m f_j^k(x_{ij}) \bullet \eta_j^k$$

为对象 $i$ 属于灰类 $k$ 的灰色变权聚类系数。

**定义** 8.10 设 $j$ 指标关于灰类 $k$ 的权 $\eta_j^k$ 与 $k$ 无关，即对于任意的 $k_1$，$k_1 \in \{1, 2, \ldots, s\}$，恒有 $\eta_j^{k_1} = \eta_j^{k_2}$，此时可以将 $\eta_j^k$ 的上标 $k$ 略去为 $\eta_j$，则称

$$\sigma_i^k = \sum_{j=1}^{m} f_j^k(x_{ij}) \bullet \eta_j$$

为对象属于灰类 $k$ 的灰色定权聚类系数。

**定义 8.11**　称

$$\sigma_i = (\sigma_i^1, \sigma_i^2, \dots, \sigma_i^s) = \left( \sum_{j=1}^{m} f_j^1(x_{ij}) \bullet \eta_j^1, \sum_{j=1}^{m} f_j^2(x_{ij}) \bullet \eta_j^2, \dots, \sum_{j=1}^{m} f_j^s(x_{ij}) \bullet \eta_j^s \right)$$

为对象 $i$ 的聚类系数向量。

**定义 8.12**　称

$$\sum = \left( \sigma_i^k \right) = \begin{bmatrix} \sigma_1^1 & \sigma_1^2 & \dots & \sigma_1^s \\ \sigma_2^1 & \sigma_2^2 & \dots & \sigma_2^s \\ \vdots & \vdots & & \vdots \\ \sigma_n^1 & \sigma_n^2 & \dots & \sigma_n^s \end{bmatrix}$$

为聚类系数矩阵。

**定义 8.13**　设 $\underset{1 \leqslant k \leqslant s}{MAX} \{\sigma_i^k\} = \sigma_i^{k^*}$，则称对象 $i$ 属于灰类 $k*$。

## 8.1.2　灰色定权聚类的一般步骤

灰色定权聚类即根据灰色定权聚类系数的值对聚类对象进行归类。灰色定权聚类一般步骤如下。

**第 1 步**：设定 $j$ 指标关于灰类 $k$ 的可能度函数记作 $f_j^k(\bullet)(j = 1, 2, \dots, m; k = 1, 2, \dots, s)$。

**第 2 步**：确定各指标的聚类权 $\eta_j(j = 1, 2, \dots, m)$。

**第 3 步**：根据第一步和第二步得到的可能度函数 $f_j^k(\bullet)(j = 1, 2, \dots, m; k = 1, 2, \dots, s)$，聚类权以 $\eta_j(j = 1, 2, \dots, m)$ 及对象 $i$ 关于 $j$ 指标的观测值 $x_{ij}(i = 1, 2, \dots, n; j = 1, 2, \dots, m)$，计算得出灰色定权聚类系数 $\sigma_i^k = \sum_{j=1}^{m} f_j^k(x_{ij}) \bullet \eta_j$，$i = 1, 2, \dots, n; k = 1, 2, \dots, s$。

**第 4 步**：若 $\underset{1 \leqslant k \leqslant s}{MAX} \{\sigma_i^k\} = \sigma_i^{k^*}$，则判定对象 $i$ 属于灰类 $k*$。

# 8.2 高校学生家庭受灾程度评估指标体系构建及权重

## 8.2.1 高校学生家庭受灾程度评估指标体系构建

高校学生家庭受灾程度评估旨在通过深入的调查和分析，全面评估灾害事件对学生家庭所造成的影响，这个评估主要包括人员伤亡、经济损失的直接破坏量和持续影响量等多个方面。构建高校学生家庭受灾程度评估指标体系，需要按照一般自然灾害损失评估指标的要求，选择具有可行性、代表性和客观性的评估指标。

第一，关注灾害事件对学生家庭造成的直接破坏量，包括灾害直接造成的人员伤亡和经济损失。人员伤亡无疑是最直观的灾害影响，无论是生命逝去还是身体受伤，都给受灾家庭带来深重的痛苦。经济损失则体现在房屋、财产等损毁，同样是受灾家庭所面临的重大问题。

第二，关注灾害事件的持续影响量。灾害事件的影响并非一时，而是可能持续一段时间。在持续影响期，受灾家庭可能面临生活困难、心理创伤等问题。因此，评估灾害事件的持续影响量可以更好地了解受灾家庭的处境。

构建的高校学生家庭受灾程度评估指标体系如表 8.1 所示。

表 8.1 高校学生家庭受灾程度评估指标体系

| 目标层 | 准则层 | 指标层 |
|---|---|---|
| 高校学生家庭受灾程度 $X$ | 家庭经济脆弱性 $X_1$ | 家庭人均收入 $x_{11}$（元） |
| | | 家庭人口结构 $x_{12}$ |
| | | 家庭长期生病成员数 $x_{13}$（人） |
| | 家庭直接损失 $X_2$ | 家庭资产损失 $x_{21}$（万元） |
| | | 当年收入损失 $x_{22}$（千元） |
| | | 家庭成员死伤数 $x_{23}$（人） |
| | | 住所毁坏程度 $x_{24}$ |
| | 家庭灾后恢复 $X_3$ | 生产工作恢复程度 $x_{31}$ |
| | | 灾后负债 $x_{32}$（万元） |
| | | 当地救助力度 $x_{33}$ |
| | | 灾后重建信心 $x_{34}$ |

（1）**高校学生家庭受灾程度** $X$。高校学生家庭受灾程度指灾害或意外给大学生及其家庭带来的影响及破坏程度。在同样一次自然灾害中，各个家庭遭受的损失不同，而且不同家庭由于自身的经济实力、人口及生产经营状况等因素，在同等损失的情况下造成的后果也会不同。因此，受灾程度与经济损失相关，但又与经济损失不是同一个概念。

（2）**家庭经济脆弱性** $X_1$。家庭经济脆弱性是衡量一个家庭在遭遇灾害或意外风险冲击时，消费和福利水平受到影响的不同程度，反映了一个家庭基于自身经济实力、经济负担等因素应对风险冲击的能力和综合承灾能力。主要包括家庭人均收入 $x_{11}$、家庭人口结构 $x_{12}$、家庭长期生病成员数 $x_{13}$ 三个指标。其中，家庭人均收入 $x_{11}$ 是指家庭人均可支配收入，是度量一个家庭经济实力最基本和最重要的指标；家庭人口结构 $x_{12}$ 是指劳动力占家庭人口的比例，劳动力占比越高，家庭的经济负担越小，应对灾害的能力越强；家庭长期生病成员数 $x_{13}$ 是指家庭中长期生病需要持续治疗的成员数，家庭成员长期罹患重大疾病往往会给家庭带来经济和精神上的压力和负担，家庭应对灾害的能力就比较差。

（3）**家庭直接损失** $X_2$。家庭直接损失是指灾害对一个家庭所造成的人、财、物的损失。主要包括家庭资产损失 $x_{21}$、当年收入损失 $x_{22}$、家庭成员死伤数 $x_{23}$、住所毁坏程度 $x_{24}$ 四个指标。其中，家庭资产损失 $x_{21}$ 是指家庭各类资产在灾害中的损失；当年收入损失 $x_{22}$ 是指灾害导致的农业减产绝收、工业停工等带来的工作收入损失；家庭成员死伤数 $x_{23}$ 是指灾害造成的家庭成员受伤或死亡的人数；住所毁坏程度 $x_{24}$ 是指灾害造成的房屋受损或毁坏情况。

（4）**家庭灾后恢复** $X_3$。家庭灾后恢复是指灾害发生后家庭在政府帮助或自救基础上的生产生活恢复情况，既包括物质方面的，也包括信心方面的。主要有生产工作恢复程度 $x_{31}$、灾后负债 $x_{32}$、当地救助力度 $x_{33}$、灾后重建信心 $x_{34}$ 四个方面。其中，生产工作恢复程度 $x_{31}$ 是指灾后生产工作恢复、经济和生活回归正常状态的情况；灾后负债 $x_{32}$ 是指住所内其他资产受到破坏后的修复、重建，或者因灾害引起的伤病治疗导致家庭的负债情况；当地救助力度 $x_{33}$ 是指当地政府给予受灾家庭的救助和支持情况；灾后重建信心 $x_{34}$ 是指家庭对灾后恢复的信心情况。

## 8.2.2 高校学生家庭受灾程度评估指标权重的确定

我们采用专家打分法和层次分析法来确定各个指标的权重，准则层、各指标层判断矩阵及权重计算结果如表 8.2 至表 8.5 所示。

表 8.2  高校学生家庭受灾程度评估准则层判断矩阵

| 准则层 | $X_1$ | $X_2$ | $X_3$ |
|---|---|---|---|
| 家庭经济脆弱性 $X_1$ | 1.0 | 0.6 | 0.8 |
| 家庭直接损失 $X_2$ | 1.5 | 1.0 | 1.2 |
| 家庭灾后恢复 $X_3$ | 1.3 | 0.8 | 1.0 |

表 8.3  家庭经济脆弱性指标判断矩阵

| 指标层 | $x_{11}$ | $x_{12}$ | $x_{13}$ |
|---|---|---|---|
| $x_{11}$ | 1.0 | 5.0 | 5.0 |
| $x_{12}$ | 0.2 | 1.0 | 1.0 |
| $x_{13}$ | 0.2 | 1.0 | 1.0 |

表 8.4  家庭直接损失指标判断矩阵

| 指标层 | $x_{21}$ | $x_{22}$ | $x_{23}$ | $x_{24}$ |
|---|---|---|---|---|
| $x_{21}$ | 1.0 | 1.5 | 0.9 | 1.8 |
| $x_{22}$ | 0.6 | 1.0 | 0.4 | 0.8 |
| $x_{23}$ | 1.1 | 2.5 | 1.0 | 2.0 |
| $x_{24}$ | 0.6 | 1.2 | 0.5 | 1.0 |

表 8.5  家庭灾后恢复指标判断矩阵

| 指标层 | $x_{31}$ | $x_{32}$ | $x_{33}$ | $x_{34}$ |
|---|---|---|---|---|
| $x_{31}$ | 1.0 | 1.5 | 1.2 | 1.0 |
| $x_{32}$ | 0.7 | 1.0 | 0.8 | 0.7 |
| $x_{33}$ | 0.8 | 1.2 | 1.0 | 0.8 |
| $x_{34}$ | 1.0 | 1.5 | 1.2 | 1.0 |

以上判断矩阵均通过一致性检验，通过对判断矩阵采用求根法或求和法，计算求得各准则层及各个指标的权重结果，如表 8.6 所示。

**表 8.6 高校学生家庭受灾程度评估指标权重**

| 目标层 | 准则层 | 指标层 | 合成权重 |
|---|---|---|---|
| 高校学生家庭<br>受灾程度 $X$ | 家庭经济脆弱性<br>$X_1=0.28$ | 家庭人均收入<br>$x_{11}=0.663$（元） | 0.186 |
| | | 家庭人口结构<br>$x_{12}=0.133$ | 0.037 |
| | | 家庭长期生病成员数<br>$x_{13}=0.133$（人） | 0.037 |
| | 家庭直接损失<br>$X_2=0.40$ | 家庭资产损失<br>$x_{21}=0.296$（万元） | 0.120 |
| | | 当年收入损失<br>$x_{22}=0.157$（千元） | 0.063 |
| | | 家庭成员死伤数<br>$x_{23}=0.363$（人） | 0.147 |
| | | 住所毁坏程度<br>$x_{24}=0.184$ | 0.074 |
| | 家庭灾后恢复<br>$X_3=0.33$ | 生产工作恢复程度<br>$x_{31}=0.286$ | 0.096 |
| | | 灾后负债<br>$x_{32}=0.196$（万元） | 0.066 |
| | | 当地救助力度<br>$x_{33}=0.232$ | 0.078 |
| | | 灾后重建信心<br>$x_{34}=0.286$ | 0.096 |

## 8.3 高校家庭受灾学生应急资助等级灰色定权聚类案例

基于灰色系统理论特别是灰色聚类分析技术在灾害等级、灾情评估等方面的应用，本研究建立了高校家庭受灾学生应急资助等级灰色定权聚类模型，并进行了案例分析。假定某高校设计了家庭受灾学生应急资助申请表，如附录 1 所示。有 8 名同学申请受灾应急补助，经整理，申请学生家庭的相关数据如表 8.7 所示。

表 8.7　受灾学生申请数据

| 指标 | $A_1$ | $A_2$ | $A_3$ | $A_4$ | $A_5$ | $A_6$ | $A_7$ | $A_8$ |
|---|---|---|---|---|---|---|---|---|
| 家庭人均收入 $x_{11}$（元） | 3557 | 5322 | 7106 | 13 090 | 20 205 | 4836 | 5745 | 8733 |
| 家庭人口结构 $x_{12}$ | 33.33 | 40.00 | 66.67 | 66.67 | 66.67 | 33.33 | 33.33 | 40.00 |
| 家庭长期生病成员数 $x_{13}$（人） | 2 | 1 | 0 | 0 | 0 | 1 | 0 | 0 |
| 家庭资产损失 $x_{21}$（万元） | 4.5 | 6.2 | 3.5 | 7.6 | 14.3 | 3.2 | 4.3 | 8.2 |
| 当年收入损失 $x_{22}$（千元） | 23 | 17 | 13 | 14 | 43 | 11 | 13 | 13 |
| 家庭成员死伤数 $x_{23}$（人） | 2 | 1 | 1 | 1 | 1 | 4 | 2 | 3 |
| 住所毁坏程度 $x_{24}$ | 80 | 60 | 40 | 20 | 0 | 10 | 15 | 30 |
| 生产工作恢复程度 $x_{31}$ | 80 | 80 | 75 | 85 | 65 | 70 | 60 | 90 |
| 灾后负债 $x_{32}$（万元） | 2.1 | 3.4 | 1.5 | 1.5 | 0 | 7.2 | 1.5 | 5.5 |
| 当地救助力度 $x_{33}$ | 3 | 2 | 3 | 2 | 4 | 1 | 3 | 2 |
| 灾后重建信心 $x_{34}$ | 3 | 3 | 4 | 5 | 4 | 1 | 2 | 1 |

由于聚类指标意义不同，且在数量上悬殊，所以我们采用灰色定权聚类评估模型。

**第 1 步**：假定学生家庭受灾有相对轻微、比较严重、非常严重三个灰类，通过专家调查，$j$ 指标关于灰类 $k$ 的可能度函数 $f_j^k(\bullet)(j=1,2,\dots,11; k=1,2,3)$ 的表达式如表 8.8 所示。

**第 2 步**：各指标权重 $\eta_j(j=1,2,\dots,11)$ 详见表 8.6。

**第 3 步**：根据表 8.8 中给出的可能度函数表达式和 $x_{ij}$，计算求出 $j$ 指标关于灰类 $k$ 的可能度函数值 $f_j^k(x_{ij})$，具体如表 8.9 所示。

**第 4 步**：根据 $\sigma_i^k = \sum_{j=1}^{m} f_j^k(x_{ij}) \bullet \eta_j$ 和前两步的结果，可以计算得出灰色定权聚类系数矩阵 $\Sigma$ 如下。

$$\Sigma = \left(\sigma_i^k\right) = \begin{matrix} \text{相对轻微} & \text{比较严重} & \text{非常严重} \\ \begin{bmatrix} 0.2408 & 0.5626 & 0.4313 \\ 0.3079 & 0.4994 & 0.3877 \\ 0.5094 & 0.5029 & 0.1145 \\ 0.6627 & 0.3042 & 0.1606 \\ 0.7189 & 0.1407 & 0.2203 \\ 0.3634 & 0.2328 & 0.4374 \\ 0.3045 & 0.5538 & 0.3065 \\ 0.2213 & 0.5626 & 0.3268 \end{bmatrix} \end{matrix}$$

表 8.8　各指标的灰类可能度函数

| 指标 | 灰类 | | |
|---|---|---|---|
| | 相对轻微 | 比较严重 | 非常严重 |
| $x_{11}$ | $f_{11}^1 = \begin{cases} 0 & x < 10\,000 \\ \dfrac{x-10\,000}{15\,000-10\,000} & 10\,000 \leq x < 15\,000 \\ 1 & x \geq 15\,000 \end{cases}$ | $f_{11}^2 = \begin{cases} 0 & x \notin [5000,15\,000] \\ \dfrac{x-5000}{8000-5000} & 5000 \leq x < 8000 \\ 1 & 8000 \leq x < 12\,000 \\ \dfrac{15\,000-x}{15\,000-12\,000} & 12\,000 \leq x < 15\,000 \end{cases}$ | $f_{11}^3 = \begin{cases} 1 & 0 \leq x < 5000 \\ \dfrac{8000-x}{8000-5000} & 5000 \leq x < 8000 \\ 0 & x \geq 8000 \end{cases}$ |
| $x_{12}$ | $f_{12}^1 = \begin{cases} 0 & x < 30 \\ \dfrac{x-30}{70-30} & 30 \leq x < 70 \\ 1 & x \geq 70 \end{cases}$ | $f_{12}^2 = \begin{cases} 0 & x \notin [20,70] \\ \dfrac{x-20}{45-20} & 20 \leq x < 45 \\ 1 & 45 \leq x < 55 \\ \dfrac{70-x}{70-55} & 55 \leq x < 70 \end{cases}$ | $f_{12}^3 = \begin{cases} 1 & 0 \leq x < 20 \\ \dfrac{70-x}{70-20} & 20 \leq x < 70 \\ 0 & x \geq 70 \end{cases}$ |
| $x_{13}$ | $f_{13}^1 = \begin{cases} 1 & x = 0 \\ 0 & x = 2 \\ 0 & x = 3 \end{cases}$ | $f_{13}^2 = \begin{cases} 0 & x = 0 \\ 1 & x = 1 \\ 0 & x = 2 \end{cases}$ | $f_{13}^3 = \begin{cases} 0 & x = 0 \\ 0 & x = 1 \\ 1 & x = 2 \end{cases}$ |
| $x_{21}$ | $f_{21}^1 = \begin{cases} 1 & x < 1 \\ \dfrac{4-x}{4-1} & 1 \leq x < 4 \\ 0 & x \geq 4 \end{cases}$ | $f_{21}^2 = \begin{cases} 0 & x \notin [1,10] \\ \dfrac{x-1}{4-1} & 1 < x < 4 \\ 1 & 4 < x < 6 \\ \dfrac{10-x}{10-6} & 6 \leq x < 10 \end{cases}$ | $f_{21}^3 = \begin{cases} 0 & 0 \leq x < 4 \\ \dfrac{x-4}{10-4} & 4 \leq x < 10 \\ 1 & x \geq 10 \end{cases}$ |
| $x_{22}$ | $f_{22}^1 = \begin{cases} 1 & x < 10 \\ \dfrac{30-x}{30-10} & 10 \leq x < 30 \\ 0 & x \geq 30 \end{cases}$ | $f_{22}^2 = \begin{cases} 0 & x \notin [10,40] \\ \dfrac{x-10}{20-10} & 10 \leq x < 20 \\ 1 & 20 \leq x < 30 \\ \dfrac{40-x}{40-30} & 30 \leq x < 40 \end{cases}$ | $f_{22}^3 = \begin{cases} 0 & 0 \leq x < 10 \\ \dfrac{x-10}{40-10} & 10 \leq x < 40 \\ 1 & x \geq 40 \end{cases}$ |

（续表）

| 指标 | 灰类 | | |
| --- | --- | --- | --- |
| | 相对轻微 | 比较严重 | 非常严重 |
| $x_{23}$ | $f_{23}^1 = \begin{cases} 1 & x=1 \\ 0.3 & x=2 \\ 0 & x\geq3 \end{cases}$ | $f_{23}^2 = \begin{cases} 0 & x=1或4 \\ 0.3 & x=2 \\ 0 & x=3 \end{cases}$ | $f_{23}^3 = \begin{cases} 0 & x=1或2 \\ 0.2 & x=3 \\ 1 & x=4或5 \end{cases}$ |
| $x_{24}$ | $f_{24}^1 = \begin{cases} 1 & x<10 \\ \dfrac{40-x}{40-10} & 10\leq x<40 \\ 0 & x\geq40 \end{cases}$ | $f_{24}^2 = \begin{cases} 0 & x\notin[10,60] \\ \dfrac{x-10}{40-10} & 10\leq x<40 \\ 1 & 40\leq x<50 \\ \dfrac{70-x}{70-30} & 50\leq x<70 \end{cases}$ | $f_{24}^3 = \begin{cases} 0 & 0\leq x<50 \\ \dfrac{x-50}{80-50} & 50\leq x<80 \\ 1 & x\geq80 \end{cases}$ |
| $x_{31}$ | $f_{31}^1 = \begin{cases} 0 & x<50 \\ \dfrac{x-50}{90-50} & 50\leq x<90 \\ 1 & x\geq90 \end{cases}$ | $f_{31}^2 = \begin{cases} 0 & x\notin[20,90] \\ \dfrac{x-20}{45-20} & 20\leq x<45 \\ 1 & 45\leq x<560 \\ \dfrac{90-x}{90-60} & 60\leq x<90 \end{cases}$ | $f_{31}^3 = \begin{cases} 1 & 0\leq x<20 \\ \dfrac{45-x}{45-20} & 20\leq x<45 \\ 0 & x\geq50 \end{cases}$ |
| $x_{32}$ | $f_{32}^1 = \begin{cases} 1 & x<1 \\ \dfrac{3-x}{3-1} & 1\leq x<3 \\ 0 & x\geq3 \end{cases}$ | $f_{32}^2 = \begin{cases} 0 & x\notin[1,8] \\ \dfrac{x-1}{3-1} & 1\leq x<3 \\ 1 & 3\leq x<5 \\ \dfrac{8-x}{8-5} & 5\leq x<8 \end{cases}$ | $f_{32}^3 = \begin{cases} 0 & 0\leq x<5 \\ \dfrac{x-5}{8-5} & 5\leq x<8 \\ 1 & x\geq8 \end{cases}$ |
| $x_{33}$ | $f_{33}^1 = \begin{cases} 1 & x=5 \\ 0.8 & x=4 \\ 0.4 & x=3 \\ 0 & x=1或2 \end{cases}$ | $f_{33}^2 = \begin{cases} 0 & x=1或5 \\ 0.3 & x=2或4 \\ 1 & x=3 \end{cases}$ | $f_{33}^3 = \begin{cases} 0 & x=5 \\ 0.2 & x=4 \\ 0.4 & x=3 \\ 1 & x=1或2 \end{cases}$ |
| $x_{34}$ | $f_{34}^1 = \begin{cases} 1 & x=5 \\ 0.8 & x=4 \\ 0.4 & x=3 \\ 0 & x=1或2 \end{cases}$ | $f_{34}^2 = \begin{cases} 0 & x=1或5 \\ 0.3 & x=2或4 \\ 1 & x=3 \end{cases}$ | $f_{34}^3 = \begin{cases} 0 & x=5 \\ 0.2 & x=4 \\ 0.4 & x=3 \\ 1 & x=1或2 \end{cases}$ |

表 8.9　灰类可能度函数值

| 指标 | 学生 | | | | | | | |
|---|---|---|---|---|---|---|---|---|
| | $A_1$ | $A_2$ | $A_3$ | $A_4$ | $A_5$ | $A_6$ | $A_7$ | $A_8$ |
| 家庭人均收入 $x_{11}$（元） | 0 | 0 | 0 | 0.618 | 1 | 0 | 0 | 0 |
| | 0 | 0.107 | 0.702 | 0.637 | 0 | 0 | 0.248 | 1 |
| | 1 | 0.893 | 0.298 | 0 | 0 | 1 | 0.752 | 0 |
| 家庭人口结构 $x_{12}$ | 0.083 | 0.250 | 0.917 | 0.917 | 0.917 | 0.083 | 0.083 | 0.250 |
| | 0.533 | 0.8 | 0.222 | 0.222 | 0.222 | 0.533 | 0.533 | 0.8 |
| | 0.733 | 0.600 | 0.067 | 0.067 | 0.067 | 0.733 | 0.733 | 0.6 |
| 家庭长期生病成员数 $x_{13}$（人） | 0 | 0 | 1.000 | 1 | 1 | 0 | 1 | 1 |
| | 0 | 1 | 0 | 0 | 0 | 1 | 0 | 0 |
| | 1 | 0 | 0 | 0 | 0 | 0 | 0 | 0 |
| 家庭资产损失 $x_{21}$（万元） | 0 | 0 | 0.167 | 0 | 0 | 0.267 | 0 | 0 |
| | 1 | 0.95 | 0.833 | 0.6 | 0 | 0.733 | 1 | 0.45 |
| | 0.083 | 0.367 | 0 | 0.6 | 1 | 0 | 0.05 | 0.7 |
| 当年收入损失 $x_{22}$（千元） | 0.35 | 0.65 | 0.85 | 0.8 | 0 | 0.95 | 0.85 | 0.85 |
| | 1 | 0.7 | 0.3 | 0.4 | 0 | 0.1 | 0.3 | 0.3 |
| | 0.433 | 0.233 | 1 | 0.133 | 1 | 0.033 | 0.1 | 0.1 |
| 家庭成员死伤数 $x_{23}$（人） | 0.3 | 1 | 1 | 1 | 1 | 1 | 0.3 | 0 |
| | 0.8 | 0 | 0 | 0 | 0 | 0 | 0.8 | 1 |
| | 0 | 0 | 0 | 0 | 0 | 0 | 0 | 0.2 |
| 住所毁坏程度 $x_{24}$ | 0 | 0 | 0 | 0.667 | 1 | 1 | 0.833 | 0.333 |
| | 0 | 0.5 | 1 | 0.333 | 0 | 0 | 0.167 | 0.667 |
| | 1 | 0.333 | 0 | 0 | 0 | 0 | 0 | 0 |
| 生产工作恢复程度 $x_{31}$ | 0.75 | 0.75 | 0.625 | 0.875 | 0.375 | 0.5 | 0.25 | 1 |
| | 0.333 | 0.333 | 0.50 | 0.167 | 0.833 | 0.667 | 1 | 0 |
| | 0 | 0 | 0 | 0 | 0 | 0 | 0 | 0 |
| 灾后负债 $x_{32}$（万元） | 0.45 | 0 | 0.75 | 0.75 | 1 | 0 | 0.75 | 0 |
| | 0.55 | 1 | 0.25 | 0.25 | 0 | 0.267 | 0.25 | 0.833 |
| | 0 | 0 | 0 | 0 | 0 | 0.733 | 0 | 0.167 |

（续表）

| 指标 | 学生 | | | | | | | |
|---|---|---|---|---|---|---|---|---|
| | $A_1$ | $A_2$ | $A_3$ | $A_4$ | $A_5$ | $A_6$ | $A_7$ | $A_8$ |
| 当地救助力度 $x_{33}$ | 0.4 | 0 | 0.4 | 0 | 0.8 | 0 | 0.4 | 0 |
| | 1 | 0.3 | 1 | 0.3 | 0.3 | 0 | 1 | 0.3 |
| | 0.4 | 1 | 0.4 | 1 | 0.2 | 1 | 0.4 | 1 |
| 灾后重建信心 $x_{34}$ | 0.4 | 0.4 | 0.8 | 1 | 0.8 | 0 | 0 | 0 |
| | 1 | 1 | 0.3 | 0 | 0.3 | 0 | 0.3 | 0 |
| | 0.4 | 0.4 | 0.2 | 0 | 0.2 | 1 | 1 | 1 |

**第 5 步：**根据 $\underset{1 \leqslant k \leqslant s}{MAX}\left\{\sigma_i^k\right\} = \sigma_i^{k^*}$，判定对象 $i$ 所属灰类。

$$MAX\left(\sigma_i^k\right) = \begin{array}{ccc} \text{相对轻微} & \text{比较严重} & \text{非常严重} \\ \left[\begin{array}{ccc} — & 0.5626 & — \\ — & 0.4994 & — \\ 0.5094 & — & — \\ 0.6627 & — & — \\ 0.7189 & — & — \\ — & — & 0.4374 \\ — & 0.5538 & — \\ — & 0.5626 & — \end{array}\right] \end{array}$$

由此可以判定，学生 $A_3$、$A_4$、$A_5$ 家庭受灾相对轻微，学生 $A_1$、$A_2$、$A_7$、$A_8$ 家庭受灾比较严重，学生 $A_6$ 家庭受灾非常严重。

综上，灰色定权聚类评估有助于对高校学生家庭受灾程度进行精确的量化分析和合理划分，为高校准确把握家庭受灾学生的分类和制定相应的应急资助政策提供有力依据。首先，高校可针对学生家庭受灾程度的不同，有针对性地设定分类别的临时困难补助标准和其他应急资助措施，实现家庭受灾学生的精细化管理，以使他们得到及时且有效的帮助。这样，既能确保家庭受灾学生得到适当资助，也能提高资助资源配置效率，实现应急资助精准化。其次，在实施定量评价的基础上，高校还需坚持定量评估和定性分析相结合，通过辅导员、学生干部等途径，主动进一步加强摸查工作，关心学生的学习、生活和身心状况，深入了解家庭受灾学生的思想实际、心理实际和生活实际，为他们提供"点对点"的人文关怀和情感支持。最后，高校要进一步开展家庭受灾学生的心理健康教育和心理疏导，通过举办心理健康讲座、心理咨询等形式，帮助他们树立信心，抚平因受灾带来的心理创伤。

## 8.4　本章小结

科学准确评估高校家庭受灾学生应急资助等级是高校解决好学生各类紧急性、暂时性困难的基础。本章详细介绍了灰色定权聚类评估模型的建模机理和步骤，构建了一个包括三个一级指标、十一个二级指标的高校学生家庭受灾程度评估指标体系，运用专家意见和层次分析法确定指标权重，建立高校家庭受灾学生应急资助等级灰色定权聚类评估模型，将家庭受灾学生分为相对轻微、比较严重、非常严重三个等级，可为高校有针对性地开展家庭受灾学生的精细化管理和精准化资助提供客观依据。

第 9 章

# 基于三角可能度函数的高校学生资助高质量发展风险灰色聚类评价

　　学生资助工作承载着万千家庭及学生成长发展的希望，关乎教育公平、民生福祉、社会的公平正义和和谐进步，更是维护社会稳定、服务国家发展全局的一项基础性和战略性工作。自 2007 年我国新的资助政策实施以来，尤其是在新时代十年间，我国高校学生资助政策体系不断完善、投入力度持续加大、资助育人工作全面深化。这不仅有效地实现了"家庭经济困难学生不因经济原因而失学辍学"的目标，推动了教育公平，还极大地提升了人民群众的获得感。然而，随着我国社会主要矛盾的转变，以及经济高速增长向高质量发展的转型，高质量发展已经成为经济社会发展方方面面的核心主题、鲜明特征和根本要求。在这样的时代背景下，人民群众对高等教育的期待也随之提升，正从平等享有高等教育机会向享有更加公平、更高质量的高等教育转变。在服务推动高等教育高质量发展上，高校学生资助高质量发展显得尤为重要。它不仅是加快建设高质量高等教育体系、建设高等教育强国的重要组成和重要支撑，还是实现高等教育内涵式高质量发展的重要基础和强大动力。习近平总书记指出，我们必须坚持统筹发展和安全，增强机遇意识和风险意识，树立底线思维，把困难估计得更充分一些，把风险思考得更深入一些，注重堵漏洞、强弱项，下好先手棋、打好主动仗，有效防范化解各类风险挑战，确保社会主义现代化事业顺利推进。迈进新时代，高校学生资助工作被赋予新使命、新目标和新要求，同时也面临着新机遇和新挑战。在新阶段，要想做好高校学生资助工作，必须系统评估制约高校学生资助高质量发展的各种风险，充分认识防范化解重大风险的重要性、紧迫性和艰巨性，不断健全资助政策体系、优化资助育人机制，以更高质量落实家庭经济困难学生对美好生活向往的需求，为培养德智体美劳全面发展的社会主义建设者和接班人提供坚实保障。因此，探索开展高校学生资助高质量发展风险评估，加强学生资助风险的科学管理，不仅能最大力度推动资助工作的提质增效，还能最大程度增强高校学生资助工作的政治效果、社会效果和育人效果，具有十分重要的现实意义。

# 9.1 高校学生资助高质量发展风险概念、识别与分类

## 9.1.1 高校学生资助管理工作的特点

（1）高校学生资助工作是一项政治性与人民性深度融合的综合性工作。这项工作承载着党的初心使命，既是民生工程，更是民心工程，彰显了党和政府对人民美好生活向往的高度关注，以及对弱势群体的关爱。高校学生资助政策的设计和执行，关系到千家万户的生活，影响着广大百姓的切身利益。高校家庭经济困难学生的资助、教育和培养不仅影响学生个人发展，也关乎其家庭福祉，更关乎社会的和谐稳定，历来是备受关注的教育热点和民生焦点。扎实做好高校学生资助工作是一项至关重要的政治义务和社会担当，这项工作的高效管理和优质运行，不仅可为贫困学生及其家庭提供实质性的扶持，更能为社会公平正义注入强劲动力。推动实现学生资助工作高质量发展，高校必须提高政治站位、坚定人民立场，自觉将学生资助工作纳入巩固党的执政基础、改善社会民生的大局中统筹谋划，不断健全资助政策体系，持续提高资助育人的思想认识、政治担当、能力水平和质量成效。

（2）高校学生资助工作是一项系统性强、复杂程度高的工作。自 2007 年以来，我国学生资助工作紧随时代新步伐，不断满足人民新期望，持续提升资助水平，已经形成了投入上以政府投入为主，学校和社会投入为辅；方式上以无偿资助为主，有偿资助为辅；对象上以助困为主，奖优为辅；措施上以国家奖助学金、国家助学贷款、勤工助学、校内奖助学金为主，困难补助、伙食补贴、学费减免、学费补偿贷款代偿、"绿色通道"为辅，注重将"助之以鱼"和"助之以欲、助之以渔、助之以愉"充分结合、有机融合的中国特色资助体系，有力保障了家庭经济困难学生安心就学、一心向学、专心求学和健康成长、全面成才。高校学生资助工作点多面广、量大线长，涉及众多参与主体，资助政策及具体项目繁杂多样，各个工作环节细致入微，面对的学生家庭状况和需求更是千差万别。要想推动学生资助工作高质量发展，高校必须坚持系统观念，将学生资助工作视为一个整体，紧扣学生多样化的实际需求和思想问题，聚焦精准资助和资助育人目标，着力加强各层级与各主体间的协同配合，优化各资

项目的合理配置，紧密衔接各个工作环节，全面提升学生资助工作的科学化、专业化水平。

（3）高校学生资助工作是一项制度性、程序性要求极为严格的工作。高校学生资助工作涉及资金规模庞大，社会关注度高，敏感性强，任何不公平的行为都会引发社会大众的不满和质疑。为确保公平、公正、公开透明，必须依托制度和程序进行严格把控。无论是申请资助的学生，还是负责资助工作的高校及相关部门、人员，以及其他参与主体，都需要遵守明确的法律法规和制度规定，确保资助资源的合理分配和有效利用。在实际操作中，这种严谨性既体现在资助对象的认定、公示及个人隐私保护等环节，也体现在资助资金的发放、管理和监督等方面。为实现学生资助工作的高质量发展，高校需健全完善并严格执行高校学生资助管理工作制度体系和流程标准，确保各个项目、步骤和环节皆有据可依、有章可循。

## 9.1.2　高校学生资助高质量发展风险因素识别

所谓高校学生资助高质量发展风险，是指影响高校学生资助政策公平公正实施、有效落实执行和健康持续高质量发展，可能导致资助政策公信力受损、政策边际效用递减，以及绩效和育人成效降低的不利因素和短板弱项。正是由于学生资助工作的上述特点，导致了其中的风险因素较多。借鉴当前学生资助风险众多研究成果，结合学生资助工作特点分析，从学生资助管理的全周期、全流程视角出发，可将高校学生资助高质量发展风险归纳为 3 个环节、12 个风险因素。

（1）基础管理环节风险。因管理理念滞后、管理方式不科学不专业等所导致的影响学生资助高质量发展的风险，包括资助政策宣传风险、资助管理流程风险、资助项目配置风险、资助方式选择风险。其中，资助政策宣传风险主要是指资助政策宣传不够及时、全面、到位，可能使符合资助条件的学生未能准确了解政策、提出申请；资助管理流程风险主要是指资助管理制度及政策执行机制不够系统、完善，可能使资助政策有效实施存在制度保障不足等问题；资助项目配置风险主要是指资助项目的管理不科学、不精细，可能导致资助项目混乱、各方沟通衔接不畅；资助方式选择风险主要是指资助方案设计得不科学，可能导致重复资助、超额过度资助或应助未助等问题。

（2）政策实施环节风险。因政策理解执行、制度程序落实及责任落实不到位等所导致的影响学生资助高质量发展的风险，包括资助对象申请道德风险、资助对象识别风险、资助对象隐私保护风险、资助政策执行中人员廉政风险。其中，资助对象申请道德风险主要是指资助对象在申请资助时弄虚作假，可能挤占有效资助资源，造成资助不公平；资助对象识别风险主要是指资助对象识别认定不够科学规范，可能导致错评、漏评等问题；资助对象隐私保护风险主要是指资助对象的个人信息等隐私敏感数据得不到保护，可能导致其隐私信息泄露；资助政策执行中人员廉政风险主要是指相关人员在资助政策执行或权力行使过程中因不按制度规范实施或监督惩处机制不健全，存在不廉洁行为。

（3）资助育人环节风险。因对家庭经济困难学生教育培养不到位等所导致的影响学生资助高质量发展的风险，包括资助资金使用异化风险、资助对象心理健康风险、资助对象受助后失信风险，以及资助舆情应对及处理风险。其中，资助资金使用异化风险主要是指受助学生受助后存在挥霍浪费、出现惰性颓废等不良现象，导致资助效果背离国家资助政策初衷；资助对象心理健康风险主要是指在国家新资助政策资助实施背景下，受助学生产生与家庭经济困难和资助工作相关的种种心理危机；资助对象受助后失信风险主要是指资助对象在受助后存在不按期履行贷款合同等不诚信现象，引发社会不公平风险；资助舆情应对及处理风险主要是指在国家资助政策执行中因各种情况造成网络舆情，影响国家资助政策公信力及健康发展。

## 9.2 高校学生资助高质量发展风险评价指标体系构建及权重

通过对高校学生资助管理全流程各环节高质量发展风险的识别与分析，遵循指标体系构建的科学性、系统性、层次性、独立性、信息可获取性及动态性等一般原则，并结合专家调查法，可将高校学生资助高质量发展风险因素转化为具体的风险评价指标，由此建立如表9.1所示的高校学生资助高质量发展风险评价指标体系。

表 9.1　高校学生资助高质量发展风险评价指标体系

| 目标层 | 准则层 | 指标层 | 风险可能造成的影响 |
|---|---|---|---|
| 高校学生资助高质量发展风险评价指标体系 $X$ | 基础管理环节风险 $X_1$ | 资助政策宣传风险 $x_{11}$ | 资助政策宣传不够及时、全面、到位，可能使符合资助条件的学生未能准确了解政策、提出申请 |
| | | 资助管理流程风险 $x_{12}$ | 资助管理制度及政策执行机制不够系统、完善，可能使资助政策有效实施存在制度保障不足等问题 |
| | | 资助项目配置风险 $x_{13}$ | 资助项目的管理不科学、不精细，可能导致资助项目混乱、各方沟通衔接不畅 |
| | | 资助方式选择风险 $x_{14}$ | 资助方案设计得不科学，可能导致重复资助、超额过度资助或应助未助等问题 |
| | 政策实施环节风险 $X_2$ | 资助对象申请道德风险 $x_{21}$ | 资助对象在申请资助时弄虚作假，可能挤占有效资助资源，造成资助不公平 |
| | | 资助对象识别风险 $x_{22}$ | 资助对象识别认定不够科学规范，可能导致错评、漏评等问题 |
| | | 资助对象隐私保护风险 $x_{23}$ | 资助对象的个人信息等隐私敏感数据得不到保护，可能导致其隐私信息泄露 |
| | | 资助政策执行中人员廉政风险 $x_{24}$ | 相关人员在资助政策执行或权力行使过程中因不按制度规范实施或监督惩处机制不健全，存在不廉洁行为 |
| | 资助育人环节风险 $X_3$ | 资助资金使用异化风险 $x_{31}$ | 受助学生受助后存在挥霍浪费、出现惰性颓废等不良现象，导致资助效果背离国家资助政策初衷 |
| | | 资助对象心理健康风险 $x_{32}$ | 在国家新资助政策资助实施背景下，受助学生产生与家庭经济困难和资助工作相关的种种心理危机 |
| | | 资助对象受助后失信风险 $x_{33}$ | 资助对象在受助后存在不按期履行贷款合同等不诚信现象，引发社会不公平风险 |
| | | 资助舆情应对及处理风险 $x_{34}$ | 在国家资助政策执行中因各种情况造成网络舆情，影响国家资助政策公信力及健康发展 |

通过采用专家打分法和层次分析法，确定准则层与各指标层的判断矩阵，以及各指标层的权重结果如表 9.2 至表 9.5 所示。

表9.2　高校学生资助高质量发展风险评价准则层判断矩阵

| 准则层 | $X_1$ | $X_2$ | $X_3$ |
|---|---|---|---|
| 基础管理环节风险 $X_1$ | 1 | 1/2 | 1 |
| 政策实施环节风险 $X_2$ | 2 | 1 | 2 |
| 资助育人环节风险 $X_3$ | 1 | 1/2 | 1 |

表9.3　基础管理环节风险指标层判断矩阵

| 指标层 | $x_{11}$ | $x_{12}$ | $x_{13}$ | $x_{14}$ |
|---|---|---|---|---|
| 资助政策宣传风险 $x_{11}$ | 1 | 2 | 2 | 1 |
| 资助管理流程风险 $x_{12}$ | 1/2 | 1 | 1 | 1/2 |
| 资助项目配置风险 $x_{13}$ | 1/2 | 1 | 1 | 1/2 |
| 资助方式选择风险 $x_{14}$ | 1 | 2 | 2 | 1 |

表9.4　政策实施环节风险指标层判断矩阵

| 指标层 | $x_{21}$ | $x_{22}$ | $x_{23}$ | $x_{24}$ |
|---|---|---|---|---|
| 资助对象申请道德风险 $x_{21}$ | 1 | 1/2 | 1/3 | 2 |
| 资助对象识别风险 $x_{22}$ | 2 | 1 | 1/2 | 4 |
| 资助对象隐私保护风险 $x_{23}$ | 3 | 2 | 1 | 6 |
| 资助政策执行中人员廉政风险 $x_{24}$ | 1/2 | 1/4 | 1/6 | 1 |

表9.5　资助育人环节风险指标层判断矩阵

| 指标层 | $x_{31}$ | $x_{32}$ | $x_{33}$ | $x_{34}$ |
|---|---|---|---|---|
| 资助资金使用异化风险 $x_{31}$ | 1 | 1/2 | 1 | 1/4 |
| 资助对象心理健康风险 $x_{32}$ | 2 | 1 | 2 | 1/8 |
| 资助对象受助后失信风险 $x_{33}$ | 1 | 1/2 | 1 | 1/4 |
| 资助舆情应对及处理风险 $x_{34}$ | 4 | 8 | 4 | 1 |

　　以上判断矩阵均通过一致性检验，通过对判断矩阵采用求根法或求和法，计算求得各准则层及各指标层的权重结果，如表9.6所示。

表 9.6　高校学生家庭受灾程度评估指标权重

| 目标层 | 准则层 | 指标层 | 合成权重 |
|---|---|---|---|
| 高校学生资助高质量发展风险评价指标体系 $X$ | 基础管理环节风险 $X_1=0.25$ | 资助政策宣传风险 $x_{11}=0.33$ | 0.08 |
| | | 资助管理流程风险 $x_{12}=0.17$ | 0.04 |
| | | 资助项目配置风险 $x_{13}=0.17$ | 0.04 |
| | | 资助方式选择风险 $x_{14}=0.33$ | 0.08 |
| | 政策实施环节风险 $X_2=0.5$ | 资助对象申请道德风险 $x_{21}=0.15$ | 0.08 |
| | | 资助对象识别风险 $x_{22}=0.28$ | 0.14 |
| | | 资助对象隐私保护风险 $x_{23}=0.49$ | 0.25 |
| | | 资助政策执行中人员廉政风险 $x_{24}=0.08$ | 0.04 |
| | 资助育人环节风险 $X_3=0.25$ | 资助资金使用异化风险 $x_{31}=0.11$ | 0.03 |
| | | 资助对象心理健康风险 $x_{32}=0.17$ | 0.04 |
| | | 资助对象受助后失信风险 $x_{33}=0.11$ | 0.03 |
| | | 资助舆情应对及处理风险 $x_{34}=0.60$ | 0.15 |

# 9.3　基于改进三角可能度函数的灰色聚类评估模型

在灰色系统理论中，适中测度可能度函数又被称为三角可能度函数。基于三角可能度函数的灰色聚类评估模型于 1993 年由刘思峰教授首次提出，其后围绕可能度函数的构造，先后拓展形成了基于端点混合可能度函数、中心点混合可能度函数、梯形灰类可能度函数、斜率可能度函数、共原点灰色可能度函数等多种可能度函数灰色聚类评估模型，已被广泛应用于各类评估实践。为此，以三角可能度函数灰色聚类评估的思想方法为基础，本研究将三角模糊数引入灰类临界值和转折点的确定，改进后的三角可能度函数灰色聚类评估模型建模思路及一般步骤如下。

设有 $n$ 个聚类对象，$m$ 个聚类指标，$s$ 个不同灰类，对象 $i(i=1,2,\dots,n)$ 关于指标 $j(j=1,2,\dots,m)$ 的观测值 $x_{ij}(i=1,2,\dots,n; j=1,2,\dots,m)$，$j$ 指标关于灰类 $k(k=1,2,\dots,s)$ 的可能度函数记作 $f_j^k(\bullet)$。

**命题** 9.1：设三角模糊数 $T_k^j = \left[a_{kl}^j, b_{kl}^j, c_{kl}^j\right](1 \leqslant k \leqslant s, 1 \leqslant l \leqslant p, 1 \leqslant j \leqslant m)$，其中 $a_{kl}^j, b_{kl}^j, c_{kl}^j$ 分别表示第 $l$ 专家对 $j$ 指标关于灰类 $k$ 的上界、下界和最可能值。邀请 $p$ 位不同层级的专家在 $[0,100]$ 之间赋值，建立评分矩阵 $T_{sp}^j$。

$$T_{sp}^j = \begin{bmatrix} \left[a_{11}^1, b_{11}^1, c_{11}^1\right] & \left[a_{12}^1, b_{12}^1, c_{12}^1\right] & \cdots & \left[a_{1p}^1, b_{1p}^1, c_{1p}^1\right] \\ \left[a_{21}^2, b_{21}^2, c_{21}^2\right] & \left[a_{22}^2, b_{22}^2, c_{22}^2\right] & \cdots & \left[a_{2p}^2, b_{2p}^2, c_{2p}^2\right] \\ \vdots & \vdots & & \vdots \\ \left[a_{s1}^j, b_{s1}^j, c_{s1}^j\right] & \left[a_{s2}^j, b_{s2}^j, c_{s2}^j\right] & \cdots & \left[a_{sp}^j, b_{sp}^j, c_{sp}^j\right] \end{bmatrix}$$

**定义** 9.1　称

$$T_s^j = \frac{1}{p}\left(\left[\sum a_{1p}^1, \sum b_{1p}^1, \sum c_{1p}^1\right], \left[\sum a_{2p}^2, \sum b_{2p}^2, \sum c_{2p}^2\right] \ldots \left[\sum a_{sp}^j, \sum b_{sp}^j, \sum c_{sp}^j\right]\right)$$

为 $j$ 指标关于灰类 $k$ 的三角模糊数集合。

若 $j$ 指标关于灰类 $k$ 的三角模糊数矩阵（集合）与 $j$ 无关，即对于任意数 $j_1$、$j_2 (j = 1, 2, \ldots, m)$，恒有 $T_s^{j_1} = T_s^{j_2}$，此时我们可将 $T_s^j$ 中的上标略去，记为 $T_s$，称 $T_s$ 为聚类指标关于灰类 $k$ 的三角模糊数集合，意味着 $m$ 个聚类指标有相同的灰类三角模糊数。其中，

$$T_s = \frac{1}{p}\left(\left[\sum a_{1p}, \sum b_{1p}, \sum c_{1p}\right], \left[\sum a_{2p}, \sum b_{2p}, \sum c_{2p}\right] \ldots \left[\sum a_{sp}, \sum b_{sp}, \sum c_{sp}\right]\right)$$

令 $\lambda_{a_s} = \frac{1}{p}\sum a_{sp}, \lambda_{b_s} = \frac{1}{p}\sum b_{sp}, \lambda_{c_s} = \frac{1}{p}\sum c_{sp}$，则 $T_s$ 可以进一步简化表示为

$$T_s = \left(\left[\lambda_{a_1}, \lambda_{b_1}, \lambda_{c_1}\right], \left[\lambda_{a_2}, \lambda_{b_2}, \lambda_{c_2}\right] \ldots \left[\lambda_{a_s}, \lambda_{b_s}, \lambda_{c_s}\right]\right)$$

**第 1 步**：按照评估要求所划分的灰类数，依据命题 9.1 和定义 9.1 的步骤计算得到各灰类的三角模糊数，即为各灰类的临界值和转折点。

**第 2 步**：确定 $j$ 指标关于灰类 $k (k = 1, 2, \ldots, s)$ 的三角可能度函数 $f_j^k(\bullet)$。对于灰类 1 和灰类 $s$ 构造相应的下限测度三角可能度函数 $f_j^1(-, \lambda_{b_1}, \lambda_{c_1})$ 和上限测度三角可能度函数 $f_j^s(\lambda_{a_s}, \lambda_{b_s}, -)$。

对于指标 $j$ 一个观测值 $x$，则有

$$f_j^1(x) = \begin{cases} 1 & x \leqslant \lambda_{b_1} \\ \dfrac{\lambda_{c_1} - x}{\lambda_{c_1} - \lambda_{b_1}} & x \in (\lambda_{b_1}, \lambda_{c_1}) \\ 0 & x \geqslant \lambda_{c_1} \end{cases} \quad f_j^s(x) = \begin{cases} 0 & x \leqslant \lambda_{a_s} \\ \dfrac{x - \lambda_{a_s}}{\lambda_{b_s} - \lambda_{a_s}} & x \in (\lambda_{a_s}, \lambda_{b_s}) \\ 1 & x \geqslant \lambda_{b_s} \end{cases}$$

对于其他灰类 $k$，则有

$$f_j^k(x) = \begin{cases} 0 & x \notin (\lambda_{a_k}, \lambda_{c_k}) \\ \dfrac{x - \lambda_{a_s}}{\lambda_{b_s} - \lambda_{a_s}} & x \in (\lambda_{a_s}, \lambda_{b_s}) \\ \dfrac{\lambda_{c_s} - x}{\lambda_{c_s} - \lambda_{b_s}} & x \in (\lambda_{b_s}, \lambda_{c_s}) \end{cases}$$

**第 3 步**：计算可能度函数值。

**第 4 步**：计算确定各指标的聚类权 $\eta_j (j = 1, 2, \ldots, m)$。

**第 5 步**：根据第二步、第三步和第四步得到的可能度函数 $f_j^*(\bullet)$ $(j = 1, 2, \ldots, m; k = 1, 2, \ldots, s)$，聚类权 $\eta_j (j = 1, 2, \ldots, m)$ 以及对象 $i$ 关于 $j$ 指标的观测值 $x_{ij} (i = 1, 2, \ldots, n; j = 1, 2, \ldots, m)$，计算得出各指标的灰类聚类系数 $\sigma_j^k$ 和对象 $i (i = 1, 2, \ldots, n)$ 关于灰类 $k$ $(k = 1, 2, \ldots, s)$ 的综合聚类系数 $\sigma_i^k = \sum_{j=1}^m f_j^k(x_{ij}) \bullet \eta_j$，其中 $i = 1, 2, \ldots, n; k = 1, 2, \ldots, s$。

**第 6 步**：若 $\underset{1 \leqslant k \leqslant s}{MAX} \{\sigma_i^k\} = \sigma_i^{k^*}$，则判定对象 $i$ 属于灰类 $k^*$。当有多个对象同属于 $k^*$ 灰类时，还可以进一步根据综合聚类系数的大小确定同属于 $k^*$ 灰类之各个对象的优劣或位次。

**定义 9.2**　令 $\beta_{ij} = \eta_i \eta_{ij} (100 - d)$，则称 $\beta_{ij}$ 为风险指标不利影响系数，$\eta_i$ 为一级指标权重，$\eta_{ij}$ 为二级指标权重，$d$ 为指标评价数值。

# 9.4　高校学生资助高质量发展风险灰色聚类评价实证分析

常见的一般风险评价方法和模型主要有模糊数学法、层次分析法、决策树法、灰色关联度法、灰色聚类法、蒙特卡洛模拟法、人工神经网络等。灰色聚类法可以将风险信息不完全、描述不清楚的因素根据灰色关联矩阵或灰数的可能度函数进行判定分类，既可用于同属性指标的分类约简，也可利用指标既有信息进行对象的分类评价，该方法已在各类风险因素识别及评价研究中得到广泛应用。本研究继续采用第 8 章中层次分析法（Analytic Hierarchy Process，AHP）和灰色聚类法（Grey Clustering Method，GCM），对高校学生资助高质量发展风险进行评价，利用层次分析法确定指标权重，利用改进三角可能度函数灰色聚类法得到高校学生资助高质量发展综合风险系数，同时定义并计算指标的危害影响系数，对各指标对学生资助高质量发展可能造成的不利影响程度进行排序。整体评价思路与步骤如图 9.1 所示。

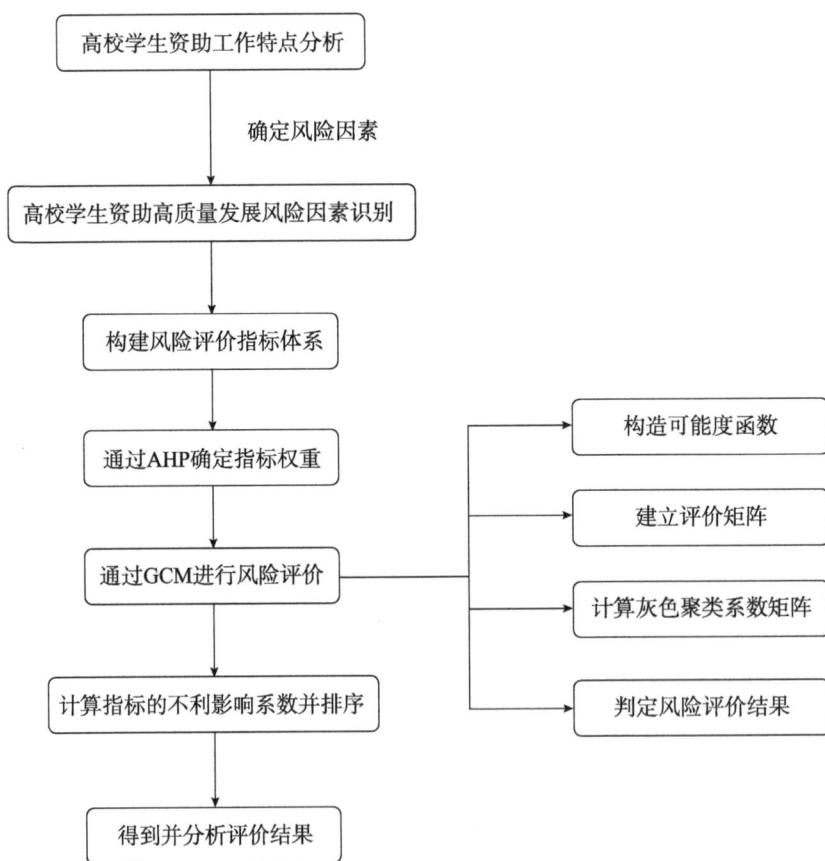

**图 9.1 高校学生资助高质量发展风险评价思路与步骤**

高校学生资助高质量发展风险灰色聚类评价实证分析步骤如下。

**第 1 步**：对风险指标进行赋值。依据所掌握的信息，评价专家采用百分制打分法在 [0,100] 区间内对风险指标赋予相应的评价数值，评价数值越高，表示该指标的风险越大。高校学生资助高质量发展风险指标评价数值的参照标准如表 9.7 所示。

表 9.7　高校学生资助高质量发展风险指标评价数值的参照标准

| 风险释义 | 风险极小，一般不会发生不利影响 | 风险较小，可能发生轻微的不利影响 | 临界状态，可能发生不利影响，暂时不会造成损失 | 风险较大，发生较大的不利影响，需采取防范性措施 | 风险极大，发生重大的不利影响，需立即采取措施加以消除 |
|---|---|---|---|---|---|
| 风险指标评价数值的参照区间 | [0,20] | (20,40] | (40,60] | (60,80] | (80,100] |

本案例研究邀请 15 位从事学生资助管理工作的专家，既有高校及省市地方学生资助管理中心长期从事学生资助管理工作的专职人员，还有长期致力于学生资助研究的专家学者，依据高校学生资助高质量发展风险指标评价数值的参照标准，对某高校学生资助高质量发展风险指标体系中的 12 个指标赋予评价数值并求均值，得到单因素风险指标评价表，具体如表 9.8 所示。

表 9.8　某高校学生资助管理高质量发展单因素风险指标评价表

| 风险指标 | 专家评价数值均值 |
|---|---|
| 资助政策宣传风险 $x_{11}$ | 43.66 |
| 资助管理流程风险 $x_{12}$ | 38.19 |
| 资助项目配置风险 $x_{13}$ | 49.86 |
| 资助方式选择风险 $x_{14}$ | 47.81 |
| 资助对象申请道德风险 $x_{21}$ | 52.46 |
| 资助对象识别风险 $x_{22}$ | 82.68 |
| 资助对象隐私保护风险 $x_{23}$ | 53.47 |
| 资助政策执行中人员廉政风险 $x_{24}$ | 24.62 |
| 资助资金使用异化风险 $x_{31}$ | 71.51 |
| 资助对象心理健康风险 $x_{32}$ | 84.35 |

（续表）

| 风险指标 | 专家评价数值均值 |
|---|---|
| 资助对象受助后失信风险 $x_{33}$ | 61.56 |
| 资助舆情应对及处理风险 $x_{34}$ | 63.73 |

**第 2 步**：划分风险评价灰类及等级。将高校学生资助高质量发展风险评价划分成 5 个评价灰类（$k = 1, 2, 3, 4, 5$），其对应的风险等级分别为低风险（灰类编号 $s_1$、风险等级定义为 Ⅰ 级）、较低风险（灰类编号 $s_2$，风险等级定义为 Ⅱ 级）、中等风险（灰类编号 $s_3$、风险等级定义为 Ⅲ 级）、较高风险（灰类编号 $s_4$、风险等级定义为 Ⅳ 级）、高风险（灰类编号 $s_5$、风险等级定义为 Ⅴ 级），具体如表 9.9 所示。

表 9.9　高校学生资助高质量发展风险评价灰类划分及其对应等级

| 项目 | 风险评价灰类编号 $s_k$ | | | | |
|---|---|---|---|---|---|
|  | $s_1$ | $s_2$ | $s_3$ | $s_4$ | $s_5$ |
| 风险等级 | Ⅰ 级 | Ⅱ 级 | Ⅲ 级 | Ⅳ 级 | Ⅴ 级 |
| 风险水平 | 低风险 | 较低风险 | 中等风险 | 较高风险 | 高风险 |

**第 3 步**：构造灰类可能度函数。高校学生资助高质量发展风险评价的 12 个指标皆为数值越大风险越大型指标，并且都是在 $[0, 100]$ 区间内赋值，它们具有相同的可能度函数。结合上述风险等级的划分，根据灰类三角模糊数及可能度函数确定思路，咨询相关专家，建立高校学生资助高质量发展风险评价的灰类可能度函数如表 9.10 所示。

表 9.10　灰类可能度函数分类

| 灰类 $s_k$ | 可能度函数 $f_j^k(\bullet)$ | 函数表达式 |
|---|---|---|
| $s_1$ | $f_j^1(-, 10, 35)$ | $f_j^1(x) = \begin{cases} 1 & x \leqslant 10 \\ \dfrac{35 - x}{25} & x \in (10, 35) \\ 0 & x \geqslant 35 \end{cases}$ |
| $s_2$ | $f_j^2(10, 35, 55)$ | $f_j^2(x) = \begin{cases} 0 & x \notin (10, 55) \\ \dfrac{x - 10}{25} & x \in (10, 35) \\ \dfrac{55 - x}{20} & x \in (35, 55) \end{cases}$ |

（续表）

| 灰类 $s_k$ | 可能度函数 $f_j^k(\bullet)$ | 函数表达式 |
|---|---|---|
| $s_3$ | $f_j^3(20,55,75)$ | $f_j^3(x) = \begin{cases} 0 & x \notin (20,75) \\ \dfrac{x-20}{35} & x \in (20,55) \\ \dfrac{75-x}{20} & x \in (55,75) \end{cases}$ |
| $s_4$ | $f_j^4(55,75,90)$ | $f_j^4(x) = \begin{cases} 0 & x \notin (55,90) \\ \dfrac{x-55}{20} & x \in (55,75) \\ \dfrac{90-x}{15} & x \in (75,90) \end{cases}$ |
| $s_5$ | $f_j^5(75,90,-)$ | $f_j^5(x) = \begin{cases} 0 & x \leqslant 75 \\ \dfrac{x-75}{15} & x \in (75,90) \\ 1 & x \geqslant 90 \end{cases}$ |

**第 4 步**：计算灰类可能度函数值。将表 9.8 中的风险指标评价数值均值代入表 9.10 中的灰类可能度函数表达式，从而得到高校学生资助高质量发展各风险指标可能度函数值，如表 9.11 所示。

表 9.11　某高校学生资助高质量发展各风险指标可能度函数值表

| 风险指标 | 评价数值均值 | $f_j^1(x)$ | $f_j^2(x)$ | $f_j^3(x)$ | $f_j^4(x)$ | $f_j^5(x)$ |
|---|---|---|---|---|---|---|
| $x_{11}$ | 43.66 | 0.000 | 0.600 | 0.657 | 0.000 | 0.000 |
| $x_{12}$ | 38.19 | 0.000 | 0.850 | 0.514 | 0.000 | 0.000 |
| $x_{13}$ | 49.86 | 0.000 | 0.300 | 0.829 | 0.000 | 0.000 |
| $x_{14}$ | 47.81 | 0.000 | 0.400 | 0.771 | 0.000 | 0.000 |
| $x_{21}$ | 52.46 | 0.000 | 0.150 | 0.914 | 0.000 | 0.000 |
| $x_{22}$ | 82.68 | 0.000 | 0.000 | 0.000 | 0.533 | 0.467 |
| $x_{23}$ | 53.47 | 0.000 | 0.100 | 0.943 | 0.000 | 0.000 |
| $x_{24}$ | 24.62 | 0.440 | 0.560 | 0.000 | 0.000 | 0.000 |
| $x_{31}$ | 71.51 | 0.000 | 0.000 | 0.200 | 0.800 | 0.000 |
| $x_{32}$ | 84.35 | 0.000 | 0.000 | 0.000 | 0.400 | 0.600 |
| $x_{33}$ | 61.56 | 0.000 | 0.000 | 0.700 | 0.300 | 0.000 |
| $x_{34}$ | 63.73 | 0.000 | 0.000 | 0.600 | 0.400 | 0.000 |

**第 5 步**：计算灰色综合聚类系数，如表 9.12 所示。

表 9.12　某高校学生资助高质量发展风险指标灰色综合聚类系数

| 风险指标 | 权重 $\eta_j$ | $f_j^1(x)\eta_j$ | $f_j^2(x)\eta_j$ | $f_j^3(x)\eta_j$ | $f_j^4(x)\eta_j$ | $f_j^5(x)\eta_j$ |
|---|---|---|---|---|---|---|
| $x_{11}$ | 43.66 | 0.000 | 0.600 | 0.657 | 0.000 | 0.000 |
| $x_{12}$ | 38.19 | 0.000 | 0.850 | 0.514 | 0.000 | 0.000 |
| $x_{13}$ | 49.86 | 0.000 | 0.300 | 0.829 | 0.000 | 0.000 |
| $x_{14}$ | 47.81 | 0.000 | 0.400 | 0.771 | 0.000 | 0.000 |
| $x_{21}$ | 52.46 | 0.000 | 0.150 | 0.914 | 0.000 | 0.000 |
| $x_{22}$ | 82.68 | 0.000 | 0.000 | 0.000 | 0.533 | 0.467 |
| $x_{23}$ | 53.47 | 0.000 | 0.100 | 0.943 | 0.000 | 0.000 |
| $x_{24}$ | 24.62 | 0.440 | 0.560 | 0.000 | 0.000 | 0.000 |
| $x_{31}$ | 71.51 | 0.000 | 0.000 | 0.200 | 0.800 | 0.000 |
| $x_{32}$ | 84.35 | 0.000 | 0.000 | 0.000 | 0.400 | 0.600 |
| $x_{33}$ | 61.56 | 0.000 | 0.000 | 0.700 | 0.300 | 0.000 |
| $x_{34}$ | 63.73 | 0.000 | 0.000 | 0.600 | 0.400 | 0.000 |
| $\sigma_i^k = \sum\limits_{j=1}^{m} f_j^k(x_{ij}) \bullet \eta_j$ | | 0.018 | 0.184 | 0.584 | 0.184 | 0.089 |

依据最大值原则，各风险指标归属灰类如表 9.13 所示。

表 9.13　风险指标灰类统计分布

| 灰类 $s_k$ | 风险指标 | 风险等级 | 风险水平 | 数量（个） |
|---|---|---|---|---|
| $s_1$ | — | Ⅰ级 | 低风险 | 0 |
| $s_2$ | $x_{12}$、$x_{24}$ | Ⅱ级 | 较低风险 | 2 |
| $s_3$ | $x_{11}$、$x_{13}$、$x_{14}$、$x_{21}$、$x_{23}$、$x_{33}$、$x_{34}$ | Ⅲ级 | 中等风险 | 7 |
| $s_4$ | $x_{22}$、$x_{31}$ | Ⅳ级 | 较高风险 | 2 |
| $s_5$ | $x_{32}$ | Ⅴ级 | 高风险 | 1 |

**第 6 步**：确定风险防控重点。为确定事故预防的主要风险，引入不利影响系数，通过其可反映各风险指标不利影响的程度，进而得到防控重点。根据定义 9.2 可计算出各风险指标的不利影响系数如表 9.14 所示。

表 9.14　各风险指标的不利影响系数

| 风险指标 | 不利影响系数 |
|---|---|
| $x_{11}$ | 4.51 |
| $x_{12}$ | 2.47 |
| $x_{13}$ | 2.01 |
| $x_{14}$ | 4.18 |
| $x_{21}$ | 3.80 |
| $x_{22}$ | 2.42 |
| $x_{23}$ | 11.17 |
| $x_{24}$ | 3.02 |
| $x_{31}$ | 0.85 |
| $x_{32}$ | 0.63 |
| $x_{33}$ | 1.15 |
| $x_{34}$ | 5.44 |

依照上述风险指标不利影响系数计算结果，对其进行排序，结果如图 9.2 所示。

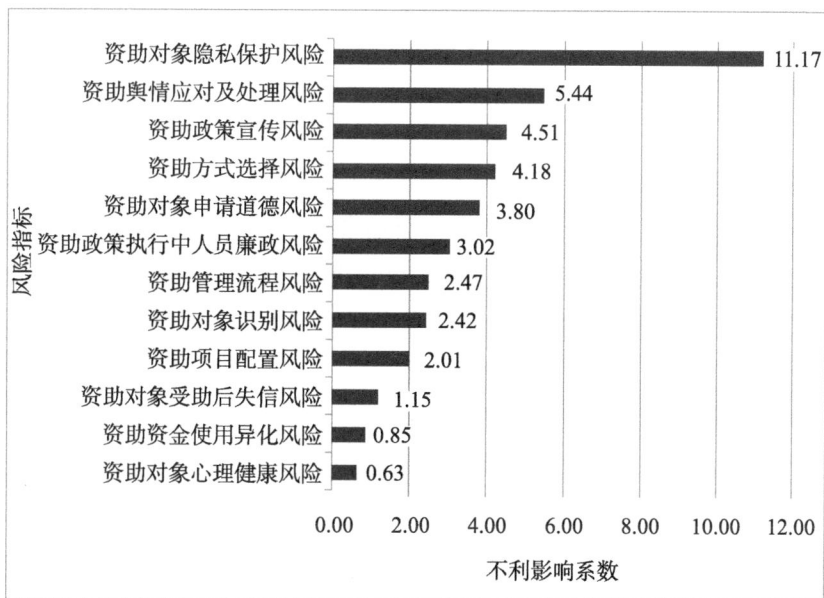

图 9.2　某高校学生资助高质量发展风险指标不利影响系数排序

从评价结果来看，根据 $MAX(\sigma_i^k) = MAX\sum_{j=1}^{m} f_j^k(x_{ij}) \bullet \eta_j = MAXf_j^3(x)\eta_j = 0.584$，可以判定该高校学生资助高质量发展总体风险属于第三个灰类 $s_3$，即风险等级Ⅲ级、中等风险水平。12 个风险指标中归属较低风险等级的有 2 个，归属中等风险等级的有 7 个，归属较高风险等级的有 2 个，归属高风险等级的有 1 个。资助对象识别风险 $x_{22}$、资助资金使用异化风险 $x_{31}$、资助对象心理健康风险 $x_{32}$ 属于较高风险等级和高风险等级，这些都是当前高校学生资助工作中的难题和高风险点，也是制约高校学生资助工作高质量发展的关键。要想实现高校学生资助工作高质量发展，必须把这三个风险指标作为重中之重的工作，科学精准识别家庭经济困难学生，加强对资助资金使用的引导和资助对象的心理健康教育。同时，从风险指标不利影响系数上看，资助对象隐私保护、资助舆情应对及处理、资助政策宣传排在前三位，这三个方面的工作若做不好，将给学生资助工作高质量发展带来较大的负面影响。要想实现学生资助工作高质量发展，高校应着力健全资助对象隐私保护、资助舆情应对及处理、资助政策宣传方面的工作机制，及时消除这些风险不安全状态带来的不利影响，最大限度确保学生资助高质量发展的安全性。

## 9.5　本章小结

推进学生资助工作高质量发展是新时代赋予高校学生资助工作的新使命。本章深入剖析了学生资助工作的特点，全面审视了学生资助管理的全周期、全流程，从三个环节识别并总结了影响高校学生资助高质量发展的 12 个风险因素。在此基础上，本章构建了高校学生资助高质量发展风险评价指标体系，采用专家打分法和层次分析法确定各指标权重，引入基于改进三角可能度函数的灰色聚类评估模型，对高校学生资助高质量发展风险等级和风险因素进行了实证评估，并对各风险因素的不利影响程度进行了定量排序，明确了防范学生资助高质量发展风险的工作重点。

# 第 10 章

# 基于灰色关联模型的高校学生资助宣传效果影响因素分析

对于任何一项公共政策，只有政策的执行方和受益方都对政策的意图和具体措施有明确认识和充分了解，才能确保政策的顺利实施，实现政策目标。政策宣传是政策执行的起始环节和关键步骤，是推动政策有效实施、提高政策执行效果的前提。高校学生资助宣传工作不仅是全面贯彻落实各项资助政策的重要基础，更是推动新时代高校学生资助工作高质量发展的起点。做好高校学生资助政策宣传有助于家庭经济困难学生充分了解国家和学校的资助政策内容，提高资助政策的覆盖率和精准度，确保真正有需要的学生得到及时帮助，同时也能够塑造公平公正、公开透明的资助环境，增强学生和家长对学生资助政策的信任感和满意度，提升社会对教育公平的关注度和支持力度，形成学生资助各利益相关方共同参与和支持资助的良好局面。然而，在当前的高校学生资助政策宣传实践工作中，仍然存在着资助宣传覆盖面不足、宣传方式单一、政策解读深度不够、反馈机制不健全，以及政策更新与宣传不够同步等问题，制约着高校学生资助政策实施和育人的实效性、高效性、长效性。作为一个系统性、操作性、动态性、可持续性强的工作，高校学生资助政策宣传效果在现实实践中会受到多种复杂因素的影响。基于以上分析，目前高校学生资助政策宣传效果受哪些因素的影响？这些影响因素对高校学生资助政策宣传效果影响程度的大小及大小排序如何？如何通过对这些影响因素的识别及其影响程度的比较，找出提高高校学生资助政策宣传效果的方法和策略，进而不断推进高校学生资助政策及成效宣传工作的常态化、制度化、实效化？这些都是在持续推进高校学生资助工作高质量发展过程中值得关注的问题。

## 10.1　高校学生资助政策宣传效果影响因素定性分析

通常，宣传作为一个传播过程，共由"6W1H"七个环节组成：宣传者——谁来宣传（Who）；宣传对象——向谁做宣传（Whom）；宣传内容——宣传什么（What）；宣传场合——在什么样的社会环境、什么样的地方做宣传（Where）；宣传时机——在什么情况下、选择什么时机做宣传（When）；宣传动机——为什么要宣传、要达到什么样的预期目的（Why）；宣传方法——怎样宣传（How）。这七个环节共同影响宣传效果的优劣。根据宣传效果的一般影响因素，以及结合高校学生资助政策宣传实践，影响高校学生资助政策宣传效果的因素可总结归纳为以下几个方面。

（1）高校学生资助宣传主体。在我国，高校学生资助宣传队伍是由多方共同组成，其中高校自身无疑是主导力量。就高校资助宣传职责承担者而言，高校学生资助管理中心是资助政策宣传最直接的责任主体，代表高校对资助政策进行准确、全面的解读，该中心不仅负责组织实施资助宣传，还要承担实际协调的重任。此外，高校的招生人员、二级学院辅导员和受助学生也是资助宣传队伍的重要组成部分。他们来自高校，直接面对广大学生及家长。受助学生作为资助政策的受益者，资助宣传工作更容易激发他们的共鸣，促使他们了解和关注资助政策。尽管高校在学生资助宣传中占据主导地位，但并非唯一的责任方，地方各级学生资助管理中心和高中亦承担着资助政策宣传的责任。这些机构和人员在资助宣传上的专业素养、对资助政策的理解和把握深度，以及协同配合度等，都对资助政策的高效准确传播具有直接影响。

（2）高校学生资助宣传内容。高校学生资助宣传的核心价值在于引导学生了解、认识和参与学生资助政策。其中，宣传内容的质量至关重要，它不仅是资助政策信息传递的载体，更是影响和塑造学生认知和行为的关键要素。高校学生资助宣传内容涵盖学生资助政策本身和资助育人的成效两大方面，共同构筑了高校学生资助宣传内容的核心体系。一方面，学生资助政策是高校学生资助宣传内容的基础，需全面详尽地介绍各类资助项目设立的目的和意义，以及申请条件和程序，使每一个学生对每一个资助项目均有深入的了解和理解；另一方面，资助育人的成效同样是高校学生资助宣传的重要组成部分。通过展示和介绍资助政策在助人育人实践中取得的实际成果，可增强学生对资助政策有效性和必要性的认同与信任，进而持续发挥资助政策对学生学业发展的保障和激励作用。

（3）高校学生资助宣传时机。高校学生资助宣传是一个持续动态的过程，在不同的时间节点上，家庭经济困难学生对宣传需求是不同的，宣传效果自然也不同。比如，新生入学阶段是高校学生资助宣传的最佳时机之一。此时，高校新生即将或刚刚踏入校园，迫切需要了解学校环境和资助政策，特别是家长对孩子的学费、生活费等问题高度关注，此时的资助宣传可以显著提高资助政策的知晓率和覆盖面。此外，在学期交替、重大政策调整，以及奖助学金评审发放表彰等特殊时间节点，也是资助宣传的关键时机。通过在学期交替阶段、重大政策调整时期，以及特殊时间节点开展宣传活动，可以有效提高学生资助政策的参与度与感知度，从而让学生更加全面深入地了解资助政策的具体内容和申请流程，确保资助资源得到合理分配和利用，为更多家庭经济困难的学生提供更有针对性的实质帮助。

（4）高校学生资助宣传方法。宣传的艺术在于巧妙地选择媒介和途径，以及灵活运用各种手段和技巧。在高校学生资助宣传中，这一原则同样适用。高校学生资助宣传方法不仅涉及媒介和途径的选择，还包括有效的手段和技巧的运用，以期最精准地传达资助信息、最大程度地吸引政策潜在受益者的兴趣和关注。然而，高校学生资助宣传方法丰富多样，不同的宣传方法所带来的效果也大相径庭。比如，在高校学生资助宣传上，传统媒介和新兴媒介各自发挥着不可替代的作用，但同时各有优势和劣势。目前，依照教育部的规定，各高校普遍采取通过向学生邮寄录取通知书时附赠资助政策简介的方式进行资助政策的宣传。尽管此类宣传方式在覆盖面上具有优势，但针对个体差异的满足程度较低，因此其宣传效果仍有待进一步提升。随着互联网技术的发展，学生资助热线、直播平台及微信公众号等新兴媒体逐渐成为高校宣传学生资助政策的重要途径。这些宣传方式具有较强的实时互动性，能够更好地消除信息不对称的现象，使资助政策宣传更加精准。当然，线下"面对面"的宣传同样不能忽视，通过举办各类讲座、座谈会等形式，更有助于分层分类提升资助宣传的针对性。此外，有效的宣传手段和技巧的运用对于提升宣传效果非常重要。比如，生动的育人故事、榜样型案例和形象化的表述更容易引起共鸣，让潜在受益者对资助政策产生认同感。再如，互动性强、趣味性足的育人实践活动，如知识竞赛、征文比赛等，更能吸引学生的积极参与。

## 10.2 基于灰色关联的高校学生资助宣传效果影响因素定量分析

### 10.2.1 高校学生资助宣传效果影响因素定量分析数据的获取

本研究选取江苏八所高校作为样本，设计"高校学生资助政策宣传现状的调查问卷"（详见附录 2），通过网络问卷的方式面向家庭经济困难学生开展调查，以深入了解高校学生资助宣传的实际状况。根据问卷回答的残缺度和相似度两个维度进行筛选，残缺度或相似度大于 70% 的问卷视为无效问卷。本次研究共收集到问卷 3450 份，其中有效问卷数量 3227 份，问卷有效率为 93.54%，调查问卷分析报告详见附录 3。在高校学生资助宣传效果影响因素定性分析的基础上，进一步细分纳入定量分析的影响因素，主要包括资助宣传主体（学生资助管理中心、教育主管部门、就读高中）、资助宣传人员（高中老师、亲朋好友、政府教育及民政部门工作人员、大学辅导员，以及学生资助管理中心工作人员）、资助宣传时机（高中就读阶段、高考结束后、高校入学报到时、高校各学期开学后、申请获得资助后）、资助宣传媒介与方法（录取通知书随寄、电视广播、宣传展板、一线招生老师宣讲、微信公众号等新媒体推送、年级会班会介绍、专题讲座、优秀学生事迹分享、学校师生家访）。相关数据为高校学生资助宣传工作总体满意度及各影响因素分项满意度的调查结果，用满意率来衡量，具体如表 10.1 所示。

表 10.1　高校学生资助宣传总体及影响因素分项满意率

| 因素类（项） | | 满意率 $k$ | | | | |
| --- | --- | --- | --- | --- | --- | --- |
| | | 满意 $k_1$ | 比较满意 $k_2$ | 一般满意 $k_3$ | 不太满意 $k_4$ | 不满意 $k_5$ |
| 高校学生资助宣传整体 $Y$ | | 18.53% | 41.49% | 33.84% | 3.87% | 2.26% |
| 资助宣传主体 $X_1$ | 学生资助管理中心 $x_{11}$ | 25.32% | 38.18% | 32.1% | 2.6% | 1.8% |
| | 教育主管部门 $x_{12}$ | 26.81% | 39.54% | 29.97% | 2.17% | 1.52% |
| | 就读高中 $x_{13}$ | 25.47% | 36.88% | 32.01% | 3.53% | 2.11% |
| | 资助宣传主体平均 $x_{10}$ | 24.03% | 39.02% | 31.98% | 3.04% | 1.92% |

（续表）

| 因素类（项） | | 满意率 $k$ | | | | |
|---|---|---|---|---|---|---|
| | | 满意<br>$k_1$ | 比较满意<br>$k_2$ | 一般满意<br>$k_3$ | 不太满意<br>$k_4$ | 不满意<br>$k_5$ |
| 资助宣传人员<br>$X_2$ | 高中老师 $x_{21}$ | 24.57% | 37.56% | 33.31% | 3.01% | 1.55% |
| | 亲朋好友 $x_{22}$ | 22.65% | 37.50% | 35.42% | 2.91% | 1.52% |
| | 政府教育及民政部门工作人员 $x_{23}$ | 24.36% | 39.94% | 31.39% | 2.76% | 1.55% |
| | 大学辅导员 $x_{24}$ | 26.22% | 40.9% | 29.28% | 1.95% | 1.24% |
| | 学生资助管理中心工作人员 $x_{25}$ | 24.54% | 40.16% | 31.89% | 1.92% | 1.49% |
| | 资助宣传人员平均 $x_{20}$ | 24.47% | 39.21% | 32.26% | 2.51% | 1.47% |
| 资助宣传时机<br>$X_3$ | 高中就读阶段 $x_{31}$ | 23.95% | 38.21% | 32.60% | 3.5% | 1.74% |
| | 高考结束后 $x_{32}$ | 24.76% | 38.92% | 31.76% | 3.01% | 1.55% |
| | 高校入学报到时 $x_{33}$ | 25.66% | 40.13% | 30.21% | 2.54% | 1.46% |
| | 高校各学期开学后 $x_{34}$ | 25.53% | 40.69% | 29.78% | 2.45% | 1.55% |
| | 申请获得资助后 $x_{35}$ | 26.09% | 40.01% | 30.12% | 2.32% | 1.46% |
| | 资助宣传时机平均 $x_{30}$ | 25.20% | 39.59% | 30.89% | 2.76% | 1.55% |
| 资助宣传媒介<br>与方法 $X_4$ | 录取通知书随寄 $x_{41}$ | 26.5% | 38.21% | 30.96% | 2.57% | 1.77% |
| | 电视广播 $x_{42}$ | 22.40% | 39.11% | 33.84% | 3.1% | 1.55% |
| | 宣传展板 $x_{43}$ | 23.52% | 39.45% | 33.13% | 2.36% | 1.55% |
| | 一线招生老师宣讲 $x_{44}$ | 24.14% | 41.03% | 31.27% | 2.11% | 1.46% |
| | 微信公众号等新媒体推送 $x_{45}$ | 24.88% | 41.28% | 30.31% | 2.17% | 1.36% |
| | 年级会班会介绍 $x_{46}$ | 24.42% | 41.96% | 30.03% | 2.14% | 1.46% |
| | 专题讲座 $x_{47}$ | 23.77% | 39.20% | 32.85% | 2.51% | 1.67% |
| | 优秀学生事迹分享 $x_{48}$ | 24.05% | 41.12% | 31.08% | 2.23% | 1.52% |
| | 学校师生家访 $x_{49}$ | 22.93% | 40.04% | 32.35% | 2.85% | 1.83% |
| | 资助宣传媒介与方法平均 $x_{40}$ | 24.07% | 40.16% | 31.76% | 2.45% | 1.57% |

## 10.2.2 高校学生资助宣传效果影响因素的灰色关联实证分析

**第 1 步**：确定参考序列和比较序列。在灰色关联分析中，参考序列是能够反映所研究系统行为特征的数据序列，而比较序列则是能够影响所研究系统行为的因素组成的序列。在对高校学生资助宣传效果影响因素进行分析时，以高校学生资助宣传整体满意率 $y^k(k=1,2,3,4,5)$ 为参考序列，分别以各维度影响因素平均满意率 $x_{i0}^k(i=1,2,3,4)$ 和因素分项满意率 $x_{ij}^k \left( \begin{cases} j=1,2,3 & i=1 \\ j=1,2,3,4,5 & i=2 \\ j=1,2,3,4,5 & i=3 \\ j=1,2,\dots,9 & i=4 \end{cases} \right)$ 为比较序列。由此可以得到两个矩阵。

$$\begin{bmatrix} y^k \\ x_{10}^k \\ x_{20}^k \\ x_{30}^k \\ x_{40}^k \end{bmatrix} = \begin{bmatrix} y^1 & y^2 & y^3 & y^4 & y^5 \\ x_{10}^1 & x_{10}^2 & x_{10}^3 & x_{10}^4 & x_{10}^5 \\ x_{20}^1 & x_{20}^2 & x_{20}^3 & x_{20}^4 & x_{20}^5 \\ x_{30}^1 & x_{30}^2 & x_{30}^3 & x_{30}^4 & x_{30}^5 \\ x_{40}^1 & x_{40}^2 & x_{40}^3 & x_{40}^4 & x_{40}^5 \end{bmatrix} \tag{10.1}$$

$$\begin{bmatrix} y^k \\ x_{1j}^k \\ x_{2j}^k \\ x_{3j}^k \\ x_{4j}^k \end{bmatrix} = \begin{bmatrix} y^1 & y^2 & y^3 & y^4 & y^5 \\ x_{1j}^1 & x_{1j}^2 & x_{1j}^3 & x_{1j}^4 & x_{1j}^5 \\ x_{2j}^1 & x_{2j}^2 & x_{2j}^3 & x_{2j}^4 & x_{2j}^5 \\ x_{3j}^1 & x_{3j}^2 & x_{3j}^3 & x_{3j}^4 & x_{3j}^5 \\ x_{4j}^1 & x_{4j}^2 & x_{4j}^3 & x_{4j}^4 & x_{4j}^5 \end{bmatrix} \tag{10.2}$$

**第 2 步**：计算初值像。利用初值化算子 $y'^k = y^k / y^1$、$x_{i0}'^k = x_{i0}^k / x_{i0}^1$、$x_{ij}'^k = x_{ij}^k / x_{ij}^1$ 对矩阵（10.1）、矩阵（10.2）进行处理，分别得到如下初值像矩阵（10.3）和矩阵（10.4）。

$$\begin{bmatrix} y'^k \\ x_{10}'^k \\ x_{20}'^k \\ x_{30}'^k \\ x_{40}'^k \end{bmatrix} = \begin{bmatrix} 1.0000 & 2.2391 & 1.8262 & 0.2089 & 0.1220 \\ 1.0000 & 1.4480 & 1.2568 & 0.1386 & 0.0828 \\ 1.0000 & 1.5599 & 1.1167 & 0.0744 & 0.0473 \\ 1.0000 & 1.5335 & 1.1545 & 0.0889 & 0.0560 \\ 1.0000 & 1.7462 & 1.4108 & 0.1243 & 0.0798 \end{bmatrix} \tag{10.3}$$

$$
\begin{bmatrix} y'^k \\ x'^k_{1j} \\ x'^k_{2j} \\ x'^k_{3j} \\ x'^k_{4j} \end{bmatrix} =
\begin{bmatrix}
1.0000 & 2.2391 & 1.8262 & 0.2089 & 0.1220 \\
1.0000 & 1.5079 & 1.2678 & 0.1027 & 0.0711 \\
1.0000 & 1.4748 & 1.1179 & 0.0809 & 0.0567 \\
1.0000 & 1.4480 & 1.2568 & 0.1386 & 0.0828 \\
1.0000 & 1.5287 & 1.3557 & 0.1225 & 0.0631 \\
1.0000 & 1.6556 & 1.5638 & 0.1285 & 0.0671 \\
1.0000 & 1.6396 & 1.2886 & 0.1133 & 0.0636 \\
1.0000 & 1.5599 & 1.1167 & 0.0744 & 0.0473 \\
1.0000 & 1.6365 & 1.2995 & 0.0782 & 0.0607 \\
1.0000 & 1.5954 & 1.3612 & 0.1461 & 0.0727 \\
1.0000 & 1.5719 & 1.2827 & 0.1216 & 0.0626 \\
1.0000 & 1.5639 & 1.1773 & 0.0990 & 0.0569 \\
1.0000 & 1.5938 & 1.1665 & 0.0960 & 0.0607 \\
1.0000 & 1.5335 & 1.1545 & 0.0889 & 0.0560 \\
1.0000 & 1.4419 & 1.1683 & 0.0970 & 0.0668 \\
1.0000 & 1.7460 & 1.5107 & 0.1384 & 0.0692 \\
1.0000 & 1.6773 & 1.4086 & 0.1003 & 0.0659 \\
1.0000 & 1.6997 & 1.2954 & 0.0874 & 0.0605 \\
1.0000 & 1.6592 & 1.2182 & 0.0872 & 0.0547 \\
1.0000 & 1.7183 & 1.2297 & 0.0876 & 0.0598 \\
1.0000 & 1.6491 & 1.3820 & 0.1056 & 0.0703 \\
1.0000 & 1.7098 & 1.2923 & 0.0927 & 0.0632 \\
1.0000 & 1.7462 & 1.4108 & 0.1243 & 0.0798
\end{bmatrix}
\tag{10.4}
$$

**第 3 步**：计算差序列。根据 $\Delta_i{}^k = \left| y'^k - x'^k_{i0} \right|$ 和 $\Delta_{ij}{}^k = \left| y'^k - x'^k_{ij} \right|$ 分别求得 $x^k_{i0}$ 和 $x^k_{ij}$ 与 $y^k$ 初值像对应分量之差的绝对值序列，分别得到差序列矩阵（10.5）和矩阵（10.6）。

$$
\begin{bmatrix} \Delta_i{}^k \end{bmatrix} =
\begin{bmatrix}
0.0000 & 0.7911 & 0.5695 & 0.0703 & 0.0391 \\
0.0000 & 0.6792 & 0.7095 & 0.1345 & 0.0747 \\
0.0000 & 0.7055 & 0.6718 & 0.1199 & 0.0660 \\
0.0000 & 0.4929 & 0.4154 & 0.0846 & 0.0422
\end{bmatrix}
\tag{10.5}
$$

$$
\left[\Delta_{ij}^{\ k}\right]=\begin{bmatrix}
0.0000 & 0.7312 & 0.5585 & 0.1062 & 0.0509 \\
0.0000 & 0.7642 & 0.7084 & 0.1279 & 0.0653 \\
0.0000 & 0.7911 & 0.5695 & 0.0703 & 0.0391 \\
0.0000 & 0.7104 & 0.4705 & 0.0863 & 0.0589 \\
0.0000 & 0.5834 & 0.2624 & 0.0804 & 0.0549 \\
0.0000 & 0.5995 & 0.5376 & 0.0956 & 0.0583 \\
0.0000 & 0.6792 & 0.7095 & 0.1345 & 0.0747 \\
0.0000 & 0.6026 & 0.5267 & 0.1306 & 0.0612 \\
0.0000 & 0.6437 & 0.4651 & 0.0627 & 0.0493 \\
0.0000 & 0.6672 & 0.5435 & 0.0873 & 0.0594 \\
0.0000 & 0.6752 & 0.6489 & 0.1099 & 0.0651 \\
0.0000 & 0.6453 & 0.6598 & 0.1129 & 0.0613 \\
0.0000 & 0.7055 & 0.6718 & 0.1199 & 0.0660 \\
0.0000 & 0.7972 & 0.6579 & 0.1119 & 0.0552 \\
0.0000 & 0.4931 & 0.3155 & 0.0705 & 0.0528 \\
0.0000 & 0.5618 & 0.4176 & 0.1085 & 0.0561 \\
0.0000 & 0.5394 & 0.5309 & 0.1214 & 0.0615 \\
0.0000 & 0.5799 & 0.6080 & 0.1216 & 0.0673 \\
0.0000 & 0.5208 & 0.5965 & 0.1212 & 0.0622 \\
0.0000 & 0.5899 & 0.4442 & 0.1033 & 0.0517 \\
0.0000 & 0.5293 & 0.5339 & 0.1161 & 0.0588 \\
0.0000 & 0.4929 & 0.4154 & 0.0846 & 0.0422
\end{bmatrix}
\tag{10.6}
$$

**第4步**：计算$\left[\Delta_i^{\ k}\right]$和$\left[\Delta_{ij}^{\ k}\right]$的最大值和最小值。其中，

$$MAX\left[\Delta_i^{\ k}\right]=0.7911、\ MINx\left[\Delta_i^{\ k}\right]=0；\ MAX\left[\Delta_{ij}^{\ k}\right]=0.7972、\ MIN\left[\Delta_{ij}^{\ k}\right]=0$$

**第5步**：计算关联系数。根据$\gamma(y^k,x_{i0}^k)=\dfrac{MIN\left[\Delta_i^{\ k}\right]+\xi MAX\left[\Delta_i^{\ k}\right]}{\left|y^k-x_{i0}^k\right|+\xi MAX\left[\Delta_i^{\ k}\right]}$和$\gamma(y^k,x_{ij}^k)=$

$\dfrac{MIN\left[\Delta_{ij}^{\ k}\right]+\xi MAX\left[\Delta_{ij}^{\ k}\right]}{\left|y^k-x_{ij}^k\right|+\xi MAX\left[\Delta_{ij}^{\ k}\right]}$，其中一般取$\xi=0.5$。由此得到关联系数矩阵（10.7）

和矩阵（10.8）。

$$
\left[\gamma(y^k,x_{i0}^k)\right]=\begin{bmatrix}
1.0000 & 0.3333 & 0.4099 & 0.8492 & 0.9100 \\
1.0000 & 0.3680 & 0.3579 & 0.7463 & 0.8412 \\
1.0000 & 0.3592 & 0.3706 & 0.7673 & 0.8570 \\
1.0000 & 0.4452 & 0.4878 & 0.8239 & 0.9037
\end{bmatrix}
\tag{10.7}
$$

$$\left[\gamma(y^k, x_{ij}^k)\right] = \begin{bmatrix} 1.0000 & 0.3528 & 0.4165 & 0.7897 & 0.8868 \\ 1.0000 & 0.3428 & 0.3601 & 0.7571 & 0.8593 \\ 1.0000 & 0.3350 & 0.4117 & 0.8502 & 0.9106 \\ 1.0000 & 0.3594 & 0.4586 & 0.8219 & 0.8713 \\ 1.0000 & 0.4059 & 0.6030 & 0.8322 & 0.8790 \\ 1.0000 & 0.3994 & 0.4257 & 0.8066 & 0.8723 \\ 1.0000 & 0.3698 & 0.3597 & 0.7477 & 0.8422 \\ 1.0000 & 0.3981 & 0.4308 & 0.7532 & 0.8668 \\ 1.0000 & 0.3824 & 0.4615 & 0.8641 & 0.8899 \\ 1.0000 & 0.3740 & 0.4231 & 0.8204 & 0.8704 \\ 1.0000 & 0.3712 & 0.3805 & 0.7839 & 0.8597 \\ 1.0000 & 0.3818 & 0.3766 & 0.7793 & 0.8668 \\ 1.0000 & 0.3610 & 0.3724 & 0.7687 & 0.8579 \\ 1.0000 & 0.3333 & 0.3773 & 0.7808 & 0.8784 \\ 1.0000 & 0.4470 & 0.5582 & 0.8498 & 0.8831 \\ 1.0000 & 0.4150 & 0.4883 & 0.7860 & 0.8767 \\ 1.0000 & 0.4249 & 0.4288 & 0.7665 & 0.8664 \\ 1.0000 & 0.4074 & 0.3960 & 0.7662 & 0.8555 \\ 1.0000 & 0.4335 & 0.4006 & 0.7668 & 0.8651 \\ 1.0000 & 0.4032 & 0.4729 & 0.7942 & 0.8852 \\ 1.0000 & 0.4296 & 0.4274 & 0.7744 & 0.8715 \\ 1.0000 & 0.4471 & 0.4897 & 0.8250 & 0.9044 \end{bmatrix} \tag{10.8}$$

**第 6 步**：计算灰色关联度。本研究选择邓氏灰色关联度，根据 $\gamma(y, x_{i0}) = \frac{1}{5}\sum_{k=1}^{5}\gamma(y^k, x_{i0}^k)$ 和 $\gamma(y, x_{ij}) = \frac{1}{5}\sum_{k=1}^{5}\gamma(y^k, x_{ij}^k)$，可以求出参考序列与比较序列之间的邓氏灰色关联度，同时考虑各分类影响因素下分项因素的类型差异及可比性，仅对分项因素的关联度进行类内排序，如表 10.2 和表 10.3 所示。

表 10.2 高校学生资助宣传效果分类影响因素灰色关联度表

| 分类因素 | 关联度 | 关联度值 | 关联度排序 |
|---|---|---|---|
| 资助宣传主体 | $\gamma(y, x_{10})$ | 0.7005 | 2 |
| 资助宣传人员 | $\gamma(y, x_{20})$ | 0.6627 | 4 |
| 资助宣传时机 | $\gamma(y, x_{30})$ | 0.6708 | 3 |
| 资助宣传媒介与方法 | $\gamma(y, x_{40})$ | 0.7321 | 1 |

表 10.3　高校学生资助宣传效果分项影响因素灰色关联度表

| 分类因素 | 分项因素 | 关联度 | 关联度值 | 类内关联度排序 |
|---|---|---|---|---|
| 资助宣传主体 | 学生资助管理中心 | $\gamma(y, x_{11})$ | 0.6892 | 2 |
| | 教育主管部门 | $\gamma(y, x_{12})$ | 0.6638 | 3 |
| | 就读高中 | $\gamma(y, x_{13})$ | 0.7015 | 1 |
| 资助宣传人员 | 高中老师 | $\gamma(y, x_{21})$ | 0.7023 | 2 |
| | 亲朋好友 | $\gamma(y, x_{22})$ | 0.744 | 1 |
| | 政府教育及民政部门工作人员 | $\gamma(y, x_{23})$ | 0.7008 | 3 |
| | 大学辅导员 | $\gamma(y, x_{24})$ | 0.6639 | 5 |
| | 学生资助管理中心工作人员 | $\gamma(y, x_{25})$ | 0.6898 | 4 |
| 资助宣传时机 | 高中就读阶段 | $\gamma(y, x_{31})$ | 0.7196 | 1 |
| | 高考结束后 | $\gamma(y, x_{32})$ | 0.6976 | 2 |
| | 高校入学报到时 | $\gamma(y, x_{33})$ | 0.6791 | 4 |
| | 高校各学期开学后 | $\gamma(y, x_{34})$ | 0.6809 | 3 |
| | 申请获得资助后 | $\gamma(y, x_{35})$ | 0.672 | 5 |
| 资助宣传媒介与方法 | 录取通知书随寄 | $\gamma(y, x_{41})$ | 0.674 | 9 |
| | 电视广播 | $\gamma(y, x_{42})$ | 0.7476 | 1 |
| | 宣传展板 | $\gamma(y, x_{43})$ | 0.7132 | 3 |
| | 一线招生老师宣讲 | $\gamma(y, x_{44})$ | 0.6973 | 6 |
| | 微信公众号等新媒体推送 | $\gamma(y, x_{45})$ | 0.685 | 8 |
| | 年级会班会介绍 | $\gamma(y, x_{46})$ | 0.6932 | 7 |
| | 专题讲座 | $\gamma(y, x_{47})$ | 0.7111 | 4 |
| | 优秀学生事迹分享 | $\gamma(y, x_{48})$ | 0.7006 | 5 |
| | 学校师生家访 | $\gamma(y, x_{49})$ | 0.7332 | 2 |

　　由以上关联度及其排序可知，一是在分类影响因素中，资助宣传媒介与方法的关联度 $\gamma(y, x_{40})$ >资助宣传主体的关联度 $\gamma(y, x_{10})$ >资助宣传时机的关联度 $\gamma(y, x_{30})$ >资助宣传人员的关联度 $\gamma(y, x_{20})$。资助宣传媒介与方法对高校资助宣传效果的影响程度最大，资助宣传主体、宣传时机、宣传人员对宣传效果的影响程度依次递减。二是在各类分项影响因素中，资助宣传主体方面，就读高中 $\gamma(y, x_{13})$ 与高校学生资助宣传效果的关联度最高；资助宣传人员方面，

亲朋好友 $\gamma(y, x_{22})$ 与高校学生资助宣传效果的关联度最高；资助宣传时机方面，高中就读阶段 $\gamma(y, x_{31})$ 与高校学生资助宣传效果的关联度最高；资助宣传媒介与方法方面，电视广播 $\gamma(y, x_{42})$ 与高校学生资助宣传效果的关联度最高。

根据以上关联度分析，建议高校从以下方面着力提高高校学生资助宣传效果。

一是注重资助宣传媒介与方法的创新。在推动资助宣传方面，作为传统媒介的电视广播仍是最具成效的宣传渠道。高校应积极主动加强与各级宣传部门和新闻媒体的沟通与合作，充分发挥广播、电视、报纸、杂志等传统媒体的作用，同时积极运用移动通信平台、网络平台等新兴媒体，构建覆盖广、效率高的资助信息传播体系。面向学生、家庭和社会，全方位开展多种形式的资助宣传，积极营造良好的社会氛围。此外，需开设学生资助热线电话，确保网络咨询渠道畅通，及时回应学生、家长和社会各界人士的政策咨询和问题投诉。

二是强化资助宣传主体建设。就读高中与高校学生资助宣传效果的关联度较高，凸显了其中学生资助宣传主体的重要性。从高校视角出发，应着力提升"双高"（高校和高中）资助宣传的衔接力度，加强"校地"（高校学生资助管理中心和地方学生资助管理中心）资助宣传的协同力度，建立有效的信息共享机制，形成一个高效且顺畅的协作运行体系。特别是高校学生资助管理中心和地方学生资助管理中心要共同协作和支持高中积极参与资助宣传，充分发挥其在资助宣传过程中的桥梁和纽带作用，针对高中在读学生开展宣传，让广大学生提前了解资助政策。

三是提高资助宣传队伍能力。高校需进一步整合资助宣传队伍资源，结合实际情况打造资助政策宣传员（学生）、讲解员（资助工作者）、社会宣传员（与地方学生资助管理中心、高中、社会组织等共建）等宣传队伍，针对不同时期、场所及受众，通过多渠道、多角度、多形式开展资助宣传。同时，积极组织开展家庭经济困难学生实地走访活动，通过实地、电话或视频等多种方式，走进高中、社区和村庄，深入学生家庭，广泛宣讲学生资助政策及措施，扩大学生政策知晓度。

四是精准把握资助宣传时机。高校需把握招生、新生报到、毕业等关键时间节点，有计划、有重点、有针对性地加强学生资助政策宣传，形成集中宣传态势。要把资助政策宣传全过程嵌入招生咨询、志愿填报、录取通知、新生报到、资格认定、资助项目申请、评优表彰、育人实践、毕业离校等环节，让高校的潜在学生、新生、在校生、毕业生都能够充分了解政策。同时，可以结合各类校园文化活动，将资助政策融入其中，使学生在参与活动的过程中，自然地了解和掌握政策内容。

五是突出资助成效和育人的宣传重点。在资助宣传媒介与方法上，优秀学生事迹分享与资助宣传效果的关联度排在第五。要加强资助效果的宣传，用事例和数据说话，大力宣传贯彻落实国家资助政策的重大举措和主要成效，大力宣传学生资助工作在促进教育公平方面发挥的重要作用，让人民群众有更多获得感。要通过讲好资助育人故事、遴选优秀资助工作者、树立资助育人典型、拓展发展型资助项目等形式，丰富资助育人内涵，弘扬新时代正能量，鼓励学生坚定自立自强、刻苦学习的信念，增强报效国家的信心和决心。同时，要密切关注社会舆论动态，及时回应学生和家长关切的问题，消除疑虑和误解，增强学生对资助政策的信心。

## 10.3　本章小结

高校学生资助政策宣传是资助政策执行的起始环节和关键步骤，也是推动政策有效实施、提高政策执行效果的前提和基础。本章对高校学生资助政策宣传效果影响因素进行了定性分析，设计了"高校学生资助政策宣传现状的调查问卷"并实施了广泛深入的调查。在调查的基础上，以高校学生资助宣传整体满意率为参考序列，分别以资助宣传主体、资助宣传人员、资助宣传时机、资助宣传媒介与方法各维度影响因素的平均满意率和下属的分项因素平均满意率为比较序列，建立了高校学生资助宣传效果影响因素灰色关联分析模型，评估并比较了各维度上的分类影响因素及其下属的分项影响因素对高校学生资助政策宣传效果的影响程度，基于影响因素的关联分析给出了提高高校学生资助政策宣传效果的建议。

# 第 11 章

# 基于 CRITIC 权灰色关联模型的高校二级学院学生精准资助管理绩效综合评估

作为新时代高校落实立德树人根本任务的重要载体和有效抓手，高校学生资助工作始终坚持将赋能助力家庭经济困难学生成长成才作为其行动的出发点和落脚点，从切实关心并着力解决家庭经济困难学生的实际经济问题入手，通过将解决学生的思想问题与解决实际问题紧密结合，巧妙融合思想引导与现实难题化解，实现短期经济扶持与长远发展瓶颈的双重突破，既解眼前经济之贫、思想之惑，又纾未来发展之忧、能力之困。这既遵循了学生成才规律的本质要求，又积极回应了新时代思想政治教育的整体诉求，对于深度缓解家庭经济困难学生的经济压力和思想负担、促进学生健康成才全面发展，以及更高质量维护教育公平、保障社会稳定发展具有深远而扎实的现实意义。步入新的历史发展阶段，我国高校学生资助政策体系改革发展的重点已从夯基垒台、立柱架梁、全面推进转到关注系统集成、协同高效、突出资助育人落实落地上来，以期推动这项政策制度更加成熟定型、规范精准、可持续且有质效，更好地服务国家人才培养的战略目标。当前，高校基本形成了"学校－学生资助管理中心－学院"三级学生资助管理模式。而作为学生资助政策落实落地的"最后一公里"，高校二级学院在学生资助工作中起着举足轻重的作用。高校二级学院学生资助工作的状态和绩效直接关系到家庭经济困难学生的成长成才、学校人才培养的质量、教育公平的实现。如何提高二级学院学生资助管理工作的效率和质量，成为持续加强高校学生资助科学规范管理、积极推进资助育人工作、实现学生资助工作高质量发展的重要课题。

## 11.1　高校开展二级学院学生精准资助管理绩效评价的价值意蕴

全面、深入地开展二级学院学生资助绩效评估，既是高校加强内部学生资助工作科学规范管理、提升资助育人质量的重要内容，也是高校落实立德树人的根本任务和教育公平精神的必然要求。其价值意义主要体现在以下六个方面。

一是有助于提高资助资源的使用效率和效果。高校学生资助工作涉及大量的公共财政资金和社会公益资金，通过二级学院学生资助绩效评价可以衡量资助政策执行的有效性、资助程序的公正公平性和资金使用的经济效益，促进二级学院不断加强学生资助资源的管理和使用，确保每一份爱心、每一分钱都用在刀刃上，帮助真正有需要的学生安心求学、健康成才、全面发展。

二是有助于以资助公平促进教育公平和社会公平正义。开展二级学院学生资助绩效评价有助于高校自身监督和改进学生资助政策的实施过程，防止资助资源的错配、浪费及不公，确保家庭经济困难学生等弱势学生群体的权益得到切实保护，体现教育公平原则，从而不断促进教育发展成果更多、更公平地惠及全体人民，以教育公平促进社会公平正义。

三是有助于提升学生资助服务质量与满意度。通过开展二级学院学生资助绩效评价，能够及时发现各二级学院在落实学生资助政策过程中存在的偏差、落差和温差，改进学生资助管理和服务过程中存在的问题，提高资助工作效能和服务质量，增强受助学生的满意度和对学校的认同感。

四是有助于激发二级学院对学生资助管理工作的积极性、主动性和创造性。绩效评价的结果可以作为考核二级学院学生资助工作和人才培养工作的重要依据。通过设置科学合理的指标体系，二级学院可以精准发现和查找学生资助管理工作中存在的短板和弱项，进而优化资助流程、创新资助方式，提高资助育人的针对性和实效性。

五是有助于促进资助政策的完善和资助制度机制的优化。通过开展二级学院学生资助绩效评价，量化评估二级学院学生资助工作成果，能够帮助高校学生资助管理部门从整体上把握学生资助政策落实中的问题。通过对比和分析不同学院的学生资助绩效，能够帮助高校学生资助管理部门发现现有资助政策和制度执行中的不足，为高校进一步调整和完善学生资助政策体系提供客观、真实的数据支持。同时，在评价的过程中，可以促进二级学院及时总结学生资助工作中的有效经验和有益做法，推动各学院之间的互学互鉴。

六是有助于提升高校的社会责任和公共形象。高效且透明的学生资助绩效评价是高校履行社会责任、展示良好社会形象的重要窗口。通过对二级学院学生资助政策的实施情况进行公开、透明的评价，可以让社会各界了解到高校在落实国家资助政策中所取得的成果，进而不断提高国家资助政策的公信力和影响力，吸引更多的社会捐赠和发展支持，进一步扩大资助政策的覆盖范围，让更多家庭经济困难的学生获得及时、有效的资助，为国家人才培养和社会公益事业提供更有力的支持。

## 11.2　高校二级学院学生精准资助管理绩效评价指标体系的构建逻辑与架构

评价指标是评价目标的具体化，评价指标的设计与确定是高校二级学院学生精准资助管理绩效评价目标的具体化过程，直接影响着评价结果的有效性和准确性。高校二级学院学生精准资助管理绩效评价的本质是高校学生资助政策在基层执行和实施的后评估，评价目标是以精准资助和资助育人为导向，以促进高校内部学生资助工作规范、科学、高质量发展为目标，采用系统科学的定性定量指标和方法，准确把握一定时间内二级学院学生资助管理的能力建设、资助育人的水平状态，以及具体目标的实现程度，为高校整体层面有针对性地推进学生资助工作提供恰当、科学的依据，从而更好地激励二级学院增强责任感和荣誉感，为实现高校学生资助政策效能不断增强、资助育人质量水平不断提升的目标而努力。二级学院学生精准资助管理绩效评价的过程就是高校学生资助育人发展目标不断优化、实现的过程。

在充分借鉴既有研究成果的基础上，参照《教育部全国学生资助管理中心中央部属高校学生资助工作绩效考评暂行办法》和《江苏省普通高校学生资助工作绩效评价暂行办法》，遵循"考评目标明确、评价结果导向"的思路，坚持"客观公正、公平透明、量化评估、务求实效"的标准，构建覆盖"投入 – 过程 – 产出"全流程的二级学院学生精准资助管理绩效评价逻辑框架。该框架包括投入保障、过程管理和质量成效三个评价维度，并细分为 19 个一级指标和 20 个二级指标，具体内容如图 11.1 和表 11.1 所示。

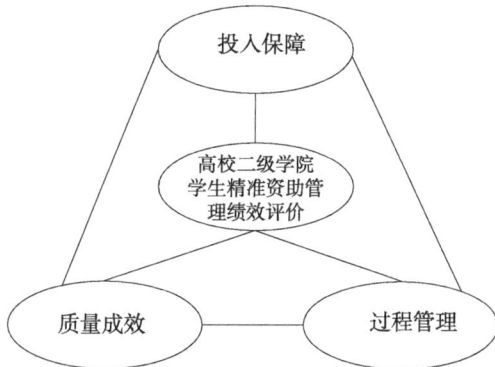

**图 11.1　高校二级学院学生精准资助管理绩效评价三维逻辑框架**

表 11.1　高校二级学院学生精准资助管理绩效考评指标

| 目标层 | 准则层 | 关键性指标 | 指标释义 | 数据来源及评分方法 |
|---|---|---|---|---|
| 投入保障维度 $A_1$ | 资助工作领导体制建设 $B_1$ | 学院领导重视程度 $C_1$ | 学生资助工作领导小组职责明确，履责充分，定期分析研判解决本院学生资助工作中的重要问题与事项 | 专家组考核，百分制打分 |
| | | 全员资助育人"浓度" $C_2$ | 重视发挥"校－家－社"协同作用，注重集成整合学院内外各方资源力量，持续深化全员资助育人模式与氛围 | 专家组考核，百分制打分 |
| | 资助工作制度流程建设 $B_2$ | 制度流程完备度 $C_3$ | 对接学校奖助政策，结合学院实际情况，建立健全具有学院特色的学生资助政策实施细则并与时俱进修订完善 | 专家组考核，百分制打分 |
| | 资助工作队伍建设 $B_3$ | 资助业务精通度 $C_4$ | 健全学院学生资助工作队伍体系，定期开展院本化的学生资助政策培训及业务交流，不断提高学院资助工作队伍的专业素养和业务能力 | 专家组考核，百分制打分 |
| | 资助工作信息化建设 $B_4$ | 资助信息系统应用水平及数据管理质量 $C_5$ | 资助工作相关信息系统或数据库覆盖范围全面、信息内容准确、维护更新及时、随机查询便捷、无遗漏 | 学生资助管理中心日常统计计算，百分制打分 |
| | 资助政策宣传 $B_5$ | 资助政策宣传有效性 $C_6$ | 以新颖多样的形式和载体，积极面向学生和家长，并全面宣传国家学生资助政策及育人成效，不断增强学生资助政策的吸引力、传播力 | 专家组考核，百分制打分 |
| | 资助资源筹措 $B_6$ | 资助资源筹措力度 $C_7$ | 多途径开展社会捐赠或社会勤助实践基地建设，每年设有新增奖助学金及育人基地，充分利用社会资源，多维度支撑资助育人 | 学生资助管理中心日常统计计算，百分制打分 |

（续表）

| 目标层 | 准则层 | 关键性指标 | 指标释义 | 数据来源及评分方法 |
|---|---|---|---|---|
| 过程管理维度 $A_2$ | 资助对象库建立与更新 $B_7$ | 资助对象认定准确率 $C_8$ | 能够严格按照学校统一部署和要求，公平、合理、实事求是地开展家庭经济困难学生资格认定工作，认定过程扎实合规，认定结果准确合理 | 学生资助管理中心日常统计计算，百分制打分 |
| | 资助项目配置管理 $B_8$ | 资助项目配置公平合理程度 $C_9$ | 严格按照学校各类资助项目评审要求，通过公开答辩等有效形式，确保评选全过程公平、透明、公正、教育效果有效，学生资助项目评审结果及时公示，学生提出的问题能及时反馈、合理解决，学生无异议 | |
| | 资助数据统计报送 $B_9$ | 资助统计报送及时性及质量 $C_{10}$ | 各类资助统计数据按规定程序和时间要求上报，各类材料信息准确、齐全 | 学生资助管理中心日常统计计算，百分制打分 |
| | 资助对象家访 $B_{10}$ | 当年资助对象走访比例（%） $C_{11}$ | 结合学院实际情况，采取多种形式开展家庭经济困难学生家访与慰问工作 | |
| | 资助对象资金使用监督 $B_{11}$ | 资助资金使用动态监测及教育引导 $C_{12}$ | 建立受助学生资金使用动态监测机制与持续跟踪教育工作机制，确保受助学生按规定用途合理使用资助资金 | 专家组考核，百分制打分 |
| | 资助工作全过程闭环管理 $B_{12}$ | 资助过程持续优化改进 $C_{13}$ | 建立资助工作意见与建议的收集、分析、诊断，反馈和持续改进整改机制 | |

（续表）

| 目标层 | 准则层 | 关键性指标 | 指标释义 | 数据来源及评分方法 |
|---|---|---|---|---|
| 质量成效维度 $A_3$ | 学生综合评价 $B_{13}$ | 资助对象满意度（%）$C_{14}$ | 本院学生对学院资助工作的总体满意情况 | 学生资助管理中心调研统计计算 |
| | 社会综合评价 $B_{14}$ | 资助工作社会美誉度（%）$C_{15}$ | 被市级以上媒体（电视台、电台、报纸）、省级以上政府门网站正面报道比重（正面报道数/总报道数） | |
| | 资助与思政教育相结合的主题教育开展情况 $B_{15}$ | 资助育人主题教育 $C_{16}$ | 社会主义核心价值观教育、创新和实践能力教育、励志教育、感恩教育、诚信教育和社会责任感教育等相关主题教育开展情况 | 专家组考核，百分制打分 |
| | 发展型资助育人体系建设 $B_{16}$ | 发展型资助项目落实情况 $C_{17}$ | 支持家庭经济困难学生学术发展、实践锻炼、出境交流、就业创业等情况 | |
| | 资助项目育人成效 $B_{17}$ | 资助对象获奖比例（%）$C_{18}$ | 资助对象获各级以上各类学科类竞赛奖项、以及校级重要奖项，优秀学生奖学金情况 | 学生资助管理中心调研统计计算 |
| | 资助育人理论成果 $B_{18}$ | 资助育人理论成果数（篇）$C_{19}$ | 学院专兼职资助工作人员撰写的被学校或以上级部门采纳的资助育人调研报告、获批的省级及以上资助工作课题立项，以及在一般核心及以上期刊发表表奖表助工作相关文章的情况 | |
| | 开展具有学院特色的资助育人项目或创新做法 $B_{19}$ | 资助育人特色实践创新 $C_{20}$ | 在资助项目管理、资助育人载体等方面有创新型举措，特色鲜明，成效明显 | 专家组考核，百分制打分 |

## 11.3　高校二级学院学生精准资助管理绩效灰色关联评价建模思路及步骤

设有 $m$ 个二级学院为学生资助绩效评价对象，二级学院学生精准资助管理绩效评价指标体系中有 $n$ 个评价指标，记 $x_{ij}(i=1,2,\ldots,m;j=1,2,\ldots,n)$ 为第 $i$ 个学院关于第 $j$ 个指标的评价值，$x_i$ 为第 $i$ 个学院的评价指标序列。列出各二级学院关于各指标的原始评价数据，一行代表一个二级学院，一列代表一个评价指标，由此构建形成高校二级学院学生精准资助管理绩效评价矩阵 $X_{m \times n}$。

$$X_{m \times n} = \begin{bmatrix} x_1 \\ x_2 \\ \vdots \\ x_m \end{bmatrix} = \begin{bmatrix} x_{11} & x_{12} & x_{13} & \ldots & x_{1n} \\ x_{21} & x_{22} & x_{23} & \ldots & x_{2n} \\ \vdots & \vdots & \vdots & \ldots & \vdots \\ x_{m1} & x_{m2} & x_{m3} & \ldots & x_{mn} \end{bmatrix} \qquad (11.1)$$

建立基于 CRITIC（Criteria Importance Through Intercriteria Correlation，CRITIC）权的高校二级学院学生精准资助管理绩效灰色关联评价模型主要包括三个部分：第一个部分是运用 CRITIC 法计算指标权重；第二个部分是计算灰色关联系数；第三个部分是计算加权灰色关联度，具体如图 11.2 所示。

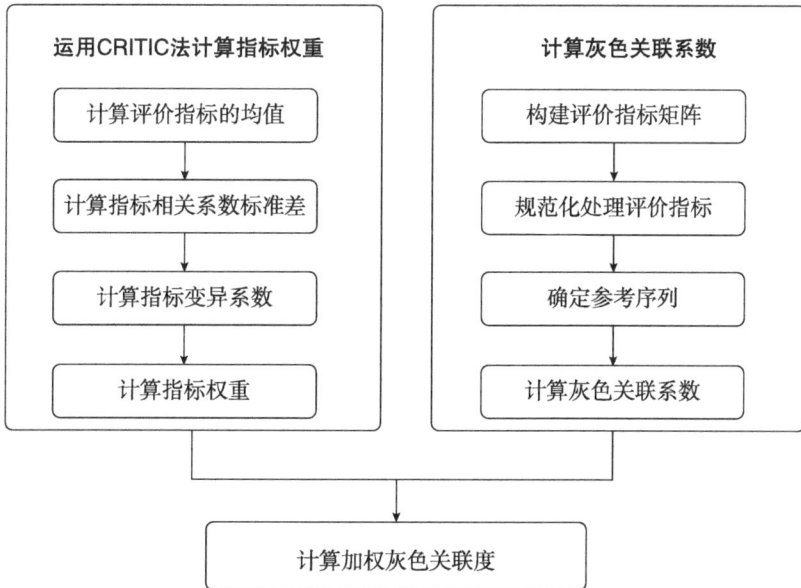

图 11.2　基于 CRITIC 权的高校二级学院学生精准资助管理绩效灰色关联评价模型建模思路

## 11.3.1 CRITIC 法确定高校二级学院学生精准资助管理绩效评价指标权重

CRITIC 法是一种基于指标数据的客观赋权方法，主要通过挖掘评价指标所包含的信息量来确定指标权重。该方法同时考虑指标变异性和指标间冲突性，有助于克服主观赋权法的随意性和不确定性，使定权的结果更加真实、客观、合理。改进的 CRITIC 法在计算权重时用变异系数取代标准差，以消除量纲影响。对于评价矩阵 $X_{m \times n}$，评价指标权重计算的具体步骤如下。

**第 1 步**：计算二级学院学生资助绩效评价各指标均值 $\bar{x}_{ij}$。

$$\bar{x}_{ij} = \frac{1}{n} \sum_{i=1}^{m} x_{ij} \tag{11.2}$$

**第 2 步**：计算指标相关系数标准差 $S_j$。

$$S_j = \sqrt{\frac{1}{n} \left( x_{ij} - \bar{x}_{ij} \right)^2} \tag{11.3}$$

**第 3 步**：计算指标变异系数 $E_j$。

$$E_j = \frac{S_j}{\bar{x}_{ij}} \tag{11.4}$$

**第 4 步**：计算指标权重 $W_j$。

$$W_j = \frac{E_j}{\sum_{j=1}^{m} E_j} \tag{11.5}$$

## 11.3.2 高校二级学院学生精准资助管理绩效灰色关联评价模型

高校二级学院学生精准资助管理绩效灰色关联评价具体步骤如下。

**第 1 步**：对高校二级学院学生精准资助管理绩效评价矩阵 $X_{m \times n}$ 进行规范化处理。在构建的二级学院学生精准资助管理绩效评价体系中，所有评价指标均为效益型指标，即指标数值越大则越优，故采用极值法进行规范化处理，可得

到归一化矩阵 $X'_{ij}$。

$$X'_{m \times n} = \begin{bmatrix} x'_{11} & x'_{12} & x'_{13} & \dots & x'_{1n} \\ x'_{21} & x'_{22} & x'_{23} & \dots & x'_{2n} \\ \vdots & \vdots & \vdots & \dots & \vdots \\ x'_{m1} & x'_{m2} & x'_{m3} & \dots & x'_{mn} \end{bmatrix} \tag{11.6}$$

其中，$x'_{ij} = \dfrac{x_{ij}}{MAX x_{ij}}$。

**第 2 步**：确定参考序列。选取每个评价指标的最大值组成最优样本理想序列 $X_0$ 作为参考序列。其中，$X_0 = [MAX x'_{m1}, MAX x'_{m2}, MAX x'_{m3}, \dots, MAX x'_{mn}]$。

**第 3 步**：计算灰色关联系数。按照如下公式分别计算第 $i$ 个评价学院的评价指标序列 $X_i$ 与最优样本理想序列 $X_0$ 相应指标间的灰色关联系数。

$$\gamma\left(x_{ij}, x'_{0j}\right) = \frac{\underset{i}{MIN}\underset{j}{MIN}\left|x'_{0j} - x_{ij}\right| + \xi \underset{i}{MAX}\underset{j}{MAX}\left|x'_{0j} - x_{ij}\right|}{\left|x'_{0j} - x_{ij}\right| + \xi \underset{i}{MAX}\underset{j}{MAX}\left|x'_{0j} - x_{ij}\right|} \tag{11.7}$$

其中，$\xi$ 为分辨系数，$\xi \in (0,1)$，通常情况下取 $\xi = 0.5$。

**第 4 步**：计算加权灰色关联度。若二级学院学生精准资助管理绩效评价指标体系汇总各指标权重为 $W_j = (w_1, w_2, w_3, \dots, w_n)$，则第 $i$ 个评价学院 $X_i$ 与最优样本 $X_0$ 间的加权灰色关联度为 $\gamma(X_i, X_0)$。

$$\gamma(X_i, X_0) = \sum_{j=1}^{n} w_j \gamma\left(x_{ij}, x'_{0j}\right) \tag{11.8}$$

# 11.4　高校二级学院学生精准资助管理绩效评价实证分析

实证研究中的案例高校共有 15 个二级学院，该高校将学生精准资助管理绩效纳入二级学院学生思政工作和人才培养绩效考核评价的重要方面，每年按自然年度开展一次，采取学院自评与学校评估相结合的方式，根据学院落实情况逐一计算各指标的评分并求和形成总评分。该高校二级学院某年度学生精准资助管理绩效评价数据表如表 11.2 所示。

表 11.2　高校二级学院某年度学生精准资助管理绩效评价数据表

| 学院 | $x_{i1}$ | $x_{i2}$ | $x_{i3}$ | $x_{i4}$ | $x_{i5}$ | $x_{i6}$ | $x_{i7}$ | $x_{i8}$ | $x_{i9}$ | $x_{i10}$ | $x_{i11}$ | $x_{i12}$ | $x_{i13}$ | $x_{i14}$ | $x_{i15}$ | $x_{i16}$ | $x_{i17}$ | $x_{i18}$ | $x_{i19}$ | $x_{i20}$ |
|---|---|---|---|---|---|---|---|---|---|---|---|---|---|---|---|---|---|---|---|---|
| $x_1$ | 94 | 78 | 80 | 64 | 93 | 60 | 77 | 81 | 64 | 64 | 2.50% | 84 | 64 | 65% | 90% | 81 | 81 | 17% | 5 | 69 |
| $x_2$ | 75 | 76 | 94 | 87 | 83 | 92 | 79 | 68 | 81 | 77 | 0.80% | 82 | 90 | 95% | 88% | 74 | 84 | 41% | 1 | 72 |
| $x_3$ | 87 | 82 | 89 | 68 | 73 | 84 | 90 | 74 | 87 | 74 | 1.20% | 66 | 88 | 78% | 70% | 79 | 85 | 31% | 2 | 72 |
| $x_4$ | 81 | 75 | 64 | 81 | 78 | 72 | 78 | 91 | 70 | 84 | 3.40% | 84 | 61 | 68% | 63% | 95 | 69 | 14% | 2 | 82 |
| $x_5$ | 86 | 83 | 72 | 71 | 61 | 93 | 60 | 66 | 60 | 93 | 6.80% | 92 | 75 | 80% | 90% | 63 | 85 | 42% | 8 | 73 |
| $x_6$ | 80 | 78 | 86 | 64 | 93 | 79 | 85 | 68 | 72 | 65 | 2.80% | 89 | 62 | 75% | 68% | 70 | 78 | 8% | 2 | 88 |
| $x_7$ | 67 | 76 | 89 | 89 | 78 | 77 | 87 | 83 | 87 | 74 | 5.00% | 81 | 77 | 72% | 65% | 71 | 93 | 43% | 0 | 71 |
| $x_8$ | 72 | 72 | 71 | 61 | 72 | 85 | 89 | 75 | 94 | 75 | 4.70% | 92 | 94 | 75% | 78% | 65 | 83 | 21% | 4 | 74 |
| $x_9$ | 84 | 83 | 77 | 82 | 69 | 89 | 83 | 81 | 71 | 62 | 6.20% | 88 | 61 | 61% | 85% | 63 | 64 | 37% | 4 | 87 |
| $x_{10}$ | 93 | 62 | 61 | 87 | 93 | 75 | 71 | 60 | 80 | 68 | 15.80% | 94 | 85 | 74% | 66% | 76 | 88 | 3% | 7 | 79 |
| $x_{11}$ | 83 | 83 | 73 | 78 | 72 | 88 | 90 | 67 | 63 | 73 | 12.50% | 68 | 70 | 89% | 67% | 85 | 78 | 45% | 8 | 87 |
| $x_{12}$ | 86 | 76 | 61 | 69 | 82 | 89 | 67 | 72 | 70 | 65 | 21.50% | 93 | 89 | 74% | 93% | 69 | 89 | 7% | 8 | 68 |
| $x_{13}$ | 66 | 65 | 95 | 76 | 69 | 80 | 94 | 95 | 82 | 71 | 10.50% | 87 | 62 | 66% | 86% | 82 | 64 | 42% | 7 | 86 |
| $x_{14}$ | 83 | 81 | 74 | 91 | 65 | 77 | 90 | 61 | 64 | 94 | 14.00% | 87 | 86 | 69% | 76% | 92 | 62 | 8% | 1 | 95 |
| $x_{15}$ | 89 | 91 | 95 | 65 | 63 | 93 | 83 | 88 | 83 | 82 | 8.20% | 92 | 63 | 80% | 75.% | 63 | 91 | 40% | 1 | 79 |

指标

根据 CRITIC 法中式（11.2）至式（11.5）计算得到高校二级学院学生精准资助管理绩效评价指标的客观权重，如表 11.3 所示。由表 11.3 可知：在三个评价维度上，投入保障、过程管理、质量成效作为目标层，其综合权重分别为 0.2005、0.3408、0.4587；在高校二级学院学生精准资助管理绩效评价中，全面提升资助育人的质量和实效是最重要的绩效目标，是学生资助工作最本质的要求。

表 11.3　高校二级学院学生精准资助管理绩效评价指标的权重及排序

| $x_{ij}$ | 权重 $w_j$ | 排序 |
|---|---|---|
| $x_{i1}$ | 0.024 | 18 |
| $x_{i2}$ | 0.022 | 20 |
| $x_{i3}$ | 0.036 | 5 |
| $x_{i4}$ | 0.032 | 11 |
| $x_{i5}$ | 0.033 | 7 |
| $x_{i6}$ | 0.026 | 16 |
| $x_{i7}$ | 0.028 | 15 |
| $x_{i8}$ | 0.034 | 6 |
| $x_{i9}$ | 0.032 | 8 |
| $x_{i10}$ | 0.031 | 12 |
| $x_{i11}$ | 0.182 | 1 |
| $x_{i12}$ | 0.023 | 19 |
| $x_{i13}$ | 0.039 | 4 |
| $x_{i14}$ | 0.028 | 14 |
| $x_{i15}$ | 0.032 | 10 |
| $x_{i16}$ | 0.032 | 9 |
| $x_{i17}$ | 0.030 | 13 |
| $x_{i18}$ | 0.139 | 3 |
| $x_{i19}$ | 0.173 | 2 |
| $x_{i20}$ | 0.025 | 17 |

按照式（11.6）至式（11.8）给出的步骤，计算高校二级学院学生资助绩效评价的灰色关联度。首先，对二级学院学生资助绩效评价均值采用最大值法进行规范化处理，结果如表 11.4 所示。

其次，计算第 $i$ 个评价学院的评价指标序列 $X_i$ 与最优样本理想序列 $X_0$ 相应指标间的灰色关联系数，结果如表 11.5 所示。

表11.4 高校二级学院某年度学生精准资助管理绩效评价数据规范化处理表

| 学院 | $x_{i1}$ | $x_{i2}$ | $x_{i3}$ | $x_{i4}$ | $x_{i5}$ | $x_{i6}$ | $x_{i7}$ | $x_{i8}$ | $x_{i9}$ | $x_{i10}$ | $x_{i11}$ | $x_{i12}$ | $x_{i13}$ | $x_{i14}$ | $x_{i15}$ | $x_{i16}$ | $x_{i17}$ | $x_{i18}$ | $x_{i19}$ | $x_{i20}$ |
|---|---|---|---|---|---|---|---|---|---|---|---|---|---|---|---|---|---|---|---|---|
| $x_1$ | 1.00 | 0.86 | 0.84 | 0.70 | 1.00 | 0.65 | 0.82 | 0.85 | 0.68 | 0.68 | 0.12 | 0.89 | 0.68 | 0.68 | 0.97 | 0.85 | 0.87 | 0.38 | 0.63 | 0.73 |
| $x_2$ | 0.80 | 0.84 | 0.99 | 0.96 | 0.89 | 0.99 | 0.84 | 0.72 | 0.86 | 0.82 | 0.04 | 0.87 | 0.96 | 1.00 | 0.95 | 0.78 | 0.90 | 0.91 | 0.13 | 0.76 |
| $x_3$ | 0.93 | 0.90 | 0.94 | 0.75 | 0.78 | 0.90 | 0.96 | 0.78 | 0.93 | 0.79 | 0.06 | 0.70 | 0.94 | 0.82 | 0.75 | 0.83 | 0.91 | 0.69 | 0.25 | 0.76 |
| $x_4$ | 0.86 | 0.82 | 0.67 | 0.89 | 0.84 | 0.77 | 0.83 | 0.96 | 0.74 | 0.89 | 0.16 | 0.89 | 0.65 | 0.72 | 0.68 | 1.00 | 0.74 | 0.31 | 0.25 | 0.86 |
| $x_5$ | 0.91 | 0.91 | 0.76 | 0.78 | 0.66 | 1.00 | 0.64 | 0.69 | 0.64 | 0.99 | 0.32 | 0.98 | 0.80 | 0.84 | 0.97 | 0.66 | 0.91 | 0.93 | 1.00 | 0.77 |
| $x_6$ | 0.85 | 0.86 | 0.91 | 0.70 | 1.00 | 0.85 | 0.90 | 0.72 | 0.77 | 0.69 | 0.13 | 0.95 | 0.66 | 0.79 | 0.73 | 0.74 | 0.84 | 0.18 | 0.25 | 0.93 |
| $x_7$ | 0.71 | 0.84 | 0.94 | 0.98 | 0.84 | 0.83 | 0.93 | 0.87 | 0.93 | 0.79 | 0.23 | 0.86 | 0.82 | 0.76 | 0.70 | 0.75 | 1.00 | 0.96 | 0.00 | 0.75 |
| $x_8$ | 0.77 | 0.79 | 0.75 | 0.67 | 0.77 | 0.91 | 0.95 | 0.79 | 1.00 | 0.80 | 0.22 | 0.98 | 1.00 | 0.79 | 0.81 | 0.68 | 0.89 | 0.47 | 0.50 | 0.78 |
| $x_9$ | 0.89 | 0.91 | 0.81 | 0.90 | 0.74 | 0.96 | 0.88 | 0.85 | 0.76 | 0.66 | 0.29 | 0.94 | 0.65 | 0.61 | 0.88 | 0.66 | 0.69 | 0.41 | 0.50 | 0.92 |
| $x_{10}$ | 0.99 | 0.68 | 0.64 | 0.96 | 1.00 | 0.81 | 0.76 | 0.63 | 0.85 | 0.72 | 0.73 | 1.00 | 0.90 | 0.74 | 0.68 | 0.80 | 0.95 | 0.03 | 0.88 | 0.83 |
| $x_{11}$ | 0.88 | 0.91 | 0.77 | 0.86 | 0.77 | 0.95 | 0.96 | 0.71 | 0.67 | 0.78 | 0.58 | 0.72 | 0.74 | 0.89 | 0.69 | 0.89 | 0.84 | 0.49 | 1.00 | 0.92 |
| $x_{12}$ | 0.91 | 0.84 | 0.64 | 0.76 | 0.88 | 0.96 | 0.71 | 0.76 | 0.74 | 0.69 | 0.68 | 0.99 | 0.95 | 0.74 | 0.96 | 0.73 | 0.96 | 0.08 | 1.00 | 0.72 |
| $x_{13}$ | 0.70 | 0.71 | 1.00 | 0.84 | 0.74 | 0.86 | 1.00 | 1.00 | 0.87 | 0.76 | 0.33 | 0.93 | 0.66 | 0.66 | 0.89 | 0.86 | 0.69 | 0.45 | 0.88 | 0.91 |
| $x_{14}$ | 0.88 | 0.89 | 0.78 | 1.00 | 0.70 | 0.83 | 0.96 | 0.64 | 0.68 | 1.00 | 0.44 | 0.93 | 0.91 | 0.69 | 0.79 | 0.97 | 0.67 | 0.08 | 0.13 | 1.00 |
| $x_{15}$ | 0.95 | 1.00 | 1.00 | 0.71 | 0.68 | 1.00 | 0.88 | 0.93 | 0.88 | 0.87 | 0.26 | 0.98 | 0.67 | 0.80 | 0.78 | 0.66 | 0.98 | 0.42 | 0.13 | 0.83 |

指标

表 11.5 高校二级学院某年度学生精准资助管理绩效的灰色关联系数

| 学院 | 关联系数 | | | | | | | | | | | | | | | | | | | |
|---|---|---|---|---|---|---|---|---|---|---|---|---|---|---|---|---|---|---|---|---|
| | $\gamma(x_{11},x'_{01})$ | $\gamma(x_{22},x'_{02})$ | $\gamma(x_{33},x'_{03})$ | $\gamma(x_{44},x'_{04})$ | $\gamma(x_{55},x'_{05})$ | $\gamma(x_{66},x'_{06})$ | $\gamma(x_{77},x'_{07})$ | $\gamma(x_{88},x'_{08})$ | $\gamma(x_{99},x'_{09})$ | $\gamma(x_{10n},x'_{010})$ | $\gamma(x_{11n},x'_{011})$ | $\gamma(x_{12n},x'_{012})$ | $\gamma(x_{13n},x'_{013})$ | $\gamma(x_{14n},x'_{014})$ | $\gamma(x_{15n},x'_{015})$ | $\gamma(x_{16n},x'_{016})$ | $\gamma(x_{17n},x'_{017})$ | $\gamma(x_{18n},x'_{018})$ | $\gamma(x_{19n},x'_{019})$ | $\gamma(x_{20n},x'_{020})$ |
| $x_1$ | 1.000 | 0.778 | 0.760 | 0.628 | 1.000 | 0.585 | 0.734 | 0.772 | 0.610 | 0.610 | 0.361 | 0.825 | 0.610 | 0.613 | 0.939 | 0.772 | 0.795 | 0.446 | 0.571 | 0.646 |
| $x_2$ | 0.712 | 0.752 | 0.979 | 0.919 | 0.823 | 0.979 | 0.758 | 0.638 | 0.783 | 0.734 | 0.342 | 0.797 | 0.922 | 1.000 | 0.903 | 0.693 | 0.838 | 0.849 | 0.364 | 0.674 |
| $x_3$ | 0.870 | 0.835 | 0.888 | 0.664 | 0.699 | 0.838 | 0.922 | 0.693 | 0.870 | 0.701 | 0.346 | 0.627 | 0.887 | 0.736 | 0.669 | 0.748 | 0.853 | 0.616 | 0.400 | 0.674 |
| $x_4$ | 0.783 | 0.740 | 0.605 | 0.820 | 0.756 | 0.689 | 0.746 | 0.922 | 0.662 | 0.825 | 0.373 | 0.825 | 0.588 | 0.638 | 0.608 | 1.000 | 0.660 | 0.421 | 0.400 | 0.785 |
| $x_5$ | 0.855 | 0.850 | 0.674 | 0.695 | 0.592 | 1.000 | 0.580 | 0.621 | 0.580 | 0.979 | 0.422 | 0.959 | 0.712 | 0.760 | 0.939 | 0.597 | 0.853 | 0.882 | 1.000 | 0.683 |
| $x_6$ | 0.770 | 0.778 | 0.841 | 0.628 | 1.000 | 0.769 | 0.839 | 0.638 | 0.681 | 0.618 | 0.365 | 0.904 | 0.595 | 0.704 | 0.650 | 0.655 | 0.756 | 0.378 | 0.400 | 0.872 |
| $x_7$ | 0.635 | 0.752 | 0.888 | 0.958 | 0.756 | 0.744 | 0.870 | 0.798 | 0.870 | 0.701 | 0.394 | 0.783 | 0.734 | 0.674 | 0.624 | 0.664 | 1.000 | 0.918 | 0.333 | 0.664 |
| $x_8$ | 0.681 | 0.705 | 0.664 | 0.603 | 0.689 | 0.853 | 0.904 | 0.704 | 1.000 | 0.712 | 0.390 | 0.959 | 1.000 | 0.704 | 0.720 | 0.613 | 0.823 | 0.484 | 0.500 | 0.693 |
| $x_9$ | 0.825 | 0.850 | 0.725 | 0.835 | 0.660 | 0.921 | 0.810 | 0.772 | 0.671 | 0.595 | 0.413 | 0.887 | 0.588 | 0.562 | 0.804 | 0.597 | 0.616 | 0.457 | 0.500 | 0.856 |
| $x_{10}$ | 0.979 | 0.611 | 0.583 | 0.919 | 1.000 | 0.721 | 0.671 | 0.576 | 0.770 | 0.644 | 0.653 | 1.000 | 0.839 | 0.658 | 0.611 | 0.714 | 0.903 | 0.341 | 0.800 | 0.748 |
| $x_{11}$ | 0.810 | 0.850 | 0.683 | 0.778 | 0.689 | 0.903 | 0.922 | 0.629 | 0.603 | 0.691 | 0.544 | 0.644 | 0.662 | 0.820 | 0.619 | 0.826 | 0.756 | 0.497 | 1.000 | 0.856 |
| $x_{12}$ | 0.855 | 0.752 | 0.583 | 0.674 | 0.809 | 0.921 | 0.635 | 0.674 | 0.662 | 0.618 | 0.610 | 0.979 | 0.904 | 0.658 | 0.928 | 0.646 | 0.921 | 0.351 | 1.000 | 0.638 |
| $x_{13}$ | 0.627 | 0.636 | 1.000 | 0.752 | 0.660 | 0.782 | 1.000 | 1.000 | 0.797 | 0.671 | 0.428 | 0.870 | 0.595 | 0.595 | 0.818 | 0.785 | 0.616 | 0.476 | 0.800 | 0.841 |
| $x_{14}$ | 0.810 | 0.820 | 0.693 | 1.000 | 0.624 | 0.744 | 0.922 | 0.583 | 0.610 | 1.000 | 0.473 | 0.870 | 0.855 | 0.617 | 0.700 | 0.941 | 0.600 | 0.353 | 0.364 | 1.000 |
| $x_{15}$ | 0.904 | 1.000 | 1.000 | 0.636 | 0.608 | 1.000 | 0.810 | 0.872 | 0.810 | 0.797 | 0.403 | 0.959 | 0.603 | 0.714 | 0.690 | 0.597 | 0.959 | 0.462 | 0.364 | 0.748 |

最后，计算加权灰色关联度及绩效评价结果，结果如表 11.6 所示。

表 11.6　高校二级学院学生精准资助管理绩效评价加权灰色关联度

| 学院 | 加权灰色关联度 | | | |
|---|---|---|---|---|
| | 投入保障维加权灰色关联度 | 过程管理维加权灰色关联度 | 质量成效维加权灰色关联度 | 综合加权灰色关联度 |
| $x_1$ | 0.1571 | 0.1732 | 0.2725 | 0.6027 |
| $x_2$ | 0.1717 | 0.1860 | 0.0695 | 0.4272 |
| $x_3$ | 0.1628 | 0.1852 | 0.0731 | 0.4211 |
| $x_4$ | 0.1465 | 0.1877 | 0.0779 | 0.4121 |
| $x_5$ | 0.1474 | 0.1967 | 0.0699 | 0.4140 |
| $x_6$ | 0.1621 | 0.1731 | 0.0626 | 0.3977 |
| $x_7$ | 0.1626 | 0.1951 | 0.0766 | 0.4343 |
| $x_8$ | 0.1450 | 0.2101 | 0.0780 | 0.4331 |
| $x_9$ | 0.1594 | 0.1845 | 0.0660 | 0.4100 |
| $x_{10}$ | 0.1576 | 0.2389 | 0.0642 | 0.4606 |
| $x_{11}$ | 0.1593 | 0.2017 | 0.0620 | 0.4230 |
| $x_{12}$ | 0.1478 | 0.2319 | 0.0631 | 0.4429 |
| $x_{13}$ | 0.1587 | 0.2013 | 0.0801 | 0.4400 |
| $x_{14}$ | 0.1598 | 0.2098 | 0.0703 | 0.4398 |
| $x_{15}$ | 0.1685 | 0.1991 | 0.0801 | 0.4478 |

根据综合加权灰色关联度，15 个评价对象的加权灰色关联度为 0.4404，其中 $x_1$、$x_{10}$、$x_{12}$、$x_{15}$ 四个二级学院的综合加权灰色关联度高于平均水平。分别取 0.50、0.45、0.42、0.40 四个阈值，可以将该高校 15 个二级学院学生精准资助管理绩效评价结果分成 5 个等级，等级分类结果如表 11.7 所示。

表 11.7　高校二级学院学生精准资助管理绩效灰色关联评价结果

| 绩效等级 | 阈值区间 | 评价对象 | 数量（个） |
|---|---|---|---|
| 一等 | $[0.5,1)$ | $x_1$ | 1 |
| 二等 | $[0.45,0.50)$ | $x_{10}$ | 1 |
| 三等 | $[0.42,0.45)$ | $x_2$、$x_3$、$x_7$、$x_8$、$x_{11}$、$x_{12}$、$x_{13}$、$x_{14}$、$x_{15}$ | 9 |

| 绩效等级 | 阈值区间 | 评价对象 | 数量（个） |
|---|---|---|---|
| 四等 | $[0.40,0.42)$ | $x_4$、$x_5$、$x_9$ | 3 |
| 五等 | $[0,0.4)$ | $x_6$ | 1 |

根据案例分析的结果可知，基于 CRITIC 权的灰色关联模型能够实现对高校二级学院学生资助绩效的有效衡量、区分和比较，可以为高校开展二级学院学生资助绩效评价提供新视角、新方法和新借鉴。为充分发挥二级学院学生精准资助管理绩效考核评价的激励效应和导向功能，激发各二级学院深化资助育人的内生动力和发展活力，引导他们"以评促改、以评促建、以评提优、以评提质"，应着力在用好绩效评价结果上下功夫。一是着力总结经验、改进不足。高校可帮助和引导学院认真分析评价结果中的优点和亮点，总结并提炼工作经验，在全校范围内大力推广各学院行之有效的工作方法、机制和模式，同时精准识别出各二级学院学生资助工作自身存在的短板和弱项，督促其制定针对性的整改措施，从而不断提升高校学生资助工作的综合效能和整体质量。二是着力优化全校资助资源的均衡高效配置。高校可根据各二级学院的人才培养特点、家庭经济困难学生的实际需求和绩效表现，合理调整和配置学校资助资源，确保资助资源能够有效且精准地配置到有需要的学院、有需求的学生上。三是指导优化完善资助工作机制。高校可结合学生资助绩效评价反馈的信息，指导各二级学院修订、完善学生资助相关制度流程和管理服务体系，不断推进学生资助政策体系、执行体系和育人体系的科学化、规范化和制度化。四是健全完善激励机制。高校可将学生资助绩效评价结果纳入学生思政工作和人才培养工作的重要内容，分类给予适度且合理的奖惩，从而形成针对二级学院推进资助育人工作的正向激励和反向鞭策。五是强化校院学生资助联动机制建设。针对在学生资助工作中存在问题的二级学院，高校学生资助管理中心可开展有针对性的业务培训和辅导，帮助其提高思想认识、提升专业素养，增强二级学院对学生资助政策的理解和执行能力。同时，可结合评价结果，搭建二级学院学生资助工作交流学习平台，促进互学互鉴。六是推进学生资助绩效评价结果的适度公开。建立健全绩效评价结果的公开透明机制，接受广大师生和社会公众的监督，从而促进各二级学院在资助工作中更加注重公平、公正和公开，更加注重效率、

效能和效益，促进学生资助工作高质量发展。

## 11.5　本章小结

高校二级学院是高等教育资助政策在基层落地落实的具体执行者。建立高校二级学院学生精准资助管理绩效评价体系，充分尊重他们在学生资助政策执行中的主体地位，调动和发挥他们在资助育人中的积极性、主动性和创造性，对于促进学生资助高质量发展具有十分重要的价值意义。本章提出了覆盖"投入－过程－产出"全流程的二级学院学生精准资助管理绩效评价逻辑框架，构建了包括投入保障、过程管理、质量成效三个评价维度、19个一级指标和20个二级指标的评价指标体系；给出了基于CRITIC权的高校二级学院学生精准资助管理绩效灰色关联评价模型建模思路及步骤，运用基于CRITIC权的高校二级学院学生精准资助管理绩效灰色关联评价模型进行了实证分析，分析结果表明基于CRITIC权的高校二级学院学生精准资助管理绩效灰色关联评价模型能够实现对高校二级学院学生精准资助管理绩效的有效衡量、区分和比较，可以为高校开展二级学院学生资助绩效评价提供新视角、新方法和新借鉴。

# 参考文献

[1] 侯万军，辛越优，马继伟. 坚持教育、科技、人才"三位一体"统筹推进 [N]. 光明日报，2023-12-06（02）.

[2] 全国学生资助管理中心. 新中国 70 年学生资助成效显著，促进教育公平 助力全面小康 [N]. 人民日报，2019-09-25（14）.

[3] 陈希原. 学生资助要为加快建设教育强国办好人民满意教育作出新贡献 [N]. 中国教育报，2023-01-06.

[4] 习近平谈治国理政：第四卷 [M]. 北京：外文出版社，2022.

[5] 肖丽，肖蓉. 新时代立德树人视域下高校学生资助育人工作创新路径研究 [J]. 湖南社会科学，2022（05）：14-21.

[6] 马琨，王喆，范文波. 基于改进 Apriori 算法的学生资助系统精准资助方法 [J]. 吉林大学学报（工学版），2023，53（11）：3246-3252.

[7] 柯心. 高校学生精准资助规范化研究 [J]. 教育评论，2022（11）：88-92.

[8] 杜瑞成，闫秀霞. 系统工程（第 2 版）[M]. 机械工业出版社，2007.

[9] 霍绍周. 系统论 [M]. 北京：科学技术文献出版社，1988.

[10] 冯·贝塔朗菲，L.V. 一般系统论：基础·发展·应用 [M]. 北京：清华大学出版社，1987.

[11] 王婷. 系统工程 [M]. 重庆：重庆大学出版社，2020.

[12] 廖泉文. 高等教育系统工程 [M]. 厦门：厦门大学出版社，1990.

[13] 徐智德. 教育管理系统工程理论及应用 [M]. 西安：陕西师范大学出版社，2000.

[14] 赵文华. 高等教育系统论 [M]. 南宁：广西师范大学出版社，2001.

[15] 刘思峰. 灰色系统理论及其应用（第九版）[M]. 北京：科学出版社，2021.

[16] 罗佑新. 灰色系统理论及其在机械工程中的应用 [M]. 长沙：国防科技大学出版社，2001.

[17] 赵振东. 灰色系统理论及其在汽车工程中的应用 [M]. 北京：科学出版社，2018.

[18] 马苗，张艳宁，赵健. 灰色系统理论及其在图像工程中的应用 [M]. 北京：清华大学

出版社，2011.

[19] 崔杰.灰色建模技术及其在自然灾害非常规突然事件人员伤亡预测中的应用 [M]. 成都：电子科技大学出版社，2015.

[20] 刘思峰.灰色系统理论的发展及其在自然科学和工程技术领域的广泛应用 [J]. 南京航空航天大学学报，2022，54（05）:851-866.

[21] 刘思峰.灰色系统理论创立、发展大事记（1982-2021）[J]. 南京航空航天大学学报（社会科学版），2022，24（04）:39-40.

[22] 刘思峰，唐伟，谢乃明，等.中国原创灰色系统理论的创立、发展与国际传播 [J]. 南京航空航天大学学报（社会科学版），2022，24（04）:1-10.

[23] 曹俊.教育政策及其运行机制的复杂性——以高校家庭经济困难学生认定政策为例 [J]. 湖北开放职业学院学报，2019，32（11）:40-41.

[24] 柯宏发，陈永光，刘思峰，等.电子战系统试验管理的灰色特性及应用研究 [J]. 兵工学报，2009，30（05）:592-596.

[25] 习近平.思政课是落实立德树人根本任务的关键课程 [J]. 求是，2020（17）:4-16.

[26] 何东昌.中华人民共和国重要教育文献 1949-1975[G]. 海口：海南出版社，1998.

[27] 中共中央关于党的百年奋斗重大成就和历史经验的决议 [N]. 人民日报，2021-11-17（01）.

[28] 王海凤.新中国成立初期学生资助制度的历史回顾与评价 [J]. 华中师范大学学报（人文社会科学版），2022，61（06）:175-182.

[29] 余子侠，王海凤，余桃桃.新中国学生资助的历史回顾与反思 [J]. 教育史研究，2020，2（02）:130-138.

[30] 孙涛.建党一百年来我国高校学生资助政策变革的历程、逻辑与展望 [J]. 教育科学，2021，37（04）:19-25.

[31] 黄建美，李洁.七十年来我国高校学生资助工作研究综述 [J]. 渭南师范学院学报，2019，34（08）:5-12.

[32] 全国学生资助管理中心.中国学生资助 70 年 [N]. 人民日报，2019-09-23（18）.

[33] 杨亚星.高校经济困难学生资助政策研究 [D]. 华东师范大学，2013.

[34] 韩丽丽，李廷洲.改革开放 40 年我国高等教育资助体系的回顾与展望 [J]. 中国高教研究，2018（06）:29-36.

[35] 首份中国学生资助发展报告（2007-2011 年）发布 [J]. 领导决策信息，2012（43）:28-29.

[36] 2012 年中国学生资助发展报告 [N]. 中国教育报，2013-11-13（004）.

[37] 政策体系基本健全 工作成效举世瞩目 [N]. 光明日报，2012-10-23（014）.

[38] 赵建军.中国现代学生资助政策体系建立 30 年回望 [J]. 教育财会研究，2016，27

（06）:3-6.

[39] 晋景琳. 改革开放以来我国高等教育学生资助政策变迁研究 [D]. 华东师范大学，2019.

[40] 学生资助十年砥砺奋进 教育公平迈出重大步伐——《中国学生资助十年发展报告（2007-2016 年）》要点 [J]. 教育财会研究，2017，28（05）:3-9.

[41] 保障困难学生群体公平接受教育 [N]. 中国教育报，2023-10-26（001）.

[42] 教育部全国学生资助管理中心. 2022 年中国学生资助发展报告 [N]. 人民日报，2023-11-03（014）.

[43] 陈勇，吕强. 我国高校学生资助政策历史沿革研究——基于建国 70 年时间跨度 [J]. 理论经纬，2021（00）:176-193.

[44] 洪柳. 我国高校贫困生资助体系的历史、问题与精准化路径 [J]. 湖南师范大学教育科学学报，2018，17（05）:103-109.

[45] 促进教育公平 助力全面小康 [N]. 人民日报，2019-9-25（014）.

[46] 大力推进精准资助和资助育人 [N]. 人民日报，2019-3-1（013）.

[47] 张丽娟，夏艳，程雪平等. 基于伯努利贝叶斯模型的高校贫困生预测研究 [J]. 信息技术与信息化，2021（11）:159-161.

[48] 朱剑林，朱容波，康怡琳等. 教育大数据在高校贫困生预测中的应用研究 [J]. 教育教学论坛，2018（21）:267-268.

[49] 陶长琪，徐晔，万建香等. 计量经济学 [M]. 南京大学出版社:，202101.403.

[50] 叶阿忠，吴相波，陈丛波等. 高级计量经济学 [M]. 厦门大学出版社:计量经济学丛书，202009.328.

[51] 刘思峰，曾波，刘解放等. GM（1，1）模型的几种基本形式及其适用范围研究 [J]. 系统工程与电子技术，2014，36（03）:501-508.

[52] 严全治，刘璐. 基于面板数据模型的地方高校 R&D 经费投入与经济增长关系研究 [J]. 河南师范大学学报（自然科学版），2017，45（03）:70-76.

[53] 邓宏亮，黄太洋，辛娜. 教育财政支出减贫效应的空间溢出与门槛特征——江西省 2001—2010 年的面板数据分析 [J]. 教育学术月刊，2015（09）:50-61.

[54] 宋华，李立异. 区域科技投入与经济增长——基于面板数据模型的检验 [J]. 兰州学刊，2013（05）:114-117.

[55] 杜凤莲，孙婧芳. 经济增长、收入分配与减贫效应——基于 1991—2004 年面板数据的分析 [J]. 经济科学，2009（03）:15-26.

[56] 张全红，周强. 多维贫困测量及述评 [J]. 经济与管理，2014，28（01）:24-31.

[57] 郭熙保，罗知. 论贫困概念的演进 [J]. 江西社会科学，2005（11）:38-43.

[58] 王小林. 贫困测量：理论与方法 [M]. 北京：社会科学文献出版社.2012:1-21.

[59] 毕鹤霞．高校贫困生认定理论变迁述评 [J]．现代教育管理，2012（06）:92-96.

[60] 贾玮，黄春杰，孙百才．教育能够缓解农村相对贫困吗？——基于农村家庭多维相对贫困的测量和实证分析 [J]．教育与经济，2021，37（05）:11-19.

[61] 王春超，叶琴．中国农民工多维贫困的演进——基于收入与教育维度的考察 [J]．经济研究，2014，49（12）:159-174.

[62] 徐丽红．贫困认定：高校资助工作的"阿喀琉斯之踵" [J]．高教探索，2015（07）:120-123.

[63] 王烁，曾艳．正视"多维贫困"——高校贫困生问题的延伸与解决 [J]．商情（教育经济研究），2008（05）:67-68.

[64] 李博，宋波．多维度贫困理论视角下高校学生资助工作的创新 [J]．知识经济，2013（07）:167-168.

[65] 徐明祥，李贵平，王艳梅．基于"能力贫困"理论的大学贫困生"贫困循环"的破解路径 [J]．昆明理工大学学报（社会科学版），2015，15（02）:68-74.

[66] 余鸣娇，何群艳，许刚．高校家庭经济困难学生认定指标体系的数学模型研究 [J]．湖北大学学报（自然科学版），2014，36（06）:516-521.

[67] 刘红旗．基于层次分析法的高校贫困生灰色综合认定方法 [J]．重庆理工大学学报（社会科学），2014，28（01）:131-133.

[68] 毕鹤霞．中国高校贫困生判别方法及其认同度的实证研究 [J]．高教探索，2011（04）:118-123.

[69] 宋俊秀．家庭经济困难学生精准识别的指标体系构建与实施途径 [J]．教育财会研究，2017，28（05）:20-27.

[70] 李建文，孙干．"三全育人"视域下基于量化评估的高职院校家庭经济困难学生认定体系构建 [J]．现代职业教育，2023（22）:9-12.

[71] 陈大鹏，张华文．基于"全程式"资助育人的家庭经济困难学生认定模式研究 [J]．北京教育（高教），2023（04）:72-74.

[72] 吕刚，王雪，梅新奎．精准扶贫视角下高校家庭经济困难学生认定预测机制探究 [J]．高教学刊，2021（03）:76-79+83.

[73] 毛翠微，何承香，曾波．灰色关联聚类降维新方法及其应用 [J]．复旦学报（自然科学版），2023，62（06）:703-713.

[74] 刘红旗，方志耕，李维东等．面向对象多属性差异的矩阵型灰色聚类方法及其应用 [J]．控制与决策，2015，30（02）:366-370.

[75] 2018 年中国学生资助发展报告 [N]．人民日报，2018-3-11（07）.

[76] 马帅，杨伟．新时代高校资助工作供需矛盾研究——基于社会主要矛盾转化的新论断 [J]．长江师范学院学报，2018，34（04）:126-130，144.

[77] 季枫.需求视域下的高校贫困生资助[J].教育评论，2012（04）:69-71.

[78] 韩宇.基于灰色综合关联分析的车货供需匹配研究[D].北京交通大学，2022.

[79] 王蓓蓓，崔杰，孔德财.基于灰色绝对关联度的车货双边匹配决策研究[J].价值工程，2019，38（23）:122-125.

[80] 吴鹏，夏楚瑜，何冲冲.区域产业结构贸易结构的关联匹配研究——基于灰色关联算法[J].系统科学与数学，2020，40（11）:1950-1966.

[81] 刘勇.基于灰色关联分析的高校课程与教学人员公平匹配问题研究[J].数学的实践与认识，2018，48（13）:59-67.

[82] 贾天兵，刘思峰.基于多元灰色关联度的人岗动态匹配模型研究[J].数学的实践与认识，2015，45（06）:59-68.

[83] 吴佳丽，邢伟荣.从保障到发展：高校贫困生发展型资助工作研究[J].湖州师范学院学报，2017，39（06）:38-41.

[84] 国家助学贷款累计发放超4000亿元[N].人民日报，2023-6-1（01）.

[85] 吴华安，曾波，彭友等.基于多维灰色系统模型的城市人口密度预测[J].统计与信息论坛，2018，33（08）:60-67.

[86] 吕欣曼，殷克东，李雪梅.灰色多元变权组合预测模型及其应用[J].统计与决策，2022，38（14）:25-29.

[87] 王昕彤.基于灰色理论的服装企业多渠道销售预测模型的研究[D].北京服装学院，2021.

[88] 范启雄，段成君，韩若飞.灰色聚类分析理论及其在灾害等级归属问题中的应用[C]中国地球物理学会国家安全地球物理专业委员会，陕西省地球物理学会军事地球物理专业委员会.国家安全地球物理丛书（九）——防灾减灾与国家安全.西安地图出版社，2013:5.

[89] 陈长坤，孙凤琳.基于熵权-灰色关联度分析的暴雨洪涝灾情评估方法[J].清华大学学报（自然科学版），2022，62（06）:1067-1073.

[90] 刘佼，金琼，韩照全.江苏省雷灾特征分析及灾情灰色关联评估[J].气象与环境科学，2019，42（02）:97-103.

[91] 王翠玲，张继权，宁方贵，等.基于灰色定权聚类法的辽西北农业干旱灾情评价与区划[A].中国灾害防御协会风险分析专业委员会."中国视角的风险分析和危机反应"——中国灾害防御协会风险分析专业委员会第四届年会论文集[C].中国灾害防御协会风险分析专业委员会 2010:6.

[92] 杨仕升.应用灰色系统理论进行地震灾害等级划分和灾情分析比较[J].西北地震学报，1997（02）:49-57.

[93] 下好先手棋 打好主动仗——习近平总书记关于防范化解重大风险重要论述综述[N].

人民日报，2021-4-15（01）.

[94] 中国特色学生资助体系已经建成 [N]. 中国教育报，2019-9-2（05）.

[95] 范雪峰，杨德兴，王菊秋 . 高职院校学生资助工作中廉政风险防控及路径研究 [J]. 湖北开放职业学院学报，2023，36（05）:78-79，82.

[96] 朱云海 . 业审财融合视角下高校学生资助经费风险防控研究 [J]. 会计师，2023（02）:140-142.

[97] 车阳艳 . 高校学生资助经费的管理及风险防控分析 [J]. 经济师，2022（04）:191-192.

[98] 黄娟 . 脱贫攻坚背景下学生资助工作廉政风险防控问题研究 [J]. 法制博览，2020（32）:177-179.

[99] 陈巍 . 高校资助工作廉政风险防控研究 [J]. 科技视界，2020（12）:217-218.

[100] 陈治芳 . 教育公平视域下高校学生资助工作的收益、风险及趋向 [J]. 四川职业技术学院学报，2018，28（06）：95-97，137.

[101] 宋晓周 . 精准资助：教育公平视角下高校资助风险管理的路径选择 [J]. 九江职业技术学院学报，2018（01）：56-59.

[102] 何红 . 高校学生资助工作之廉政风险及防控 [J]. 铜陵职业技术学院学报，2017，16（02）：96-98.

[103] 黄雅琴 . 高校贫困生资助工作中的道德风险与道德教育 [J]. 才智，2017（02）：159.

[104] 张炫炫 . 高校学生资助工作中的诚信缺失及风险防范问题 [J]. 文学教育（下），2015（04）：122.

[105] 雷颂勤 . 论高校"绿色通道"产生的资助风险及其防范 [J]. 现代经济信息，2014（07）：366.

[106] 黄建美，邹海贵 . 高校贫困生资助工作中的道德风险与道德教育 [J]. 中国高教研究，2013（05）：87-90.

[107] 孟令臣，马爱林，郭立新，等 . 高校困难学生资助工作风险分析与防范对策 [J]. 河北科技师范学院学报（社会科学版），2012，11（01）：87-90，103.

[108] 刘思峰，朱永达 . 区域经济评估指标与三角隶属函数评估模型 [J]. 农业工程学报，1993（02）：8-13.

[109] 董奋义，肖美丹，刘斌，等 . 灰色系统教学中白化权函数的构造方法分析 [J]. 华北水利水电学院学报，2010，31（03）：97-99.

[110] 高明明 . 基于三角模糊数 – 功效系数法的某跨线桥施工风险评价 [J]. 工业建筑，2023，53（S2）：763-765.

[111] 廖奇云，邓集伟，蔡钒 . 基于 ANP 和灰色聚类法的国际铁路 EPC 项目风险评价研

究 [J]. 工程管理学报，2013，27（05）：64-69.

[112] 李良荣，高冠钢. 宣传学导论 [M]. 福建人民出版社，1989.

[113] 韩美琦. 东莞市出租屋水电费管理政策宣传效果的影响因素研究 [D]. 华中科技大学，2018.

[114] 单惠. 高校经济困难学生资助工作问题研究 [D]. 天津工业大学，2016.

[115] 江苏省教育厅办公室. 关于进一步加强学生资助宣传工作的通知 [EB/OL].2021-07-01.

[116] 赵心蕊. 将人文精神融入高校资助育人工作的探索与思考 [J]. 高校辅导员学刊，2022，14（3）：6.

[117] 张园. 立德树人任务下高校资助育人质量提升体系研究 [J]. 品位·经典，2023（07）：116-118.

[118] 陶亮. 基于层次—灰色分析法的高校贫困生资助绩效评价研究 [J]. 湖北成人教育学院学报，2020，26（04）：13-19.

[119] 王万福. 高校资助育人绩效评价指标体系研究与应用 [D]. 重庆师范大学，2020.

[120] 梁春苗，洪冬梅. 高校二级管理体系下实施学生资助绩效考评的跟踪评价——以广西幼儿师范高等专科学校为例 [J]. 广西教育，2019（15）：103-104，107.

[121] Liu Hongqi and Liu Yulei. Colleges' Performance Assessment of University Based on Grey Relational Analysis. [J].Journal of Intelligent & Fuzzy Systems，1 Jan. 2023：6699-6708.

[122] 王磊，高茂庭. 基于改进 CRITIC 权的灰色关联评价模型及其应用 [J]. 现代计算机（专业版），2016（23）：7-12.

# 附录 1
# 高校学生家庭遭受重大灾情应急资助申请表

| 基本信息 | 姓名 | | 学号 | |
|---|---|---|---|---|
| | 所在学院 | | 专业 | |
| | 性别 | | 民族 | |
| | 年级 | | 电话 | |
| 家庭情况 | 家庭住址 | | 家庭成员数（人） | |
| | 劳动力人数（人） | | 家庭每年总收入（元） | |
| | 有无长期病人 | □无　　□1人 | □2人及以上 | |
| 受灾情况 | 受灾种类 | □地震　　□洪涝　　□干旱　　□冰雹　　□泥石流<br>□台风　　□雪灾　　□其他 | | |
| | 家庭资产损失（万元） | | 财产受灾情况描述 | |
| | 当年收入损失（千元） | | 收入损失情况描述 | |
| | 住所毁坏程度（%） | | 住所毁坏程度说明 | |
| | 家庭成员死伤 | □无　□轻伤　□重伤　□死亡　□多人重伤或死亡 | | |
| 灾后恢复 | 生产工作恢复程度（%） | | 生产工作恢复困难说明 | |
| | 灾后负债（万元） | | 灾后负债说明 | |
| | 当地救助力度 | □很大　　□较大<br>□一般　　□较小<br>□无 | 当地救助政策和措施说明 | |
| | 你认为灾后能否恢复正常生活水平 | □不可能　　□可能性不大　　□不清楚<br>□可能性较大　　□肯定 | | |
| 受灾等级评定 | □相对轻微　　□比较严重　　□十分严重 | | | |
| 建议资助措施 | | | | |
| 审批意见 | 　　　　　　　　　年　　月　　日 | | | |

# 附录2
# 高校学生资助政策宣传现状的调查问卷

亲爱的同学：

　　您好！为深入了解高校学生资助政策宣传现状，找出对资助政策认知产生偏差的原因，确定最有效的政策宣传渠道，提升政策宣传的覆盖面与宣传效率，切实做好教育脱贫，促进教育公平和社会公正，请您在百忙之中抽空填写此份问卷，结果仅供研究使用，请您如实填写，对于您的回答，我们将按照相关法律规定，严格保密，收集信息仅用于统计分析，不涉及个人隐私。感谢您的支持与参与！

　　**填答说明：除特别说明外，所有题目皆为单选题，请在相应的数字上点选即可。**

## A. 基本信息

A1. **您的性别为（　　　）**

　　1. 男　2. 女

A2. **您现在就读的年级为（　　　）**

　　1. 一年级　2. 二年级　3. 三年级　4. 四年级　5. 五年级　6. 研究生

A3. **您家庭所在区域为（　　　）**

　　1. 华东地区　2. 华南地区　3. 华中地区　4. 华北地区　5. 西北地区　6. 西南地区　7. 东北地区

**A4. 您家庭所在地为（      ）**

　　1. 大中城市　　2. 县城　　3. 农村

**A5. 您的家庭年收入为（      ）**

　　1.1 万元以下　　2.1 万～5 万元　　3.5 万～12 万元　　4.12 万～20 万元
5.20 万元以上

**A6. 您是否被学校认定为家庭经济困难学生（      ）**

　　1. 是　　2. 否

**A7. 您父母的文化程度为（      ）**

　　1. 小学或小学以下　　2. 初中　　3. 高中或中专　　4. 大学　　5. 研究生或以上

**A8. 您所就读的学校为（      ）**

　　1."双一流"建设高校　　2."双一流"学科建设高校　　3. 省属高校　　4. 市属
高校　　5. 其他

**A9. 您所就读的专业为（      ）**

　　1. 工科　　2. 理科　　3. 文科　　4. 医学类　　5. 农林类

**A10. 您是否有学生干部经历（      ）**

　　1. 是　　2. 否

## B. 对资助政策宣传知晓度的评价

**B1. 您是大概什么时候开始了解大学生资助政策的？（      ）**

　　1. 就读高中时　　2. 高考结束后　　3. 入学报到时　　4. 开学上课后　　5. 现在仍
不了解

**B2. 您对学校资助政策是否清楚？（      ）**

　　1. 非常清楚　　2. 比较清楚　　3. 了解　　4. 不太清楚　　5. 不清楚

**B3. 您的家人对学校资助政策是否清楚？（      ）**

　　1. 非常清楚　　2. 比较清楚　　3. 了解　　4. 不太清楚　　5. 不清楚

**B4. 您知道的资助政策有哪些？（多选）（      ）**

　　1. 国家奖学金　　2. 国家励志奖学金　　3. 国家助学金　　4. 国家助学贷款
5. 基层就业学费补偿或国家助学贷款代偿　　6. 应征入伍学费补偿或国家助学贷
款代偿　　7. 毕业生求职创业补贴　　8. 学校奖助学金　　9. 社会类奖助学金　　10. 学

费减免　11. 临时困难补助　12. 新生绿色通道　13. 勤工助学

**B5. 您对学校资助政策申请的渠道与流程是否清楚？（　　　）**

　　1. 非常清楚　2. 比较清楚　3. 了解　4. 不太清楚　5. 不清楚

**B6. 您主要是通过何种方式知晓大学资助政策的？（多选）（　　　）**

　　1. 高中班主任及相关老师

　　2. 大学招生宣传的老师

　　3. 教育部的媒体宣传

　　4. 地方政府教育及民政部门

　　5. 同学及亲朋好友的介绍

　　6. 学校寄送给新生的"资助政策简介"

　　7. 辅导员老师的宣讲

　　8. 学校学生资助管理部门的校内宣传

　　9. 班级班会的介绍

　　10. 高校老师家访

　　11. 各类微信等新媒体的推介

　　12. 新生热线电话

　　13. 其他

**B7. 您是否主动了解大学资助政策？（　　　）**

　　1. 是　2. 否

## C. 对资助政策宣传工作满意度的评价

**C1. 您对目前学校学生资助政策宣传工作总体是否满意？（　　　）**

　　1. 很满意　2. 满意　3. 一般　4. 不满意　5. 很不满意

**C2. 您对学校现有资助政策宣传的渠道是否满意？（　　　）**

　　1. 很满意　2. 满意　3. 一般　4. 不满意　5. 很不满意

C2-1.

| | 1. 很满意 | 2. 满意 | 3. 一般 | 4. 不满意 | 5. 很不满意 |
|---|---|---|---|---|---|
| 问题 1：您对学校通过"资助政策简介"向新生介绍资助政策是否满意？ | ○ | ○ | ○ | ○ | ○ |

问题2：您对学校学生资助管理部门校内资助政策的宣传是否满意？ ○ ○ ○ ○ ○

问题3：您对教育部媒体关于资助政策的宣传是否满意？ ○ ○ ○ ○ ○

问题4：您对高中阶段学校关于资助政策的宣传是否满意？ ○ ○ ○ ○ ○

## C3. 您对学校现有资助政策宣传的方式是否满意？（　　　）

1. 很满意　2. 满意　3. 一般　4. 不满意　5. 很不满意

C3-1.

|  | 1.很满意 | 2.满意 | 3.一般 | 4.不满意 | 5.很不满意 |
|---|---|---|---|---|---|
| 问题1：您对通过电视、广播播放资助政策的宣传方式是否满意？ | ○ | ○ | ○ | ○ | ○ |
| 问题2：您对学校线下布置资助宣传栏、展板的宣传方式是否满意？ | ○ | ○ | ○ | ○ | ○ |
| 问题3：您对学校通过讲座的方式开展资助政策宣讲是否满意？ | ○ | ○ | ○ | ○ | ○ |
| 问题4：您对学校微信公众号等新媒体推送资助政策的宣传方式是否满意？ | ○ | ○ | ○ | ○ | ○ |
| 问题5：您对一线招生老师宣讲资助政策的方式是否满意？ | ○ | ○ | ○ | ○ | ○ |
| 问题6：您对在年级会班会上介绍资助政策的方式是否满意？ | ○ | ○ | ○ | ○ | ○ |
| 问题7：您对通过优秀学生事迹分享会介绍资助政策的方式是否满意？ | ○ | ○ | ○ | ○ | ○ |
| 问题8：您对通过高校师生家访介绍资助政策的方式是否满意？ | ○ | ○ | ○ | ○ | ○ |

## C4. 您对学校现有资助政策宣传工作人员是否满意？（　　　）

1. 很满意　2. 满意　3. 一般　4. 不满意　5. 很不满意

C4-1.

|  | 1.很满意 | 2.满意 | 3.一般 | 4.不满意 | 5.很不满意 |
|---|---|---|---|---|---|
| 问题1：您对高中老师开展的资助政策宣讲工作是否满意？ | ○ | ○ | ○ | ○ | ○ |

| | 1.很满意 | 2.满意 | 3.一般 | 4.不满意 | 5.很不满意 |
|---|---|---|---|---|---|
| 问题 2：您对辅导员开展的资助政策宣讲工作是否满意？ | ○ | ○ | ○ | ○ | ○ |
| 问题 3：您对亲朋好友介绍的资助政策是否满意？ | ○ | ○ | ○ | ○ | ○ |
| 问题 4：您对地方政府教育及民政部门工作人员的资助政策宣讲是否满意？ | ○ | ○ | ○ | ○ | ○ |
| 问题 5：您对学校学生资助管理部门人员介绍的资助政策是否满意？ | ○ | ○ | ○ | ○ | ○ |
| 问题 6：您对学校家访人员介绍的资助政策是否满意？ | ○ | ○ | ○ | ○ | ○ |

**C5. 您对学校现有资助政策宣传的内容是否满意？（　　　）**

　　1.很满意　2.满意　3.一般　4.不满意　5.很不满意

C5-1.

| | 1.很满意 | 2.满意 | 3.一般 | 4.不满意 | 5.很不满意 |
|---|---|---|---|---|---|
| 问题 1：您对学校资助政策宣传内容的全面性、精准性是否满意？ | ○ | ○ | ○ | ○ | ○ |
| 问题 2：您对学校受助学生成长成才的事迹宣传是否满意？ | ○ | ○ | ○ | ○ | ○ |
| 问题 3：您对学校开展的诚信感恩教育活动宣传是否满意？ | ○ | ○ | ○ | ○ | ○ |

**C6. 您对学校现有资助政策宣传的时机是否满意？（　　　）**

　　1.很满意　2.满意　3.一般　4.不满意　5.很不满意

C6-1.

| | 1.很满意 | 2.满意 | 3.一般 | 4.不满意 | 5.很不满意 |
|---|---|---|---|---|---|
| 问题 1：您对高中就读阶段宣传的大学资助政策是否满意？ | ○ | ○ | ○ | ○ | ○ |
| 问题 2：您对高考结束后宣传的大学资助政策是否满意？ | ○ | ○ | ○ | ○ | ○ |
| 问题 3：您对大学报到时宣传的大学资助政策是否满意？ | ○ | ○ | ○ | ○ | ○ |

问题4：您对大学开学后宣传的大学资助政策是否满意？　○　○　○　○　○

问题5：您对受到资助后宣传的大学资助政策是否满意？　○　○　○　○　○

## C7. 您对学校现有资助政策宣传的力度是否满意？（　　　）

　　1. 很满意　2. 满意　3. 一般　4. 不满意　5. 很不满意

# D. 对影响资助政策宣传效果因素的评价

## D1. 您认为不同的宣传渠道是否会影响资助政策宣传的效果？（　　　）

　　1. 非常影响　2. 比较影响　3. 一般　4. 不太影响　5. 不影响

D1-1.

| | 1. 非常影响 | 2. 比较影响 | 3. 一般 | 4. 不太影响 | 5. 不影响 |
|---|---|---|---|---|---|
| 问题1：您认为单一的宣传渠道是否会影响资助政策宣传的效果？ | ○ | ○ | ○ | ○ | ○ |
| 问题2：您认为招生老师对于资助政策介绍的有效性是否会影响其效果？ | ○ | ○ | ○ | ○ | ○ |
| 问题3：您认为高中老师对于资助政策介绍的准确性是否会影响其效果？ | ○ | ○ | ○ | ○ | ○ |

## D2. 您认为不同的宣传方式是否会影响资助政策宣传的效果？（　　　）

　　1. 非常影响　2. 比较影响　3. 一般　4. 不太影响　5. 不影响

D2-1.

| | 1. 非常影响 | 2. 比较影响 | 3. 一般 | 4. 不太影响 | 5. 不影响 |
|---|---|---|---|---|---|
| 问题1：您认为广播和电视保留性差等特点是否会影响资助政策宣传的效果？ | ○ | ○ | ○ | ○ | ○ |
| 问题2：您认为新媒体传播快、碎片化等特点是否会影响资助政策宣传的效果？ | ○ | ○ | ○ | ○ | ○ |

| | 1.非常影响 | 2.比较影响 | 3.一般 | 4.不太影响 | 5.不影响 |
|---|---|---|---|---|---|
| 问题 3：您认为资助专题讲座是否会影响资助政策宣传的效果？ | ○ | ○ | ○ | ○ | ○ |
| 问题 4：您认为在学校开设专题网站宣传是否会影响资助政策宣传的效果？ | ○ | ○ | ○ | ○ | ○ |
| 问题 5：您认为学校资助宣传栏、展板受众窄等特点是否会影响资助政策宣传的效果？ | ○ | ○ | ○ | ○ | ○ |
| 问题 6：您认为纸质宣传材料的单一性是否会影响资助政策宣传的效果？ | ○ | ○ | ○ | ○ | ○ |
| 问题 7：您认为与宣讲老师面对面交流是否会影响资助政策宣传的效果？ | ○ | ○ | ○ | ○ | ○ |
| 问题 8：您认为针对性强的个性化宣传是否会影响资助政策宣传的效果？ | ○ | ○ | ○ | ○ | ○ |

**D3.您认为资助政策宣传人员是否会影响资助政策宣传的效果？（　　　）**

　　1.非常影响　 2.比较影响　 3.一般　 4.不太影响　 5.不影响

D3-1.

| | 1.非常影响 | 2.比较影响 | 3.一般 | 4.不太影响 | 5.不影响 |
|---|---|---|---|---|---|
| 问题 1：您认为高校资助政策宣传人员流动性大是否会影响资助政策宣传的效果？ | ○ | ○ | ○ | ○ | ○ |
| 问题 2：您认为资助政策宣传人员系统性政策培训程度是否会影响资助政策宣传的效果？ | ○ | ○ | ○ | ○ | ○ |
| 问题 3：您认为资助政策宣传人员对资助政策的了解程度是否会影响资助政策宣传的效果？ | ○ | ○ | ○ | ○ | ○ |
| 问题 4：您认为有没有站在学生角度宣讲是否会影响资助政策宣传的效果？ | ○ | ○ | ○ | ○ | ○ |

问题 5：您认为亲朋好友对资助政策的知晓度是否会影响资助政策宣传的效果？ ○ ○ ○ ○ ○

问题 6：您认为资助政策宣传人员开展宣传工作的态度是否会影响资助政策宣传的效果？ ○ ○ ○ ○ ○

问题 7：您认为与资助政策宣传人员面对面交流是否会影响资助政策宣传的效果？ ○ ○ ○ ○ ○

**D4. 您认为受助者对资助政策的关心程度是否会影响资助政策宣传的效果？（      ）**

    1. 非常影响   2. 比较影响   3. 一般   4. 不太影响   5. 不影响

D4-1.

|  | 1. 非常影响 | 2. 比较影响 | 3. 一般 | 4. 不太影响 | 5. 不影响 |
|---|---|---|---|---|---|
| 问题 1：您认为受助学生家属对政策的知晓度是否会影响资助政策宣传的效果？ | ○ | ○ | ○ | ○ | ○ |
| 问题 2：您认为学生了解资助政策的能动性是否会影响资助政策宣传的效果？ | ○ | ○ | ○ | ○ | ○ |

**D5. 您认为资助宣传工作开展的时机是否会影响资助政策宣传的效果？（          ）**

    1. 非常影响   2. 比较影响   3. 一般   4. 不太影响   5. 不影响

D5-1.

|  | 1. 非常影响 | 2. 比较影响 | 3. 一般 | 4. 不太影响 | 5. 不影响 |
|---|---|---|---|---|---|
| 问题 1：您认为高中阶段提前宣传高校资助政策是否会影响其宣传的效果？ | ○ | ○ | ○ | ○ | ○ |
| 问题 2：您认为高考结束后广泛宣传高校资助政策是否会影响其宣传的效果？ | ○ | ○ | ○ | ○ | ○ |

问题 3：您认为大学报到时集中宣
传高校资助政策是否会影响其宣传
的效果？　　　　　　　　　　○　　　　　○　　　　　○　　　　　○　　　　　○

问题 4：您认为大学开学后常态化
宣传高校资助政策是否会影响其宣
传的效果？　　　　　　　　　　○　　　　　○　　　　　○　　　　　○　　　　　○

问题 5：您认为学生受助后针对性
宣传高校资助政策是否会影响其宣
传的效果？　　　　　　　　　　○　　　　　○　　　　　○　　　　　○　　　　　○

## E. 您对资助政策宣传工作的建议：_____

_____

**本次问卷调查到此结束，再次对您的支持帮助和辛勤劳动表示衷心感谢！**

# 附录 3
# 高校学生资助政策宣传现状调查问卷分析报告

## 调查方法及样本情况

根据问卷回答的残缺度和相似度两个维度进行筛选，残缺度或相似度大于70%的问卷视为无效问卷，共收集问卷 3450 份，其中有效问卷数量 3227 份，问卷有效率为 93.53%。

## 总体情况

（一）基本信息统计

1. 性别

**您的性别**

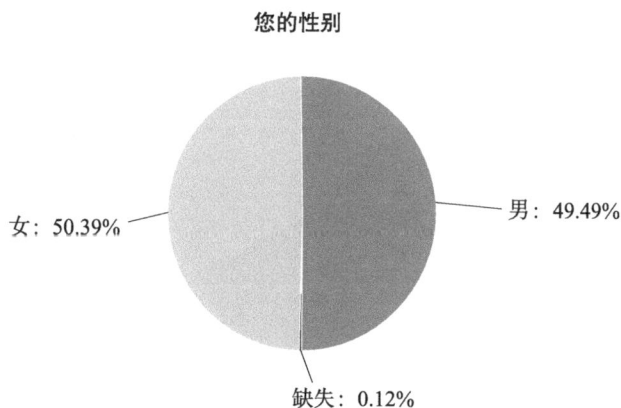

女：50.39%　　男：49.49%

缺失：0.12%

由图可知，调查样本中，男女比例差别不大。其中，男同学有 1597 人，占比为 49.49%；女同学有 1626 人，占比为 50.39%；缺失值为 4，占比为 0.12%。

## 2. 年级

**A2.您现在就读的年级为**

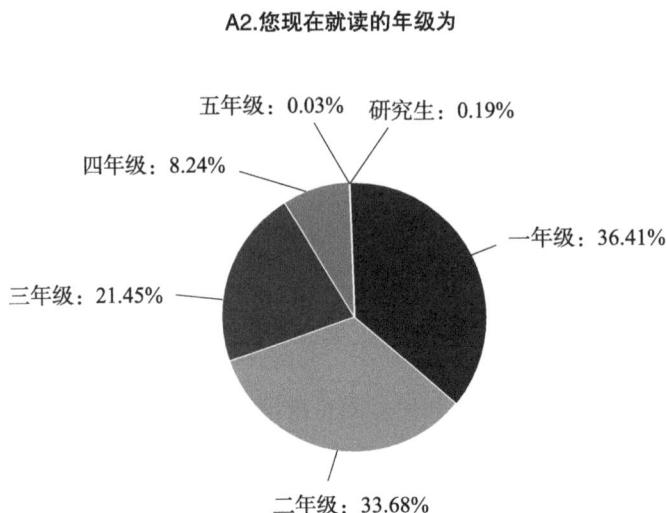

由图可知，调查样本中，现在就读一年级的学生占比为 36.41%，二年级的学生占比为 33.68%，三年级的学生占比为 21.45%；四年级的学生占比为 8.24%，五年级的学生占比为 0.03%，研究生占比为 0.19%。

## 3. 家庭所在区域

**A3. 您家庭所在区域为**

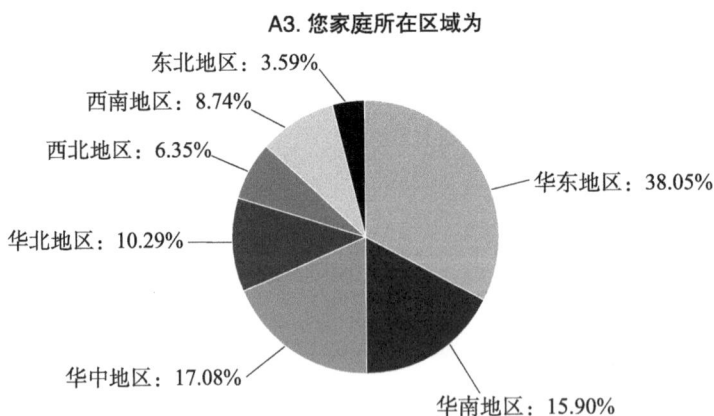

由图可知，调查样本中，家庭所在区域为华东地区的学生占比为 38.05%，

华南地区的学生占比为 15.90%，华中地区的学生占比为 17.08%，华北地区的学生占比为 10.29%，西北地区的学生占比为 6.35%，西南地区的学生占比为 8.74%，东北地区的学生占比为 3.59%。

### 4. 家庭所在地

**A4.您家庭所在地为**

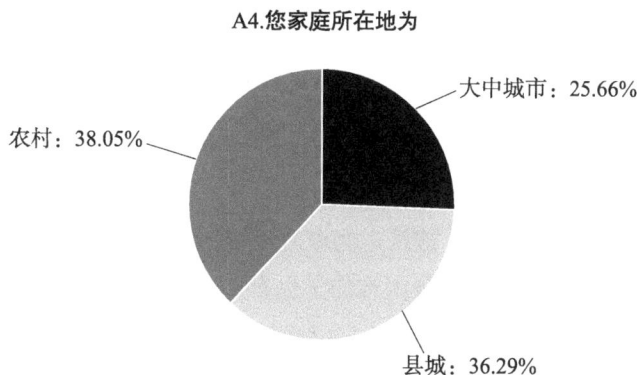

农村：38.05%　大中城市：25.66%　县城：36.29%

由图可知，调查样本中，来自大中城市的学生占比为 25.66%，来自县城的学生占比为 36.29%，来自农村的学生占比为 38.05%。

### 5. 家庭年收入

**A5.您的家庭年收入为**

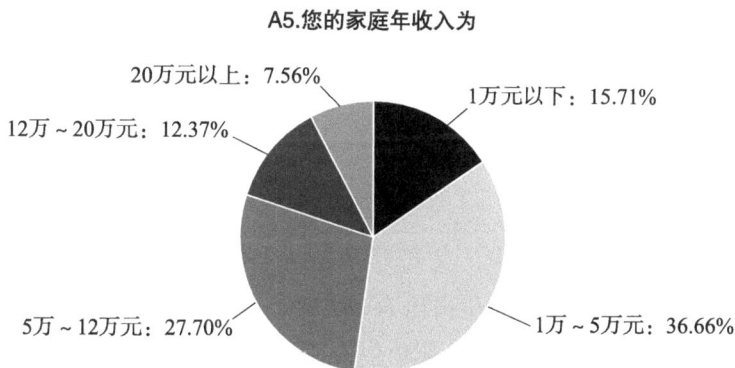

20万元以上：7.56%　12万～20万元：12.37%　1万元以下：15.71%　5万～12万元：27.70%　1万～5万元：36.66%

由图可知，调查样本中，家庭年收入一万元以下的学生占比为 15.71%，1 万～5 万元的学生占比为 36.66%，5 万～12 万元的学生占比为 27.70%，12 万～20 万元的学生占比为 12.37%，20 万元以上的学生占比为 7.56%。

### 6.家庭经济困难认定

**A6.您是否被学校认定为家庭经济困难学生**

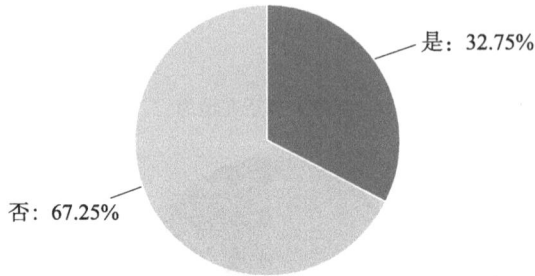

由图可知，调查样本中，被认定为家庭经济困难的学生有 1057 人，占比为 32.75%；没有被认定为家庭经济困难的学生有 2170 人，占比为 67.25%。

### 7. 父母文化程度

**A7. 您父母的文化程度为**

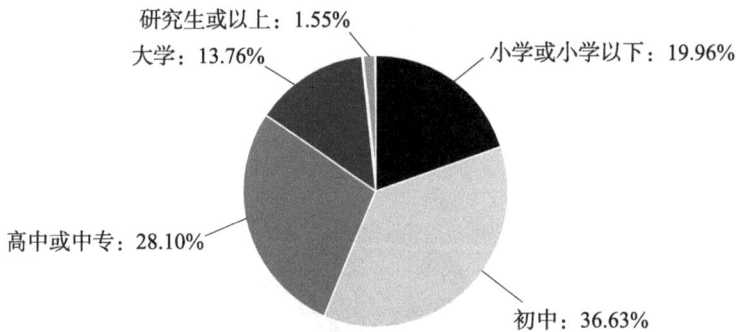

由图可知，调查样本中，父母学历在小学或小学以下的学生占比为 19.96%，父母学历在初中的学生占比为 36.63%，父母学历在高中或中专的学生占比为 28.10%，父母学历在大学的学生占比为 13.76%，父母学历在研究生或以上的学生占比为 1.55%。

## 8. 就读学校

**A8.您所就读的学校为**

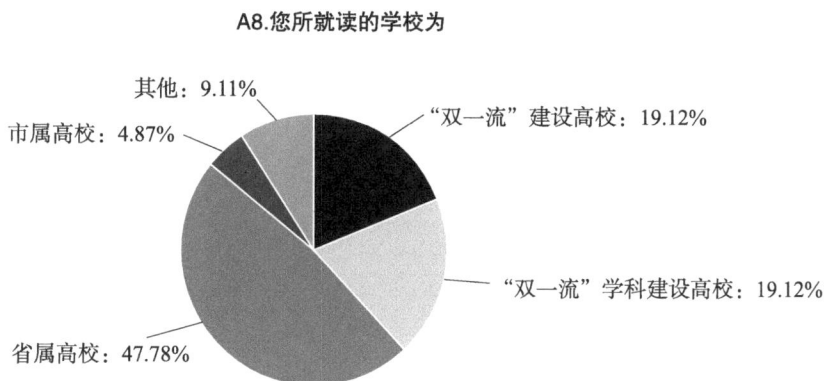

由图可知，调查样本中，就读"双一流"建设高校的学生占比为 19.12%，就读"双一流"学科建设高校的学生占比为 19.12%，就读省属高校的学生占比为 47.78%，就读市属高校的学生占比为 4.87%，就读其他高校的学生占比为 9.11%。

## 9. 就读专业

**A9.您所就读的专业为**

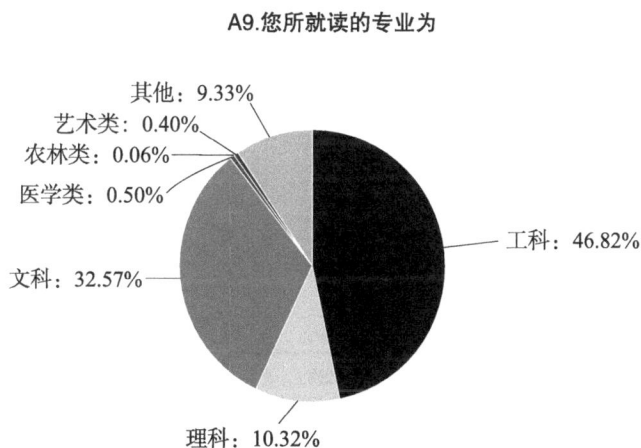

由图可知，调查样本中，就读工科的学生占比为 46.82%，就读理科的学生占比为 10.32%，就读文科的学生占比为 32.57%，就读医学类的学生占比为 0.50%，就读农林类的学生占比为 0.06%，就读艺术类的学生占比为 0.40%，就读其他类别专业的学生占比为 9.33%。

### 10. 学生干部经历

A10.您是否有学生干部经历

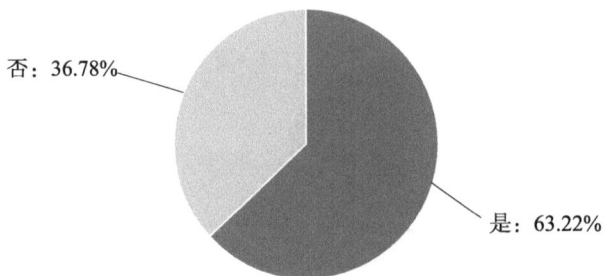

否：36.78%

是：63.22%

由图可知，调查样本中，拥有学生干部经历的学生有 2040 人，占比为 63.22%；没有学生干部经历的学生有 1187 人，占比为 36.78%。

本书中涉及的人口统计数据情况，整理汇总表如下。

| 频数分析结果 | | | | |
|---|---|---|---|---|
| 名称 | 选项 | 频数 | 百分比（%） | 累积百分比（%） |
| | −2 | 4 | 0.12 | 0.12 |
| A1. 您的性别为 | 1 | 1597 | 49.49 | 49.61 |
| | 2 | 1626 | 50.39 | 100 |
| | 1 | 1175 | 36.41 | 36.41 |
| | 2 | 1087 | 33.68 | 70.09 |
| | 3 | 692 | 21.45 | 91.54 |
| A2. 您现在就读的年级为 | 4 | 266 | 8.24 | 99.78 |
| | 5 | 1 | 0.03 | 99.81 |
| | 6 | 6 | 0.19 | 100 |
| | 1 | 1228 | 38.05 | 38.05 |
| | 2 | 513 | 15.90 | 53.95 |
| | 3 | 551 | 17.08 | 71.03 |
| A3. 您家庭所在区域为 | 4 | 332 | 10.29 | 81.32 |
| | 5 | 205 | 6.35 | 87.67 |
| | 6 | 282 | 8.74 | 96.41 |
| | 7 | 116 | 3.59 | 100 |

（续表）

| 频数分析结果 | | | | |
|---|---|---|---|---|
| 名称 | 选项 | 频数 | 百分比（%） | 累积百分比（%） |
| A4. 您家庭所在地为 | 1 | 828 | 25.66 | 25.66 |
| | 2 | 1171 | 36.29 | 61.95 |
| | 3 | 1228 | 38.05 | 100 |
| A5. 您的家庭年收入为 | 1 | 507 | 15.71 | 15.71 |
| | 2 | 1183 | 36.66 | 52.37 |
| | 3 | 894 | 27.70 | 80.07 |
| | 4 | 399 | 12.37 | 92.44 |
| | 5 | 244 | 7.56 | 100 |
| A6. 您是否被学校认定为家庭经济困难学生 | 1 | 1057 | 32.75 | 32.75 |
| | 2 | 2170 | 67.25 | 100 |
| A7. 您父母的文化程度为 | 1 | 644 | 19.96 | 19.96 |
| | 2 | 1182 | 36.63 | 56.59 |
| | 3 | 907 | 28.10 | 84.69 |
| | 4 | 444 | 13.76 | 98.45 |
| | 5 | 50 | 1.55 | 100 |
| A8. 您所就读的学校为 | 1 | 617 | 19.12 | 19.12 |
| | 2 | 617 | 19.12 | 38.24 |
| | 3 | 1542 | 47.78 | 86.02 |
| | 4 | 157 | 4.87 | 90.89 |
| | 5 | 294 | 9.11 | 100 |
| A9. 您所就读的专业为 | 1 | 1511 | 46.82 | 46.82 |
| | 2 | 333 | 10.32 | 57.14 |
| | 3 | 1051 | 32.57 | 89.71 |
| | 4 | 16 | 0.50 | 90.21 |
| | 5 | 2 | 0.06 | 90.27 |
| | 6 | 13 | 0.40 | 90.67 |
| | 7 | 301 | 9.33 | 100 |

（续表）

| 频数分析结果 | | | | |
|---|---|---|---|---|
| 名称 | 选项 | 频数 | 百分比（%） | 累积百分比（%） |
| A10. 您是否有学生干部经历 | 1 | 2040 | 63.22 | 63.22 |
| | 2 | 1187 | 36.78 | 100 |
| 合计 | | 3227 | 100 | 100 |

### （二）对资助政策宣传知晓度的评价

### 1. 您是大概什么时候开始了解大学生资助政策的？

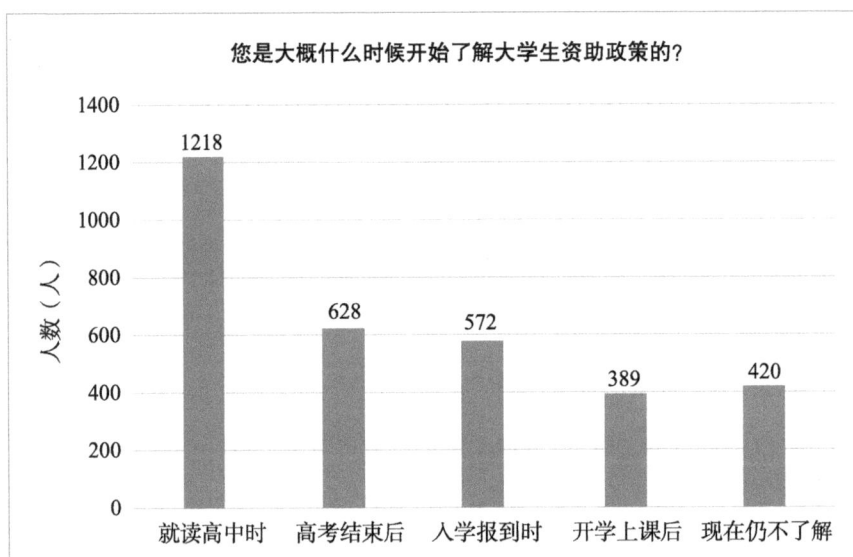

由图可知，调查样本中，学生对学校资助政策开始了解的情况如下：回答就读高中时的学生有 1218 人，占比为 37.74%；高考结束后的学生有 628 人，占比为 19.46%；入学报到时的学生有 572 人，占比为 17.73%；开学上课后的学生有 389 人，占比为 12.05%；现在仍不了解的学生有 420 人，占比为 13.02%。

## 2. 您对学校资助政策是否清楚?

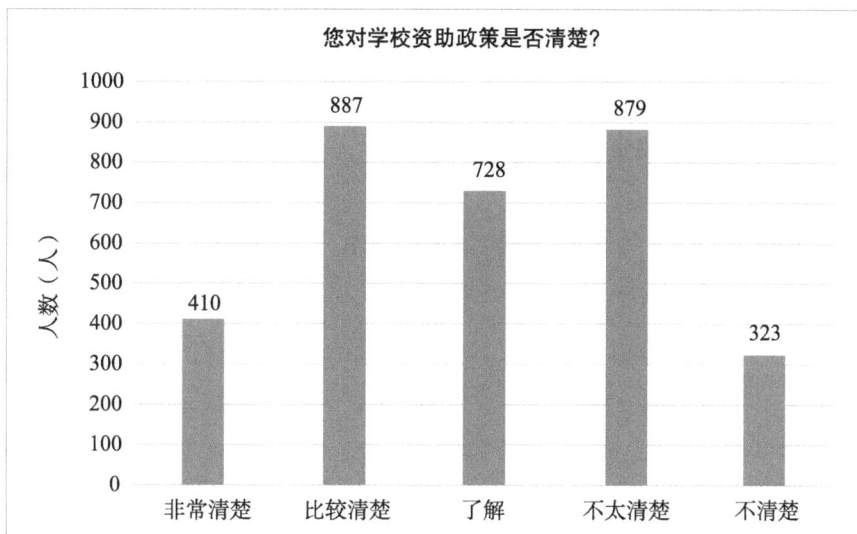

**您对学校资助政策是否清楚?**

人数（人）

| 非常清楚 | 比较清楚 | 了解 | 不太清楚 | 不清楚 |
|---|---|---|---|---|
| 410 | 887 | 728 | 879 | 323 |

由图可知，调查样本中，学生对学校资助政策的清楚情况如下：非常清楚的学生有 410 人，占比为 12.70%；比较清楚的学生有 887 人，占比为 27.49%；了解的学生有 728 人，占比为 22.56%；不太清楚的学生有 879 人，占比为 27.24%；不清楚的学生有 323 人，占比为 10.01%。

## 3. 您的家人对学校资助政策是否清楚?

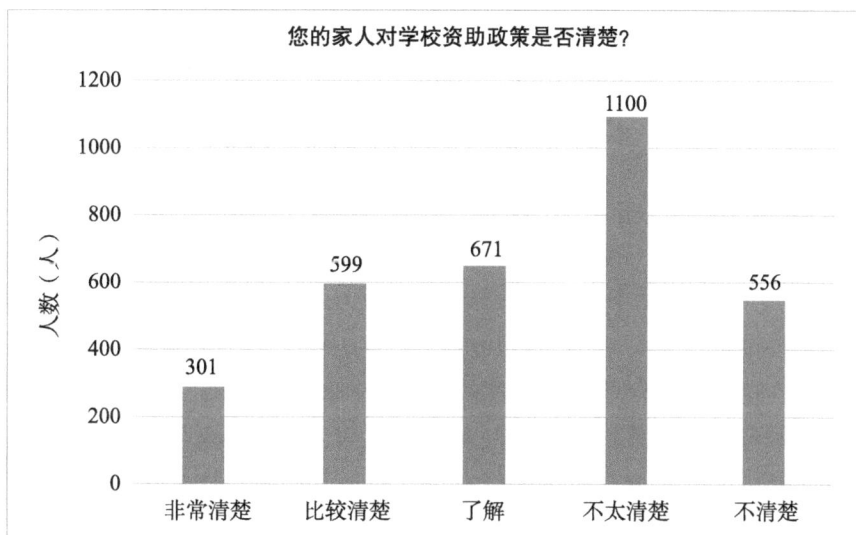

**您的家人对学校资助政策是否清楚?**

人数（人）

| 非常清楚 | 比较清楚 | 了解 | 不太清楚 | 不清楚 |
|---|---|---|---|---|
| 301 | 599 | 671 | 1100 | 556 |

由图可知，调查样本中，学生家人对学校资助政策的了解情况如下：非常清楚的学生有 301 人，占比为 9.33%；比较清楚的学生有 599 人，占比为 18.56%；了解的学生有 671 人，占比为 20.79%；不太清楚的学生有 1100 人，占比为 34.09%；不清楚的学生有 556 人，占比为 17.23%。

4. 您知道的资助政策有哪些？

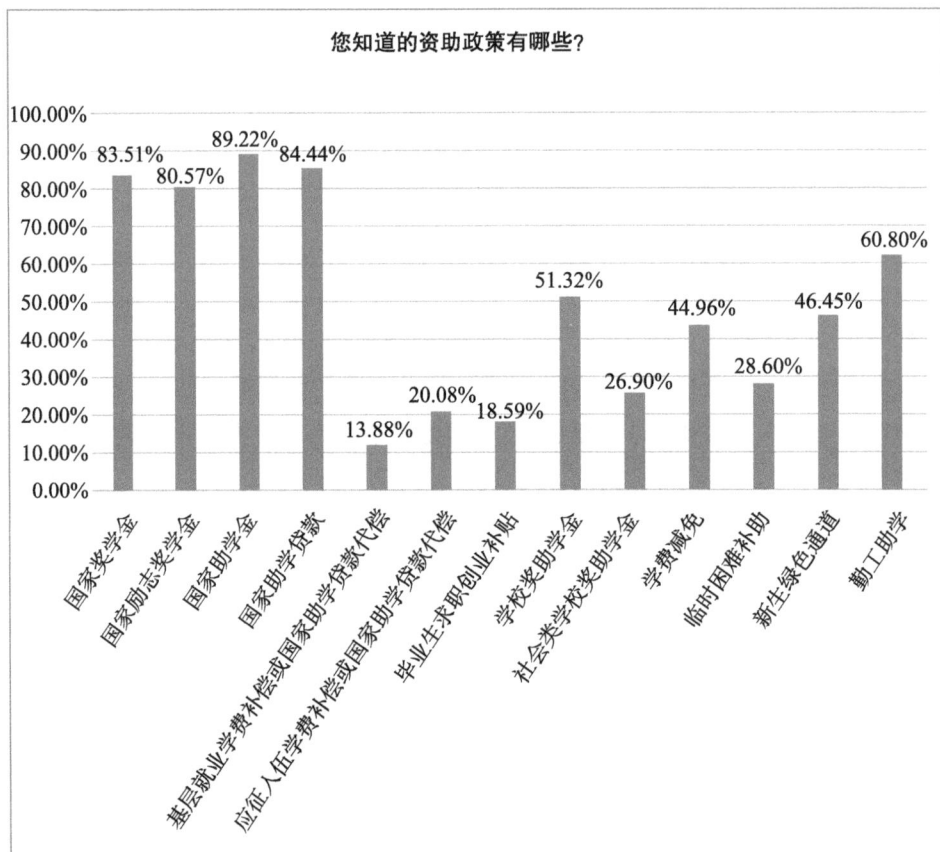

由图可知，调查样本中，学生对资助政策的知晓情况如下：83.51% 的学生知道国家奖学金，80.57% 的学生知道国家励志奖学金，89.22% 的学生知道国家助学金，84.44% 的学生知道国家助学贷款，13.88% 的学生知道基层就业学费补偿或国家助学贷款代偿，20.08% 的学生知道应征入伍学费补偿或国家助学贷款代偿，18.59% 的学生知道毕业生求职创业补贴，51.32% 的学生知道学

校奖助学金，26.90% 的学生知道社会类学校奖助学金，44.96% 的学生知道学费减免，28.60% 的学生知道临时困难补助，46.45% 的学生知道新生绿色通道，60.80% 的学生知道勤工助学。

### 5. 您对学校资助政策申请的渠道与流程是否清楚?

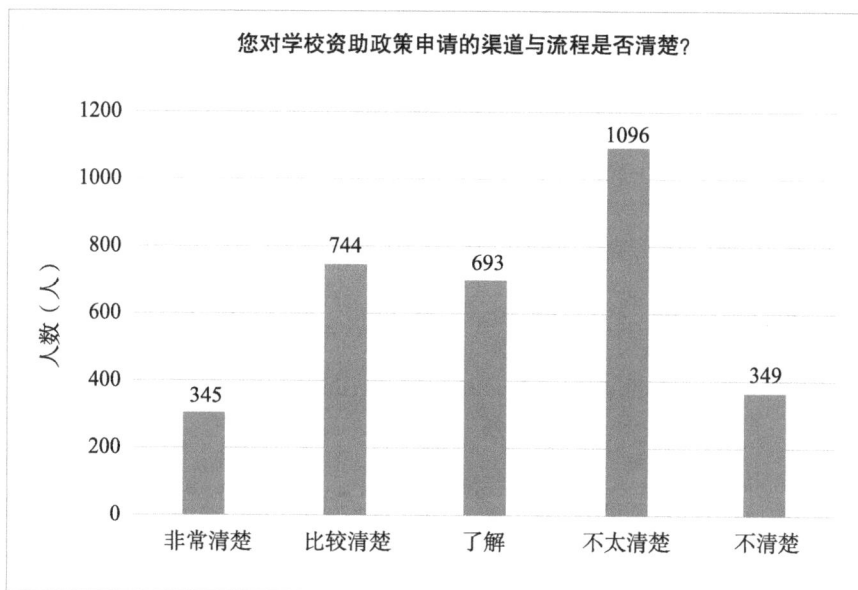

由图可知，调查样本中，学生对学校资助政策申请的渠道与流程的了解情况如下：非常清楚的学生有 345 人，占比为 10.69%；比较清楚的学生有 744 人，占比为 23.06%；了解的学生有 693 人，占比为 21.48%；不太清楚的学生有 1096 人，占比为 33.96%；不清楚的学生有 349 人，占比为 10.81%。

### 6. 您主要是通过何种方式知晓大学资助政策的?

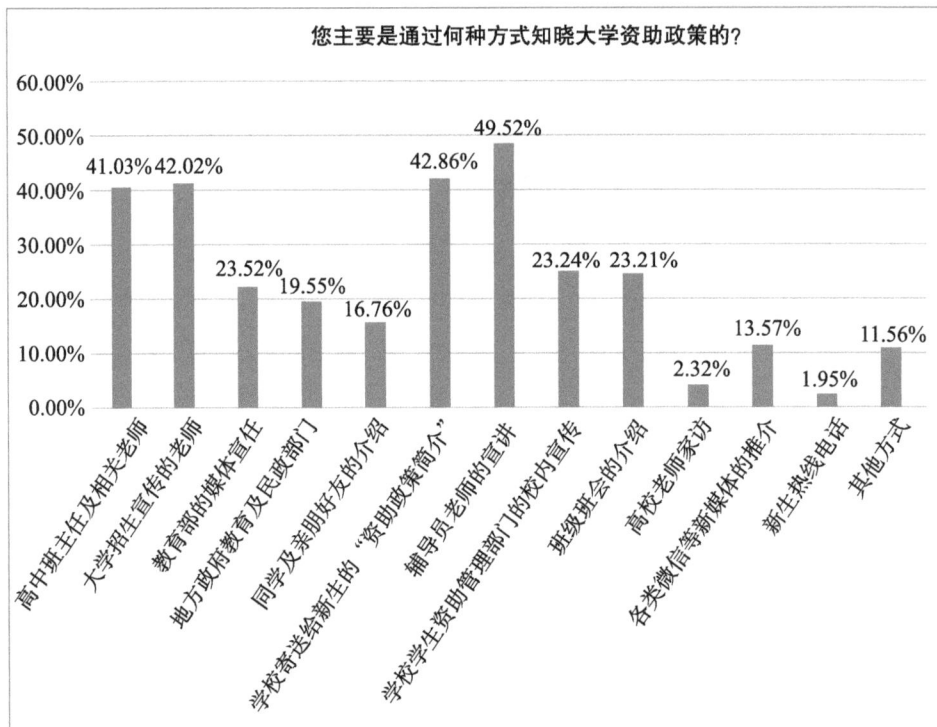

由图可知，调查样本中，关于学生是如何知晓大学资助政策的问题，41.03% 的学生表示是通过高中班主任及相关老师，42.02% 的学生通过大学招生宣传的老师，23.52% 的学生通过教育部的媒体宣传，19.55% 的学生通过地方政府教育及民政部门，16.76% 的学生通过同学及亲朋好友的介绍，42.86% 的学生通过学校寄送给新生的"资助政策简介"，49.52% 的学生通过辅导员老师的宣讲，23.24% 的学生通过学校学生资助管理部门的校内宣传，23.21% 的学生通过班级班会的介绍，2.32% 的学生通过高校老师家访，13.57% 的学生通过各类微信等新媒体的推介，1.95% 的学生通过新生热线电话，还有 11.56% 的学生通过其他方式知晓大学资助政策。

## 7. 您是否主动了解大学资助政策?

您是否主动了解大学资助政策?

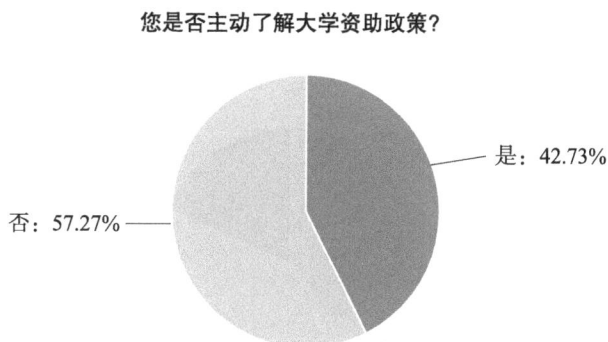

是:42.73%
否:57.27%

由图可知,调查样本中,主动了解大学资助政策的学生有 1379 人,占比为 42.73%;没有主动了解的学生有 1848 人,占比为 57.27%。

## (三)对资助政策宣传工作满意度的评价

## 1. 您对目前学校学生资助政策宣传工作总体是否满意?

您对目前学校学生资助政策宣传工作总体是否满意?

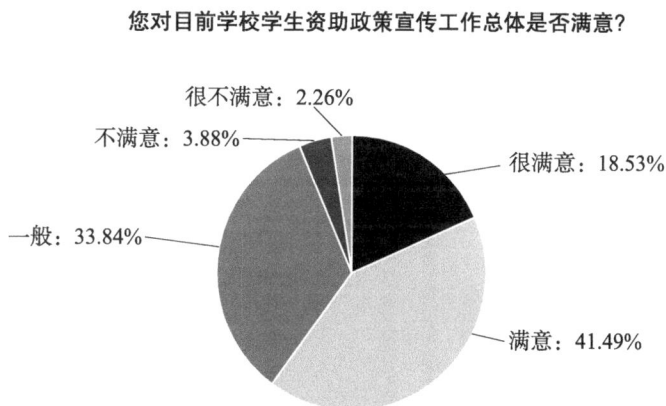

很不满意:2.26%
不满意:3.88%
一般:33.84%
很满意:18.53%
满意:41.49%

由图可知,调查样本中,对目前学校学生资助政策宣传工作总体情况很满意的学生有 598 人,占比为 18.53%;满意的学生有 1339 人,占比为 41.49%;感觉一般的学生有 1092 人,占比为 33.84%;不满意的学生有 125 人,占比为 3.88%;很不满意的学生有 73 人,占比为 2.26%。

**2. 您对学校现有资助政策宣传的渠道是否满意？**

您对学校现有资助政策宣传的渠道是否满意?

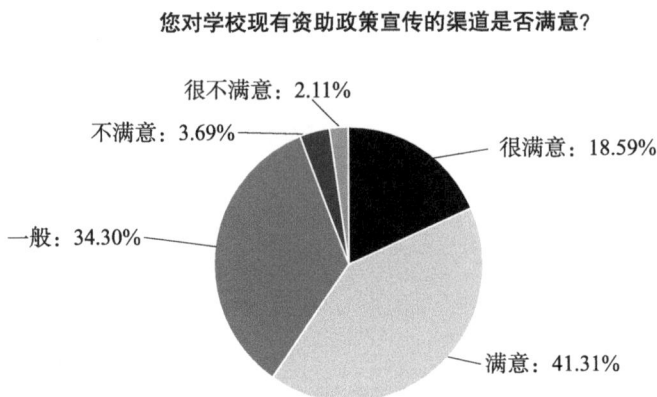

很不满意：2.11%
不满意：3.69%
很满意：18.59%
一般：34.30%
满意：41.31%

由图可知，调查样本中，对学校现有的资助政策宣传渠道很满意的学生有600人，占比为18.59%；满意的学生有1333人，占比为41.31%；感觉一般的学生有1107人，占比为34.3%；不满意的学生有119人，占比为3.69%；很不满意的学生有68人，占比为2.11%。

各渠道宣传情况统计表

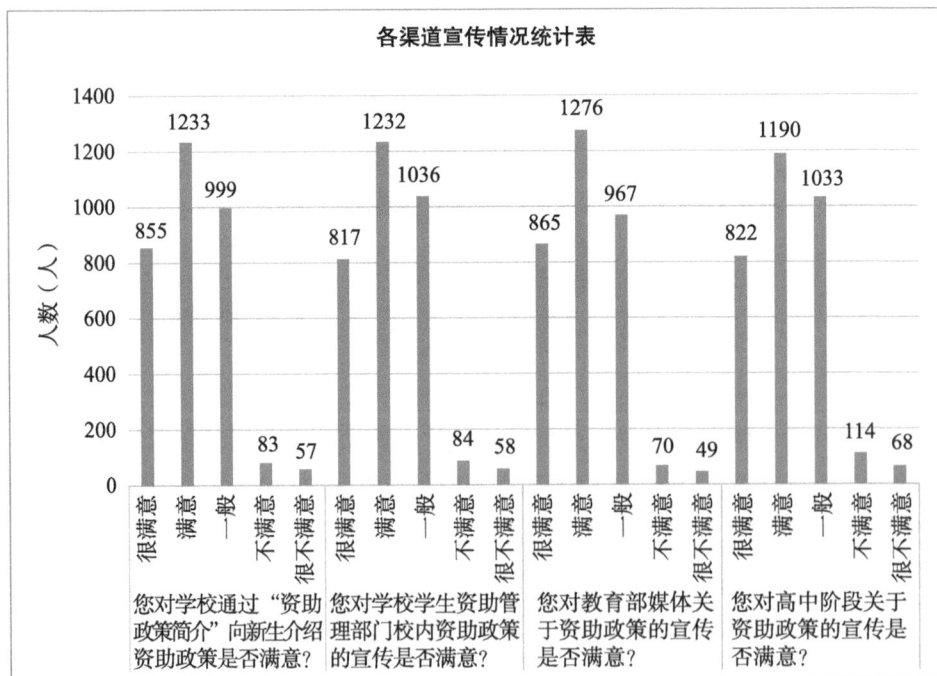

由图可知，调查样本中，对学校通过"资助政策简介"向新生介绍资助政策很满意的学生有 855 人，占比为 26.49%；满意的学生有 1233 人，占比为 38.21%；感觉一般的学生有 999 人，占比为 30.96%；不满意的学生有 83 人，占比为 2.57%；很不满意的学生有 57 人，占比为 1.77%。

对学校学生资助管理部门校内资助政策的宣传很满意的学生有 817 人，占比为 25.32%；满意的学生有 1232 人，占比为 38.18%；感觉一般的学生有 1036 人，占比为 32.10%；不满意的学生有 84 人，占比为 2.60%；很不满意的学生有 58 人，占比为 1.80%。

对教育部媒体关于资助政策的宣传很满意的学生有 865 人，占比为 26.80%；满意的学生有 1276 人，占比为 39.54%；感觉一般的学生有 967 人，占比为 29.97%；不满意的学生有 70 人；占比为 2.17%，很不满意的学生有 49 人，占比为 1.52%。

对高中阶段关于资助政策的宣传很满意的学生有 822 人，占比为 25.47%；满意的学生有 1190 人，占比为 36.88%；感觉一般的学生有 1033 人，占比为 32.01%；不满意的学生有 114 人，占比为 3.53%；很不满意的学生有 68 人，占比为 2.11%。

### 3. 您对学校现有资助政策宣传的方式是否满意?

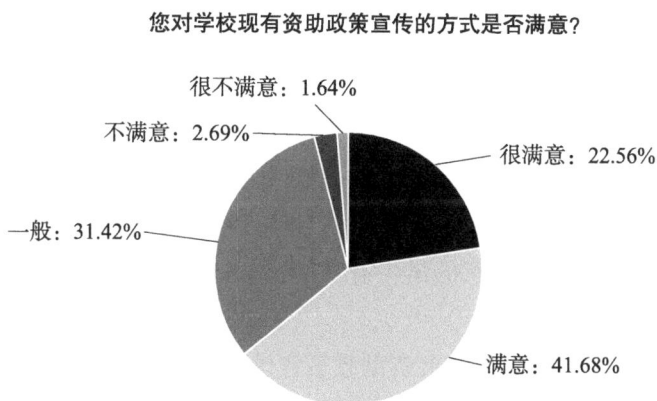

您对学校现有资助政策宣传的方式是否满意?

由图可知，调查样本中，对学校现有资助政策宣传的方式很满意的学生有 728 人，占比为 22.56%；满意的学生有 1345 人，占比为 41.68%；感觉一般的学生有 1014 人，占比为 31.42%；不满意的学生有 87 人，占比为 2.69%；很不满意的学生有 53 人，占比为 1.64%。

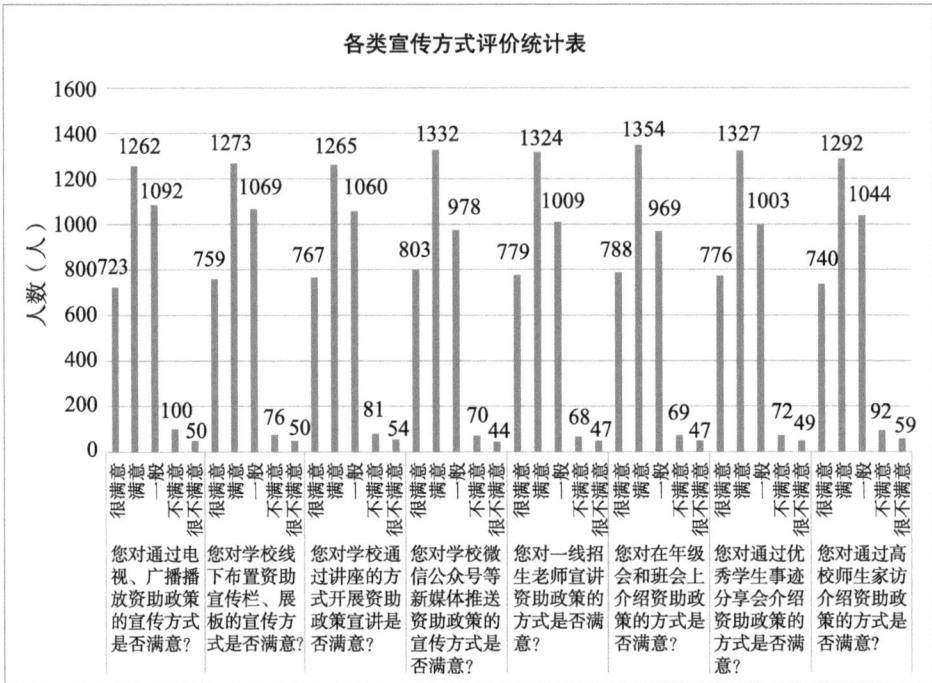

各类宣传方式评价统计表

由图可知，调查样本中，对通过电视、广播播放资助政策的宣传方式很满意的学生有 723 人，占比为 22.40%；满意的学生有 1262 人，占比为 39.11%；感觉一般的学生有 1092 人，占比为 33.84%；不满意的学生有 100 人，占比为 3.10%；很不满意的学生有 50 人，占比为 1.55%。

对学校线下布置资助宣传栏、展板的宣传方式很满意的学生有 759 人，占比为 23.52%；满意的学生有 1273 人，占比为 39.45%；感觉一般的学生有 1069 人，占比为 33.12%；不满意的学生有 76 人，占比为 2.36%；很不满意学生有 50 人，占比为 1.55%。

对学校通过讲座的方式开展资助政策宣讲很满意的学生有 767 人，占比为 23.77%；满意的学生有 1265 人，占比为 39.20%；感觉一般的学生有 1060 人，占比为 32.85%；不满意的学生有 81 人，占比为 2.51%；很不满意的学生有 54 人，占比为 1.67%。

对学校微信公众号等新媒体推送资助政策的宣传方式很满意的学生有 803

人，占比为 24.88%；满意的学生有 1332 人，占比为 41.28%；感觉一般的学生有 978 人，占比为 30.31%；不满意的学生有 70 人，占比为 2.17%；很不满意的学生有 44 人，占比为 1.36%。

对一线招生老师宣讲资助政策的方式很满意的学生有 779 人，占比为 24.14%；满意的学生有 1324 人，占比为 41.03%；感觉一般的学生有 1009 人，占比为 31.27%；不满意的学生有 68 人，占比为 2.11%；很不满意的学生有 47 人，占比为 1.45%。

对在年级会和班会上介绍资助政策的方式很满意的学生有 788 人，占比为 24.42%；满意的学生有 1354 人，占比为 41.96%；感觉一般的学生有 969 人，占比为 30.03%；不满意的学生有 69 人，占比为 2.14%；很不满意的学生有 47 人，占比为 1.45%。

对通过优秀学生事迹分享会介绍资助政策的方式很满意的学生有 776 人，占比为 24.05%；满意的学生有 1327 人，占比为 41.12%；感觉一般的学生有 1003 人，占比为 31.08%；不满意的学生有 72 人，占比为 2.23%；很不满意的学生有 49 人，占比为 1.52%。

对通过高校师生家访介绍资助政策的方式很满意的学生有 740 人，占比为 22.93%；满意的学生有 1292 人，占比为 40.04%；感觉一般的学生有 1044 人，占比为 32.35%；不满意的学生有 92 人，占比为 2.85%；很不满意的学生有 59 人，占比为 1.83%。

**4. 您对学校现有资助政策宣传工作人员是否满意？**

您对学校现有资助政策宣传工作人员是否满意？

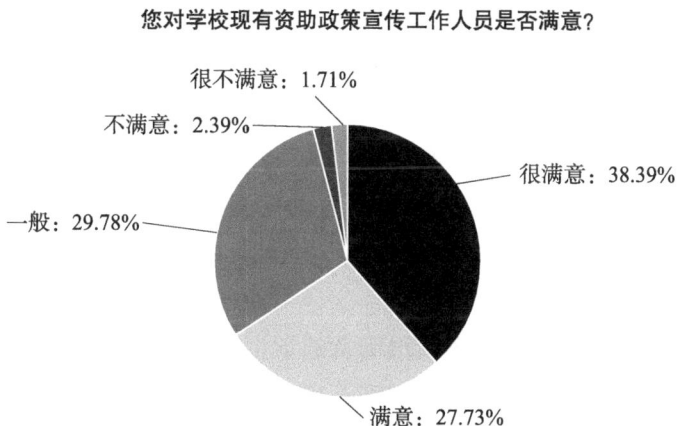

很不满意：1.71%
不满意：2.39%
一般：29.78%
很满意：38.39%
满意：27.73%

由图可知，调查样本中，对学校现有资助政策宣传工作人员很满意的学生有 1239 人，占比为 38.39%；满意的学生有 895 人，占比为 27.73%；感觉一般的学生有 961 人，占比为 29.78%；不满意的学生有 77 人，占比为 2.39%；很不满意的学生有 55 人，占比为 1.71%。

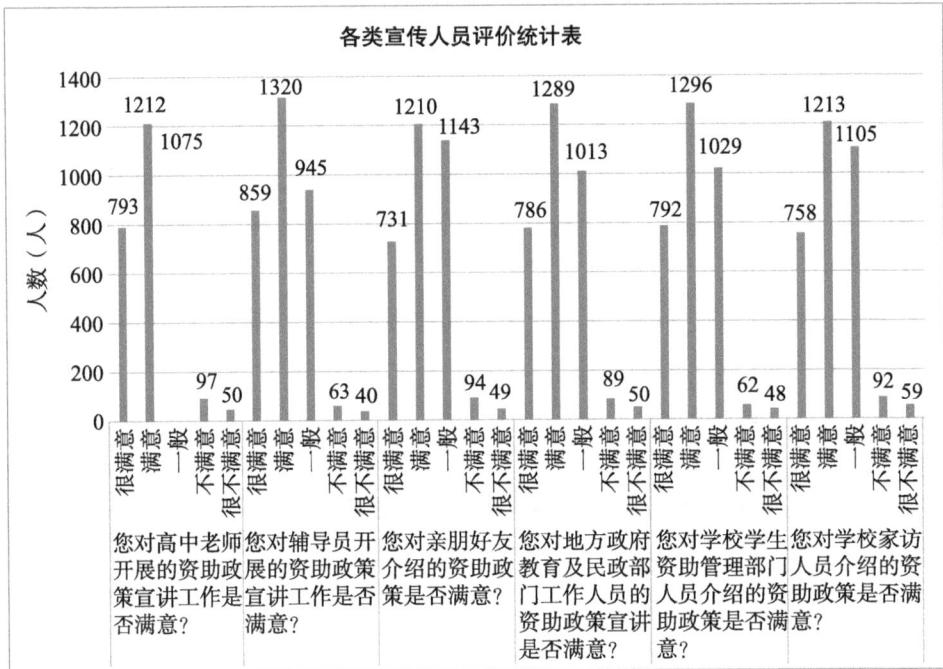

各类宣传人员评价统计表

对高中老师开展的资助政策宣讲工作很满意的学生有 793 人，占比为 24.57%；满意的学生有 1212 人，占比为 37.56%；感觉一般的学生有 1075 人，占比为 33.31%；不满意的学生有 97 人，占比为 3.01%；很不满意的学生有 50 人，占比为 1.55%。

对辅导员开展的资助政策宣讲工作很满意的学生有 859 人，占比为 26.22%；满意的学生有 1320 人，占比为 40.91%；感觉一般的学生有 945 人，占比为 29.28%；不满意的学生有 63 人，占比为 1.95%；很不满意的学生有 40 人，占比为 1.24%。

对亲朋好友介绍的资助政策很满意的学生有 731 人，占比为 22.65%；满意的学生有 1210 人，占比为 37.50%；感觉一般的学生有 1143 人，占比为

35.42%；不满意的学生有 94 人，占比为 2.91%；很不满意的学生有 49 人，占比为 1.52%。

对地方政府教育及民政部门工作人员的资助政策宣讲很满意的学生有 786 人，占比为 24.36%；满意的学生有 1289 人，占比为 39.94%；感觉一般的学生有 1013 人，占比为 31.39%；不满意的学生有 89 人，占比为 2.76%；很不满意的学生有 50 人，占比为 1.55%。

对学校学生资助管理部门人员介绍的资助政策很满意的学生有 792 人，占比为 24.54%；满意的学生有 1296 人，占比为 40.16%；感觉一般的学生有 1029 人，占比为 31.89%；不满意的学生有 62 人，占比为 1.92%；很不满意的学生有 48 人，占比为 1.49%。

对学校家访人员介绍的资助政策很满意的学生有 758 人，占比为 23.49%；满意的学生有 1213 人，占比为 37.59%；感觉一般的学生有 1105 人，占比为 34.24%；不满意的学生有 92 人，占比为 2.85%；很不满意的学生有 59 人，占比为 1.83%。

### 5. 您对学校现有资助政策宣传的内容是否满意?

您对学校现有资助政策宣传的内容是否满意?

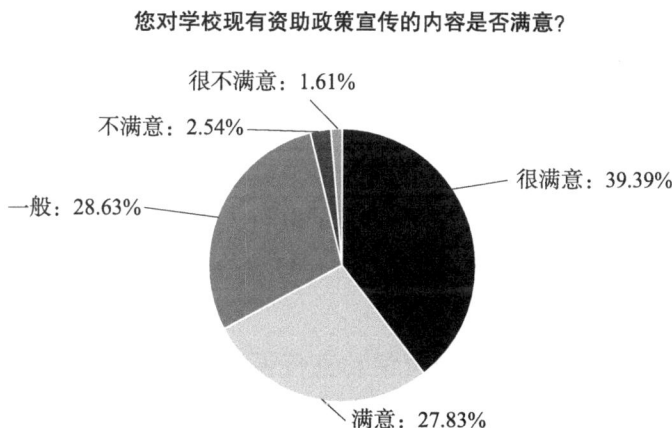

由图可知，调查样本中，对学校现有资助政策宣传的内容很满意的学生有 1271 人，占比为 39.39%；满意的学生有 898 人，占比为 27.83%；感觉一般的学生有 924 人，占比为 28.63%；不满意的学生有 82 人，占比为 2.54%；很不满意的学生有 52 人，占比为 1.61%。

各类宣传内容评价统计表

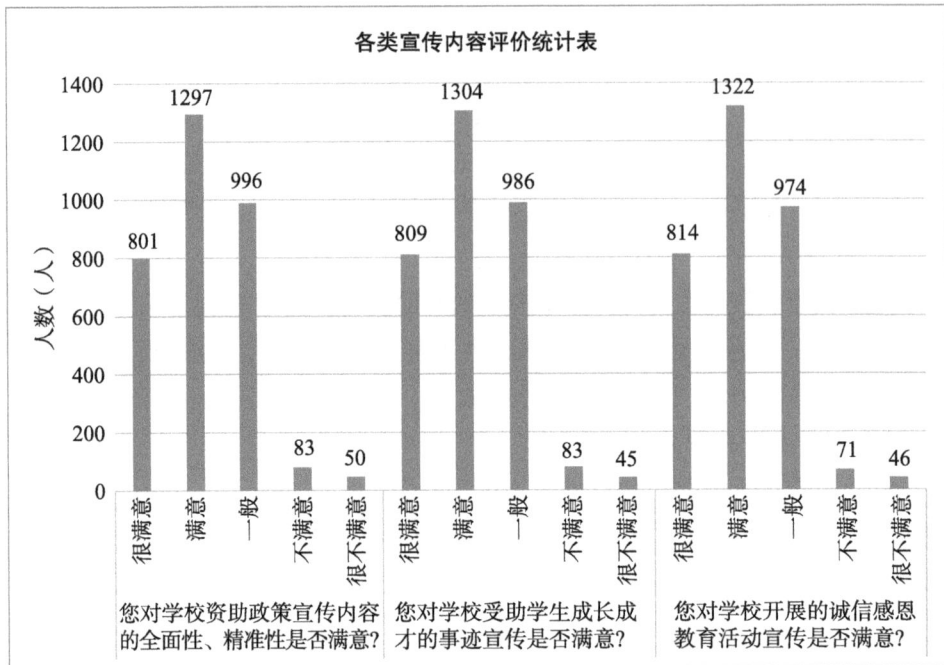

对学校资助政策宣传内容的全面性、精准性很满意的学生有 801 人，占比为 24.82%；满意的学生有 1297 人，占比为 40.19%；感觉一般的学生有 996 人，占比为 30.87%；不满意的学生有 83 人，占比为 2.57%；很不满意的学生有 50 人，占比为 1.55%。

对学校受助学生成长成才的事迹宣传很满意的学生有 809 人，占比为 25.07%；满意的学生有 1304 人，占比为 40.41%；感觉一般的学生有 986 人，占比为 30.56%；不满意的学生有 83 人，占比为 2.57%；很不满意的学生有 45 人，占比为 1.39%。

对学校开展的诚信感恩教育活动宣传很满意的学生有 814 人，占比为 25.22%；满意的学生有 1322 人，占比为 40.97%；感觉一般的学生有 974 人，占比为 30.18%；不满意的学生有 71 人，占比为 2.20%；很不满意的学生有 46 人，占比为 1.43%。

## 6. 您对学校现有资助政策宣传的时机是否满意？

您对学校现有资助政策宣传的时机是否满意？

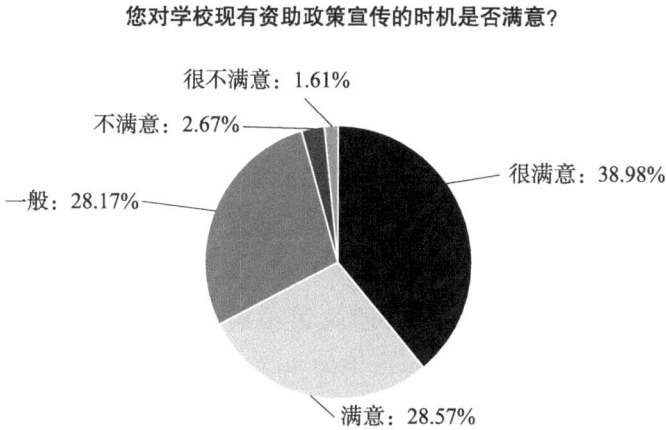

很不满意：1.61%
不满意：2.67%
一般：28.17%
很满意：38.98%
满意：28.57%

由图可知，调查样本中，对学校现有资助政策宣传的时机很满意的学生有1258人，占比为38.98%；满意的学生有922人，占比为28.57%；感觉一般的学生有909人，占比为28.17%；不满意的学生有86人，占比为2.67%；很不满意的学生有52人，占比为1.61%。

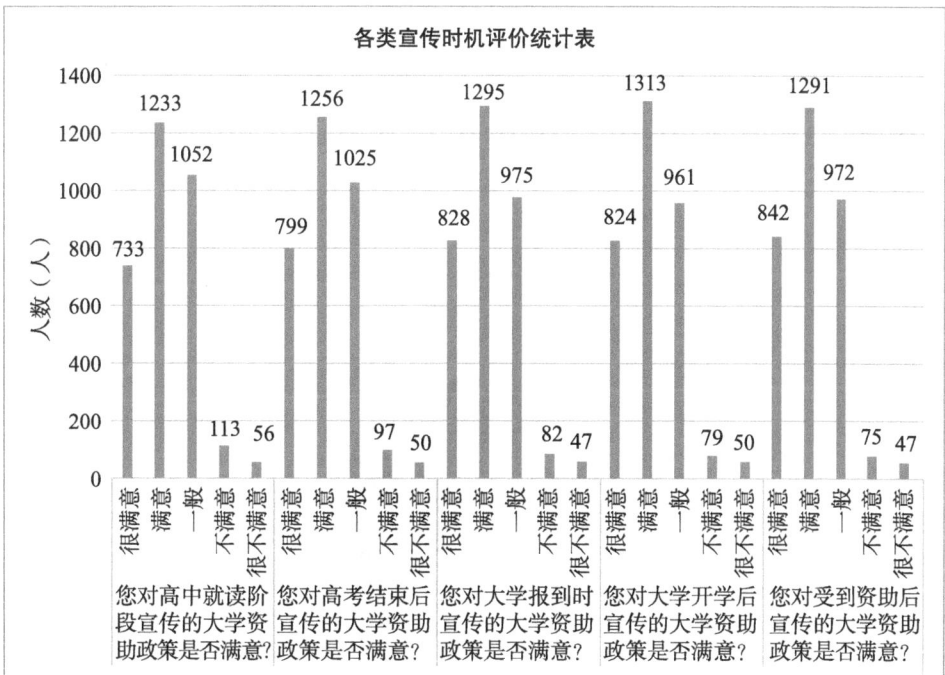

各类宣传时机评价统计表

人数（人）

您对高中就读阶段宣传的大学资助政策是否满意？
很满意 733
满意 1233
一般 1052
不满意 113
很不满意 56

您对高考结束后宣传的大学资助政策是否满意？
很满意 799
满意 1256
一般 1025
不满意 97
很不满意 50

您对大学报到时宣传的大学资助政策是否满意？
很满意 828
满意 1295
一般 975
不满意 82
很不满意 47

您对大学开学后宣传的大学资助政策是否满意？
很满意 824
满意 1313
一般 961
不满意 79
很不满意 50

您对受到资助后宣传的大学资助政策是否满意？
很满意 842
满意 1291
一般 972
不满意 75
很不满意 47

对高中就读阶段宣传的大学资助政策很满意的学生有 773 人，占比为 23.95%；满意的学生有 1233 人，占比为 38.21%；感觉一般的学生有 1052 人，占比为 32.60%；不满意的学生有 113 人，占比为 3.50%；很不满意的学生有 56 人，占比为 1.74%。

对高考结束后宣传的大学资助政策很满意的学生有 799 人，占比为 24.76%；满意的学生有 1256 人，占比为 38.92%；感觉一般的学生有 1025 人，占比为 31.76%；不满意的学生有 97 人，占比为 3.01%；很不满意的学生有 50 人，占比为 1.55%。

对大学报到时宣传的大学资助政策很满意的学生有 828 人，占比为 25.66%；满意的学生有 1295 人，占比为 40.13%；感觉一般的学生有 975 人，占比为 30.21%；不满意的学生有 82 人，占比为 2.54%；很不满意的学生有 47 人，占比为 1.46%。

对大学开学后宣传的大学资助政策很满意的学生有 824 人，占比为 25.53%；满意的学生有 1313 人，占比为 40.69%；感觉一般的学生有 961 人，占比为 29.78%；不满意的学生有 79 人，占比为 2.45%；很不满意的学生有 50 人，占比为 1.55%。

对受到资助后宣传的大学资助政策很满意的学生有 842 人，占比为 26.09%；满意的学生有 1291 人，占比为 40.01%；感觉一般的学生有 972 人，占比为 30.12%；不满意的学生有 75 人，占比为 2.32%；很不满意的学生有 47 人，占比为 1.46%。

**7. 您对学校现有资助政策宣传的力度是否满意？**

您对学校现有资助政策宣传的力度是否满意？

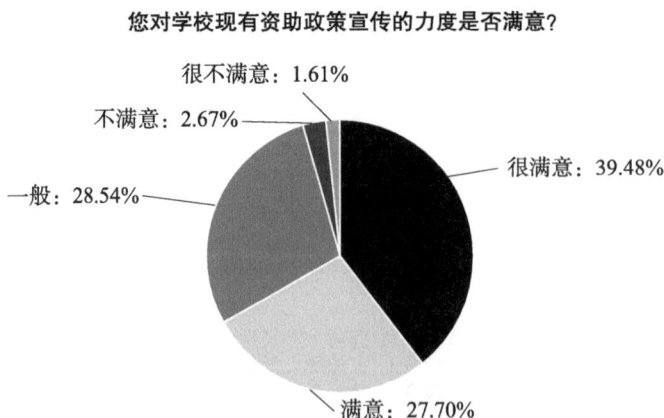

很不满意：1.61%
不满意：2.67%
一般：28.54%
很满意：39.48%
满意：27.70%

由图可知，调查样本中，对学校现有资助政策宣传的力度很满意的学生有
1274 人，占比为 39.48%；满意的学生有 894 人，占比为 27.70%；感觉一般的
学生有 921 人，占比为 28.54%；不满意的学生有 86 人，占比为 2.67%；很不
满意的学生有 52 人，占比为 1.61%。

### （四）对影响资助政策宣传效果因素的评价
**1. 您认为不同的宣传渠道是否会影响资助政策宣传的效果？**

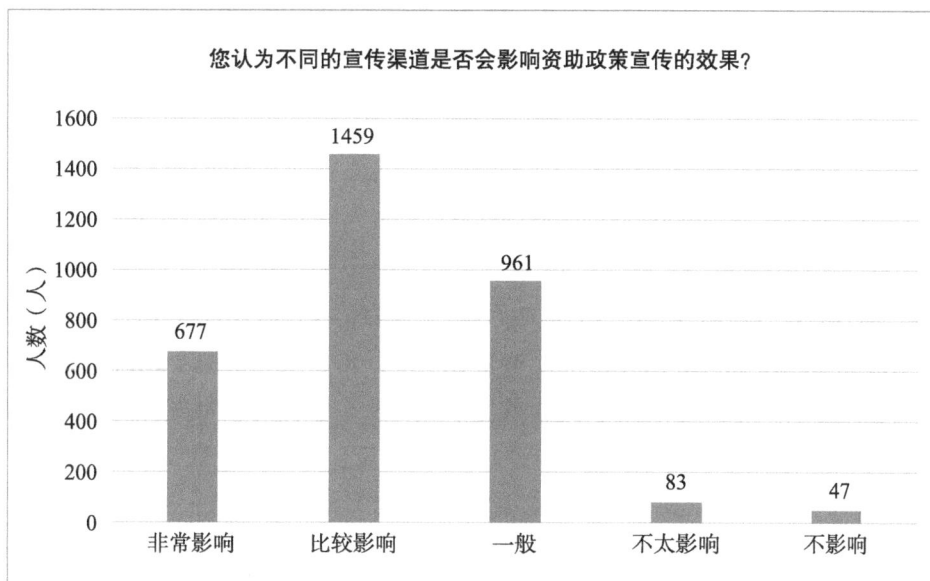

您认为不同的宣传渠道是否会影响资助政策宣传的效果？

由图可知，调查样本中，认为不同的宣传渠道非常影响资助政策宣传效
果的学生有 677 人，占比为 20.98%；认为比较影响的学生有 1459 人，占比为
45.21%；感觉一般的学生有 961 人，占比为 29.78%；认为不太影响的学生有
83 人，占比为 2.57%；认为不影响的学生有 47 人，占比为 1.46%。

## 2. 您认为哪些宣传方式会影响资助政策宣传的效果？

**您认为哪些宣传方式会影响资助政策宣传的效果？**

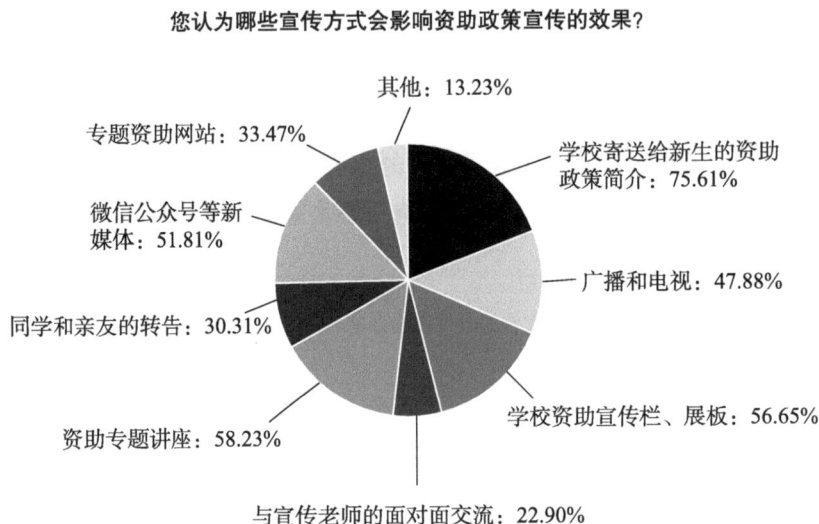

由图可知，调查样本中，75.61% 的学生认为学校寄送给新生的资助政策简介会影响资助政策宣传的效果；47.88% 的学生认为广播和电视会影响资助政策宣传的效果；56.65% 的学生认为学校资助宣传栏、展板会影响资助政策宣传的效果；22.90% 的学生认为与宣讲老师面对面交流会影响资助政策宣传的效果；58.23% 的学生认为资助专题讲座会影响资助政策宣传的效果；30.31% 的学生认为同学和亲友的转告会影响资助政策宣传的效果；51.81% 的学生认为微信公众号等新媒体会影响资助政策宣传的效果；33.47% 的学生认为专题资助网站会影响资助政策宣传的效果；还有 13.23% 的学生认为其他宣传方式也会影响资助政策宣传的效果。

### 3. 您认为有哪些因素会影响资助政策宣传人员对资助政策宣传的效果？

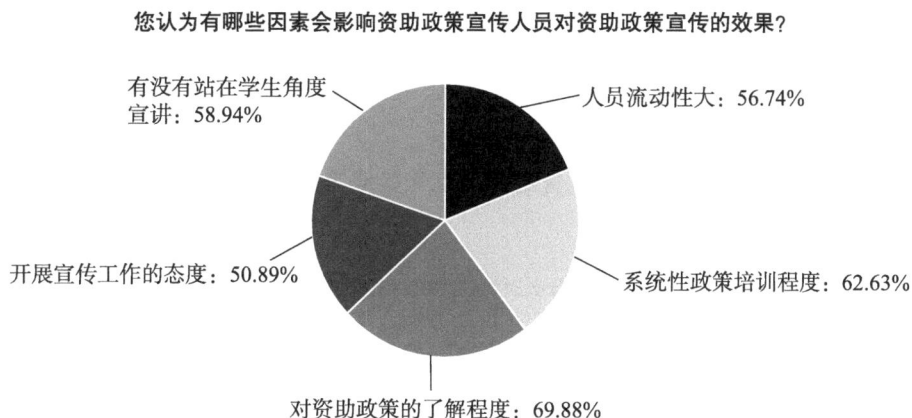

您认为有哪些因素会影响资助政策宣传人员对资助政策宣传的效果？

有没有站在学生角度
宣讲：58.94%

人员流动性大：56.74%

开展宣传工作的态度：50.89%

系统性政策培训程度：62.63%

对资助政策的了解程度：69.88%

由图可知，调查样本中，56.74% 的学生认为资助政策宣传人员流动性大会影响资助政策宣传的效果；62.63% 的学生认为系统性政策培训程度会影响资助政策宣传的效果；69.88% 的学生认为对资助政策的了解程度会影响资助政策宣传的效果；50.89% 的学生认为开展宣传工作的态度会影响资助政策宣传的效果；58.94% 的学生认为有没有站在学生角度宣讲会影响资助政策宣传的效果。

### 4. 您认为受助者对资助政策的关心程度是否会影响资助政策宣传的效果？

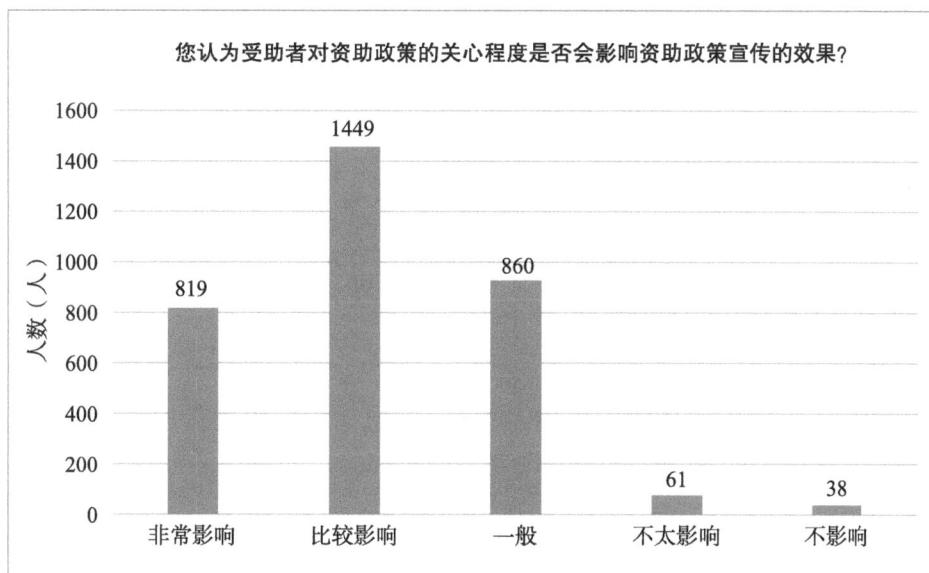

您认为受助者对资助政策的关心程度是否会影响资助政策宣传的效果？

人数（人）

| 非常影响 | 比较影响 | 一般 | 不太影响 | 不影响 |
|---|---|---|---|---|
| 819 | 1449 | 860 | 61 | 38 |

213

由图可知，调查样本中，认为受助者对资助政策的关心程度会非常影响资助政策宣传的学生有 819 人，占比为 25.38%；认为比较影响的学生有1449 人，占比为 44.90%；感觉一般的学生有 860 人，占比为 26.65%；认为不太影响的学生有 61 人，占比为 1.89%；认为不影响的学生有 38 人，占比为 1.18%。

**5. 您认为在什么时机开展资助宣传工作效果最好?**

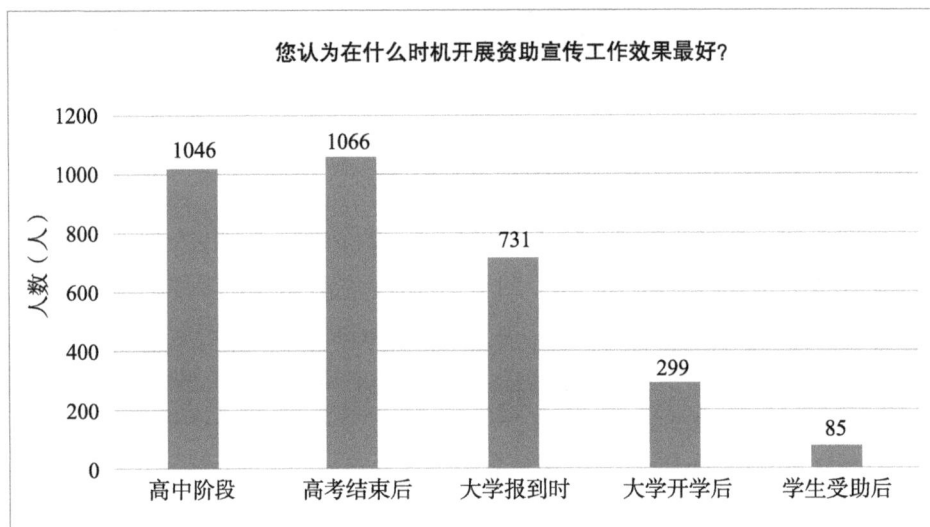

您认为在什么时机开展资助宣传工作效果最好?

由图可知，调查样本中，认为应该在高中阶段开展资助宣传工作的学生有 1046 人，占比为 32.42%；认为应该在高考结束后的学生有 1066 人，占比为33.03%；认为应该在大学报到时的学生有 731 人，占比为 22.65%；认为应该在大学开学后的学生有 299 人，占比为 9.27%；认为应该在学生受助后的学生有85 人，占比为 2.63%。

## 二、家庭所在区域与高校学生资助政策宣传现状的交互分析

### （一）资助政策了解程度

#### 1. 学生对学校资助政策是否清楚？

| 名称 | 您家庭所在区域为 | | | | | | | 总计 [1] |
|------|------|------|------|------|------|------|------|------|
| | 华东<br>地区 | 华南<br>地区 | 华中<br>地区 | 华北<br>地区 | 西北<br>地区 | 西南<br>地区 | 东北<br>地区 | |
| 非常清楚 | 12.21% | 12.67% | 12.70% | 13.55% | 15.61% | 13.48% | 8.62% | 12.71% |
| 比较清楚 | 24.27% | 22.81% | 32.67% | 29.22% | 39.02% | 29.43% | 27.59% | 27.49% |
| 了解 | 23.53% | 22.42% | 19.42% | 22.59% | 21.95% | 25.89% | 20.69% | 22.56% |
| 不太清楚 | 28.34% | 32.16% | 25.23% | 25.60% | 17.07% | 25.18% | 31.03% | 27.24% |
| 不清楚 | 11.64% | 9.94% | 9.98% | 9.04% | 6.34% | 6.03% | 12.07% | 10.01% |
| 合计 | 1228 | 513 | 551 | 332 | 205 | 282 | 116 | 3227 |

12.07% 的东北地区学生和 11.64% 的华东地区学生对学校资助政策不清楚，15.61% 的西北地区学生对学校资助政策非常清楚。

#### 2. 学生的家人对学校资助政策是否清楚？

| 名称 | 您家庭所在区域为 | | | | | | | 总计 |
|------|------|------|------|------|------|------|------|------|
| | 华东<br>地区 | 华南<br>地区 | 华中<br>地区 | 华北<br>地区 | 西北<br>地区 | 西南<br>地区 | 东北<br>地区 | |
| 非常清楚 | 10.02% | 7.80% | 7.80% | 9.64% | 13.66% | 9.22% | 7.76% | 9.33% |
| 比较清楚 | 15.15% | 17.35% | 23.05% | 17.17% | 29.76% | 19.15% | 21.55% | 18.56% |
| 了解 | 19.79% | 19.88% | 20.87% | 24.10% | 19.02% | 25.53% | 17.24% | 20.79% |
| 不太清楚 | 35.67% | 36.84% | 32.30% | 34.34% | 25.37% | 32.62% | 31.90% | 34.09% |
| 不清楚 | 19.38% | 18.13% | 15.97% | 14.76% | 12.20% | 13.48% | 21.55% | 17.23% |
| 合计 | 1228 | 513 | 551 | 332 | 205 | 282 | 116 | 3227 |

21.55% 的东北地区学生家人都不清楚学校资助政策，36.84% 的华南地区

---

① 百分比加总为 100.01% 系修约规则导致的影响。

学生家人都不太清楚学校资助政策，后期应该侧重对东北地区和华南地区学生家人的资助政策宣传。

**3. 学生对学校资助政策申请的渠道与流程是否清楚？**

| 名称 | 学生家庭所在区域为 | | | | | | | 总计 |
|------|------|------|------|------|------|------|------|------|
| | 华东地区 | 华南地区 | 华中地区 | 华北地区 | 西北地区 | 西南地区 | 东北地区 | |
| 非常清楚 | 10.83% | 8.97% | 9.80% | 10.84% | 16.10% | 12.06% | 7.76% | 10.69% |
| 比较清楚 | 19.63% | 21.05% | 26.50% | 20.78% | 34.15% | 28.37% | 25.86% | 23.06% |
| 了解 | 21.58% | 19.69% | 22.50% | 23.19% | 20.00% | 21.63% | 20.69% | 21.48% |
| 不太清楚 | 36.40% | 38.99% | 30.85% | 35.54% | 23.90% | 29.43% | 25.00% | 33.96% |
| 不清楚 | 11.56% | 11.31% | 10.34% | 9.64% | 5.85% | 8.51% | 20.69% | 10.81% |
| 合计 | 1228 | 513 | 551 | 332 | 205 | 282 | 116 | 3227 |

20.69%的东北地区学生都不清楚学校资助政策申请的渠道与流程，38.99%的华南地区学生都不太清楚学校资助政策申请的渠道与流程，后期应该侧重对东北地区和华南地区学生普及学校资助政策申请的渠道与流程。

**（二）资助政策宣传满意程度**

**1. 学生对目前学校学生资助政策宣传工作总体是否满意？**

| 名称 | 学生家庭所在区域为 | | | | | | | 总计[①] |
|------|------|------|------|------|------|------|------|------|
| | 华东地区 | 华南地区 | 华中地区 | 华北地区 | 西北地区 | 西南地区 | 东北地区 | |
| 很满意 | 17.59% | 14.23% | 19.24% | 22.29% | 24.88% | 19.50% | 19.83% | 18.53% |
| 比较满意 | 42.59% | 39.38% | 41.38% | 39.76% | 43.90% | 42.20% | 38.79% | 41.49% |
| 一般 | 33.14% | 39.57% | 33.76% | 33.43% | 26.83% | 32.27% | 33.62% | 33.84% |
| 不满意 | 4.15% | 4.68% | 3.27% | 2.71% | 2.44% | 4.96% | 3.45% | 3.87% |
| 很不满意 | 2.52% | 2.14% | 2.36% | 1.81% | 1.95% | 1.06% | 4.31% | 2.26% |
| 合计 | 1228 | 513 | 551 | 332 | 205 | 282 | 116 | 3227 |

---

① 百分比加总为99.99%系修约规则导致的影响。

4.31%的东北地区学生都不满意目前学校学生资助政策宣传工作，4.96%的西南地区学生都不太满意目前学校学生资助政策宣传工作，后期应该多听取东北地区和西南地区学生关于学校学生资助政策宣传工作的建议。

**2. 学生对学校现有资助政策宣传的渠道是否满意？**

| 名称 | 学生家庭所在区域为 | | | | | | | 总计 |
|------|------|------|------|------|------|------|------|------|
| | 华东地区 | 华南地区 | 华中地区 | 华北地区 | 西北地区 | 西南地区 | 东北地区 | |
| 很满意 | 17.43% | 14.62% | 19.60% | 21.08% | 27.80% | 18.79% | 19.83% | 18.59% |
| 比较满意 | 41.94% | 40.55% | 41.56% | 40.96% | 41.95% | 41.13% | 37.07% | 41.31% |
| 一般 | 34.77% | 38.60% | 32.85% | 32.83% | 26.34% | 34.40% | 35.34% | 34.30% |
| 不满意 | 3.50% | 4.68% | 3.99% | 3.31% | 0.98% | 4.26% | 4.31% | 3.69% |
| 很不满意 | 2.36% | 1.56% | 2.00% | 1.81% | 2.93% | 1.42% | 3.45% | 2.11% |
| 合计 | 1228 | 513 | 551 | 332 | 205 | 282 | 116 | 3227 |

3.45%的东北地区学生都不满意学校现有资助政策宣传的渠道，4.68%的华南地区学生都不太满意学校现有资助政策宣传的渠道，后期应该多听取东北地区和华南地区学生关于学校资助政策宣传渠道的建议。

**3. 学生对学校现有资助政策宣传的方式是否满意？**

| 名称 | 学生家庭所在区域为 | | | | | | | 总计 |
|------|------|------|------|------|------|------|------|------|
| | 华东地区 | 华南地区 | 华中地区 | 华北地区 | 西北地区 | 西南地区 | 东北地区 | |
| 非常满意 | 20.68% | 19.30% | 25.77% | 25.30% | 30.24% | 19.86% | 26.72% | 22.56% |
| 比较满意 | 43.73% | 39.57% | 40.11% | 37.35% | 43.41% | 46.45% | 34.48% | 41.68% |
| 一般 | 31.60% | 35.09% | 28.86% | 33.73% | 23.90% | 30.85% | 33.62% | 31.42% |
| 不太满意 | 2.12% | 3.51% | 4.17% | 2.11% | 0.98% | 2.13% | 4.31% | 2.70% |
| 不满意 | 1.87% | 2.53% | 1.09% | 1.51% | 1.46% | 0.71% | 0.86% | 1.64% |
| 合计 | 1228 | 513 | 551 | 332 | 205 | 282 | 116 | 3227 |

2.53%的华南地区学生都不满意学校现有资助政策宣传的方式，4.31%的东北地区学生都不太满意学校现有资助政策宣传的方式，后期应该多听取华南

地区和东北地区学生关于学校资助政策宣传方式的建议。

### 4. 学生对学校现有资助政策宣传工作人员是否满意?

| 名称 | 学生家庭所在区域为 | | | | | | | 总计 ① |
|------|------|------|------|------|------|------|------|------|
| | 华东地区 | 华南地区 | 华中地区 | 华北地区 | 西北地区 | 西南地区 | 东北地区 | |
| 很满意 | 37.70% | 33.72% | 38.11% | 38.86% | 51.22% | 39.72% | 40.52% | 38.39% |
| 比较满意 | 27.61% | 29.04% | 29.22% | 27.11% | 23.90% | 26.24% | 28.45% | 27.73% |
| 一般 | 29.56% | 32.36% | 28.68% | 31.93% | 22.93% | 31.56% | 27.59% | 29.78% |
| 不满意 | 2.85% | 3.51% | 2.54% | 0.90% | 0.49% | 1.77% | 0.86% | 2.39% |
| 很不满意 | 2.28% | 1.36% | 1.45% | 1.20% | 1.46% | 0.71% | 2.59% | 1.70% |
| 合计 | 1228 | 513 | 551 | 332 | 205 | 282 | 116 | 3227 |

2.59% 的东北地区学生都不满意学校现有资助政策宣传工作人员,3.51% 的华南地区学生都不太满意学校现有资助政策宣传工作人员,后期应该多听取东北地区和华南地区学生关于学校现有资助政策宣传工作人员的建议。

### 5. 学生对学校现有资助政策宣传的内容是否满意?

| 名称 | 学生家庭所在区域为 | | | | | | | 总计 |
|------|------|------|------|------|------|------|------|------|
| | 华东地区 | 华南地区 | 华中地区 | 华北地区 | 西北地区 | 西南地区 | 东北地区 | |
| 很满意 | 39.50% | 32.75% | 40.83% | 39.46% | 50.24% | 40.43% | 38.79% | 39.39% |
| 比较满意 | 26.47% | 29.63% | 30.13% | 27.41% | 26.34% | 28.01% | 26.72% | 27.83% |
| 一般 | 29.48% | 32.75% | 25.59% | 29.22% | 21.95% | 28.37% | 26.72% | 28.63% |
| 不满意 | 2.61% | 3.51% | 2.18% | 2.71% | 0.00% | 1.77% | 5.17% | 2.54% |
| 很不满意 | 1.95% | 1.36% | 1.27% | 1.20% | 1.46% | 1.42% | 2.59% | 1.61% |
| 合计 | 1228 | 513 | 551 | 332 | 205 | 282 | 116 | 3227 |

2.59% 的东北地区学生都不满意学校现有资助政策宣传的内容,5.17% 的东北地区学生和 3.51% 的华南地区学生都不太满意学校现有资助政策宣传的内

---

① 百分比加总为 99.99% 系修约规则导致的影响。

容，后期应该多听取东北地区和华南地区学生关于学校现有资助政策宣传的内容的建议。

**6. 学生对学校现有资助政策宣传的时机是否满意？**

| 名称 | 学生家庭所在区域为 | | | | | | | 总计 |
|------|------|------|------|------|------|------|------|------|
| | 华东地区 | 华南地区 | 华中地区 | 华北地区 | 西北地区 | 西南地区 | 东北地区 | |
| 很满意 | 39.25% | 32.94% | 39.56% | 38.25% | 48.29% | 41.13% | 40.52% | 38.98% |
| 比较满意 | 27.12% | 28.85% | 30.85% | 29.82% | 26.34% | 29.43% | 30.17% | 28.57% |
| 一般 | 28.83% | 33.33% | 25.41% | 28.61% | 22.93% | 25.89% | 25.00% | 28.17% |
| 不满意 | 2.93% | 3.31% | 2.36% | 2.41% | 0.98% | 2.48% | 2.59% | 2.67% |
| 很不满意 | 1.87% | 1.56% | 1.81% | 0.90% | 1.46% | 1.06% | 1.72% | 1.61% |
| 合计 | 1228 | 513 | 551 | 332 | 205 | 282 | 116 | 3227 |

1.87% 的华东地区学生都不满意学校现有资助政策宣传的时机，3.31% 的华南地区学生都不太满意学校现有资助政策宣传的时机，后期应该多听取华东地区和华南地区学生关于学校现有资助政策宣传的时机的建议。

**7. 学生对学校现有资助政策宣传的力度是否满意？**

| 名称 | 学生家庭所在区域为 | | | | | | | 总计 |
|------|------|------|------|------|------|------|------|------|
| | 华东地区 | 华南地区 | 华中地区 | 华北地区 | 西北地区 | 西南地区 | 东北地区 | |
| 很满意 | 39.82% | 33.33% | 40.47% | 39.76% | 48.29% | 40.07% | 40.52% | 39.48% |
| 比较满意 | 26.63% | 29.04% | 29.04% | 28.31% | 25.37% | 27.66% | 29.31% | 27.70% |
| 一般 | 28.66% | 32.94% | 26.68% | 28.31% | 24.39% | 28.72% | 24.14% | 28.54% |
| 不满意 | 3.09% | 3.51% | 1.81% | 2.41% | 0.00% | 2.48% | 4.31% | 2.67% |
| 很不满意 | 1.79% | 1.17% | 2.00% | 1.20% | 1.95% | 1.06% | 1.72% | 1.61% |
| 合计 | 1228 | 513 | 551 | 332 | 205 | 282 | 116 | 3227 |

2.00% 的华中地区学生都不满意学校现有资助政策宣传的力度，4.31% 的东北地区学生都不太满意学校现有资助政策宣传的力度，后期应该多听取华中地区和东北地区学生关于学校现有资助政策宣传的力度的建议。

### （三）资助政策宣传影响因素

**1. 学生认为不同的宣传渠道是否会影响资助政策宣传的效果？**

| 名称 | 学生家庭所在区域为 | | | | | | | 总计 |
|------|------|------|------|------|------|------|------|------|
| | 华东地区 | 华南地区 | 华中地区 | 华北地区 | 西北地区 | 西南地区 | 东北地区 | |
| 非常影响 | 21.50% | 17.93% | 23.23% | 21.69% | 17.07% | 19.86% | 25.86% | 20.98% |
| 比较影响 | 44.30% | 46.78% | 44.28% | 44.88% | 48.78% | 45.74% | 45.69% | 45.21% |
| 一般 | 29.23% | 31.77% | 29.04% | 29.22% | 31.22% | 31.91% | 24.14% | 29.78% |
| 不太影响 | 3.26% | 2.53% | 2.90% | 2.41% | 0.98% | 1.06% | 0.86% | 2.57% |
| 不影响 | 1.71% | 0.97% | 0.54% | 1.81% | 1.95% | 1.42% | 3.45% | 1.46% |
| 合计 | 1228 | 513 | 551 | 332 | 205 | 282 | 116 | 3227 |

25.86% 的东北地区学生都认为不同的宣传渠道会非常影响资助政策宣传的效果，46.78% 的华南地区学生都认为不同的宣传渠道会比较影响资助政策宣传的效果。

**2. 学生认为受助者对资助政策的关心程度是否会影响资助政策宣传的效果？**

| 名称 | 学生家庭所在区域为 | | | | | | | 总计 |
|------|------|------|------|------|------|------|------|------|
| | 华东地区 | 华南地区 | 华中地区 | 华北地区 | 西北地区 | 西南地区 | 东北地区 | |
| 非常影响 | 26.63% | 21.25% | 26.13% | 25.90% | 22.44% | 25.53% | 30.17% | 25.38% |
| 比较影响 | 43.73% | 45.22% | 46.28% | 43.98% | 49.76% | 46.10% | 40.52% | 44.90% |
| 一般 | 26.22% | 30.80% | 25.23% | 26.20% | 25.37% | 26.24% | 24.14% | 26.65% |
| 不太影响 | 1.87% | 1.75% | 1.63% | 2.71% | 0.98% | 1.42% | 4.31% | 1.89% |
| 不影响 | 1.55% | 0.97% | 0.73% | 1.20% | 1.46% | 0.71% | 0.86% | 1.18% |
| 合计 | 1228 | 513 | 551 | 332 | 205 | 282 | 116 | 3227 |

30.17% 的东北地区学生都认为受助者对资助政策的关心程度非常影响资助政策宣传的效果，49.76% 的西北地区学生都认为受助者对资助政策的关心程度比较影响资助政策宣传效果。

### （四）资助政策宣传时机

学生认为在什么时机开展资助宣传工作效果最好？

| 名称 | 学生家庭所在区域为 | | | | | | | 总计① |
| --- | --- | --- | --- | --- | --- | --- | --- | --- |
| | 华东地区 | 华南地区 | 华中地区 | 华北地区 | 西北地区 | 西南地区 | 东北地区 | |
| 高中阶段 | 33.06% | 32.55% | 33.58% | 29.52% | 34.63% | 33.69% | 20.69% | 32.41% |
| 高考结束后 | 32.65% | 28.46% | 33.76% | 37.95% | 36.10% | 34.40% | 31.03% | 33.03% |
| 大学报到时 | 22.15% | 26.12% | 21.78% | 21.99% | 19.02% | 19.86% | 31.90% | 22.65% |
| 大学开学后 | 9.28% | 10.14% | 9.80% | 6.93% | 8.78% | 8.87% | 11.21% | 9.27% |
| 学生受助后 | 2.85% | 2.73% | 1.09% | 3.61% | 1.46% | 3.19% | 5.17% | 2.63% |
| 合计 | 1228 | 513 | 551 | 332 | 205 | 282 | 116 | 3227 |

华东地区、华南地区的学生中大多数认为应该在高中阶段宣传，华中地区、华北地区、西北地区、西南地区的学生中大多数认为应该在高考结束后宣传，东北地区的学生中大多数认为应该在大学报到时宣传。

## 三、年级与高校学生资助政策宣传现状的交互分析

### （一）资助政策了解程度

1. 学生对学校资助政策是否清楚?

| 名称 | 您现在就读的年级是 | | | | | | 总计② |
| --- | --- | --- | --- | --- | --- | --- | --- |
| | 一年级 | 二年级 | 三年级 | 四年级 | 五年级 | 研究生 | |
| 非常清楚 | 10.38% | 14.17% | 11.71% | 19.17% | 100.00% | 16.67% | 12.71% |
| 比较清楚 | 26.04% | 28.61% | 26.59% | 31.58% | 0.00% | 33.33% | 27.49% |
| 了解 | 25.87% | 21.99% | 18.79% | 20.68% | 0.00% | 0.00% | 22.56% |
| 不太清楚 | 28.51% | 26.22% | 29.34% | 20.30% | 0.00% | 33.33% | 27.24% |
| 不清楚 | 9.19% | 9.02% | 13.58% | 8.27% | 0.00% | 16.67% | 10.01% |
| 合计 | 1175 | 1087 | 692 | 266 | 1 | 6 | 3227 |

---

① 百分比加总为 99.99% 系修约规则导致的影响。

② 百分比加总为 100.01% 系修约规则导致的影响。

只有 10.38% 的一年级、11.71% 的三年级的学生清楚学校资助政策，只有 26.04 的一年级学生比较清楚学校资助政策，后期应该加强对一年级和三年级学生学校资助政策的普及。

**2. 学生的家人对学校资助政策是否清楚？**

| 名称 | 您现在就读的年级是 | | | | | | 总计 |
|------|--------|--------|--------|--------|--------|--------|------|
|  | 一年级 | 二年级 | 三年级 | 四年级 | 五年级 | 研究生 |  |
| 非常清楚 | 8.68% | 10.40% | 8.24% | 10.15% | 100.00% | 16.67% | 9.33% |
| 比较清楚 | 18.38% | 19.41% | 16.18% | 21.80% | 0.00% | 33.33% | 18.56% |
| 了解 | 23.23% | 20.24% | 19.22% | 16.92% | 0.00% | 0.00% | 20.79% |
| 不太清楚 | 34.47% | 33.49% | 35.84% | 30.45% | 0.00% | 33.33% | 34.09% |
| 不清楚 | 15.23% | 16.47% | 20.52% | 20.68% | 0.00% | 16.67% | 17.23% |
| 合计 | 1175 | 1087 | 692 | 266 | 1 | 6 | 3227 |

只有 8.68% 的一年级、8.24% 的三年级的学生家人清楚学校资助政策，只有 16.18% 的三年级学生家人比较清楚学校资助政策，后期应该加强对一年级和三年级学生家人学校资助政策的普及。

**3. 学生对学校资助政策申请的渠道与流程是否清楚？**

| 名称 | 您现在就读的年级是 | | | | | | 总计 |
|------|--------|--------|--------|--------|--------|--------|------|
|  | 一年级 | 二年级 | 三年级 | 四年级 | 五年级 | 研究生 |  |
| 非常清楚 | 8.77% | 12.97% | 9.25% | 13.16% | 100.00% | 16.67% | 10.69% |
| 比较清楚 | 20.00% | 24.93% | 22.11% | 31.58% | 0.00% | 16.67% | 23.06% |
| 了解 | 22.81% | 22.08% | 19.80% | 17.67% | 0.00% | 16.67% | 21.48% |
| 不太清楚 | 37.70% | 30.54% | 35.26% | 27.82% | 0.00% | 50.00% | 33.96% |
| 不清楚 | 10.72% | 9.48% | 13.58% | 9.77% | 0.00% | 0.00% | 10.81% |
| 合计 | 1175 | 1087 | 692 | 266 | 1 | 6 | 3227 |

只有 8.77% 的一年级、9.25% 的三年级的学生清楚学校资助政策申请的渠道与流程，只有 16.67% 的研究生比较清楚学校资助政策申请的渠道与流程，后期应该加强对一年级学生、三年级学生和研究生的学校资助政策申请的渠道与流程的普及。

### （二）资助政策宣传满意程度

**1. 学生对目前学校学生资助政策宣传工作总体是否满意?**

| 名称 | 您现在就读的年级是 | | | | | | 总计 ① |
|---|---|---|---|---|---|---|---|
| | 一年级 | 二年级 | 三年级 | 四年级 | 五年级 | 研究生 | |
| 很满意 | 20.51% | 18.22% | 16.47% | 16.54% | 100.00% | 0.00% | 18.53% |
| 比较满意 | 41.96% | 41.12% | 39.88% | 45.11% | 0.00% | 50.00% | 41.49% |
| 一般 | 32.60% | 34.04% | 36.27% | 32.33% | 0.00% | 33.33% | 33.84% |
| 不满意 | 2.64% | 4.78% | 4.19% | 4.51% | 0.00% | 16.67% | 3.87% |
| 很不满意 | 2.30% | 1.84% | 3.18% | 1.50% | 0.00% | 0.00% | 2.26% |
| 合计 | 1175 | 1087 | 692 | 266 | 1 | 6 | 3227 |

2.30% 的一年级、3.18% 的三年级的学生不满意目前学校学生资助政策宣传工作，16.67% 的研究生不太满意目前学校学生资助政策宣传工作，后期应该多听取一年级学生、三年级学生和研究生对目前学校学生资助政策宣传工作的建议。

**2. 学生对学校现有资助政策宣传的渠道是否满意?**

| 名称 | 您现在就读的年级是 | | | | | | 总计 |
|---|---|---|---|---|---|---|---|
| | 一年级 | 二年级 | 三年级 | 四年级 | 五年级 | 研究生 | |
| 很满意 | 20.51% | 18.31% | 16.33% | 17.29% | 100.00% | 0.00% | 18.59% |
| 比较满意 | 41.53% | 41.58% | 38.87% | 45.86% | 0.00% | 33.33% | 41.31% |
| 一般 | 33.11% | 34.41% | 37.14% | 31.95% | 0.00% | 33.33% | 34.30% |
| 不满意 | 2.55% | 3.77% | 5.35% | 3.76% | 0.00% | 16.67% | 3.69% |
| 很不满意 | 2.30% | 1.93% | 2.31% | 1.13% | 0.00% | 16.67% | 2.11% |
| 合计 | 1175 | 1087 | 692 | 266 | 1 | 6 | 3227 |

2.30% 的一年级、2.31% 的三年级学生和 16.67% 的研究生不满意学校现有资助政策宣传的渠道，16.67% 的研究生不太满意学校现有资助政策宣传的渠道，后期应该多听取一年级学生、三年级学生和研究生对学校现有资助政策宣

---

① 百分比加总为 99.99% 系修约规则导致的影响。

传的渠道的建议。

**3. 学生对学校现有资助政策宣传的方式是否满意?**

| 名称 | 您现在就读的年级是 | | | | | | 总计 |
|---|---|---|---|---|---|---|---|
| | 一年级 | 二年级 | 三年级 | 四年级 | 五年级 | 研究生 | |
| 很满意 | 25.36% | 20.70% | 21.10% | 21.80% | 100.00% | 0.00% | 22.56% |
| 比较满意 | 41.70% | 42.87% | 39.74% | 42.11% | 0.00% | 33.33% | 41.68% |
| 一般 | 30.21% | 31.74% | 32.80% | 31.95% | 0.00% | 33.33% | 31.42% |
| 不满意 | 1.36% | 3.59% | 4.19% | 1.13% | 0.00% | 0.00% | 2.70% |
| 很不满意 | 1.36% | 1.10% | 2.17% | 3.01% | 0.00% | 33.33% | 1.64% |
| 合计 | 1175 | 1087 | 692 | 266 | 1 | 6 | 3227 |

2.17% 的三年级学生、3.01% 的四年级学生和 33.33% 的研究生不满意学校现有资助政策宣传的方式,4.19% 的三年级学生不太满意学校现有资助政策宣传的方式,后期应该多听取三年级学生、四年级学生和研究生对学校现有资助政策宣传的方式的建议。

**4. 学生对学校现有资助政策宣传工作人员是否满意?**

| 名称 | 您现在就读的年级是 | | | | | | 总计[1] |
|---|---|---|---|---|---|---|---|
| | 一年级 | 二年级 | 三年级 | 四年级 | 五年级 | 研究生 | |
| 很满意 | 43.15% | 37.07% | 32.80% | 37.97% | 100.00% | 0.00% | 38.39% |
| 比较满意 | 27.32% | 27.97% | 27.75% | 28.57% | 0.00% | 33.33% | 27.73% |
| 一般 | 26.64% | 31.09% | 33.24% | 29.32% | 0.00% | 33.33% | 29.78% |
| 不满意 | 1.45% | 2.58% | 3.61% | 2.63% | 0.00% | 0.00% | 2.39% |
| 很不满意 | 1.45% | 1.29% | 2.60% | 1.50% | 0.00% | 33.33% | 1.70% |
| 合计 | 1175 | 1087 | 692 | 266 | 1 | 6 | 3227 |

2.60% 的三年级学生和 33.33% 的研究生不满意学校现有资助政策宣传工作人员,3.61% 的三年级学生不太满意学校现有资助政策宣传工作人员,后期应该多听取三年级学生和研究生对学校现有资助政策宣传工作人员的建议。

---

① 百分比加总为 99.99% 系修约规则导致的影响。

### 5.学生对学校现有资助政策宣传的内容是否满意?

| 名称 | 您现在就读的年级是 | | | | | | 总计 |
|---|---|---|---|---|---|---|---|
| | 一年级 | 二年级 | 三年级 | 四年级 | 五年级 | 研究生 | |
| 很满意 | 44.43% | 37.53% | 34.97% | 36.47% | 100.00% | 16.67% | 39.39% |
| 比较满意 | 26.21% | 29.71% | 26.59% | 30.83% | 0.00% | 16.67% | 27.83% |
| 一般 | 26.30% | 28.61% | 32.23% | 29.70% | 0.00% | 33.33% | 28.63% |
| 不满意 | 1.53% | 2.76% | 4.34% | 1.50% | 0.00% | 0.00% | 2.54% |
| 很不满意 | 1.53% | 1.38% | 1.88% | 1.50% | 0.00% | 33.33% | 1.61% |
| 合计 | 1175 | 1087 | 692 | 266 | 1 | 6 | 3227 |

1.88%的三年级学生和33.33%的研究生不满意学校现有资助政策宣传的内容,4.34%的三年级学生不太满意学校现有资助政策宣传的内容,后期应该多听取三年级学生和研究生对学校现有资助政策宣传的内容的建议。

### 6.学生对学校现有资助政策宣传的时机是否满意?

| 名称 | 您现在就读的年级是 | | | | | | 总计 |
|---|---|---|---|---|---|---|---|
| | 一年级 | 二年级 | 三年级 | 四年级 | 五年级 | 研究生 | |
| 很满意 | 43.57% | 38.27% | 33.38% | 36.84% | 100.00% | 0.00% | 38.98% |
| 比较满意 | 27.15% | 28.70% | 29.77% | 31.20% | 0.00% | 33.33% | 28.57% |
| 一般 | 26.13% | 28.70% | 30.78% | 28.20% | 0.00% | 33.33% | 28.17% |
| 不满意 | 1.62% | 3.13% | 3.76% | 2.26% | 0.00% | 16.67% | 2.67% |
| 很不满意 | 1.53% | 1.20% | 2.31% | 1.50% | 0.00% | 16.67% | 1.61% |
| 合计 | 1175 | 1087 | 692 | 266 | 1 | 6 | 3227 |

2.31%的三年级学生和16.67%的研究生不满意学校现有资助政策宣传的时机,3.76%的三年级学生不太满意学校现有资助政策宣传的时机,后期应该多听取三年级学生和研究生对学校现有资助政策宣传的时机的建议。

### 7. 学生对学校现有资助政策宣传的力度是否满意?

| 名称 | 您现在就读的年级是 | | | | | | 总计 |
|------|------|------|------|------|------|------|------|
| | 一年级 | 二年级 | 三年级 | 四年级 | 五年级 | 研究生 | |
| 很满意 | 43.66% | 38.82% | 34.68% | 36.47% | 100.00% | 16.67% | 39.48% |
| 比较满意 | 26.38% | 28.15% | 28.03% | 31.20% | 0.00% | 16.67% | 27.70% |
| 一般 | 26.30% | 29.25% | 31.36% | 28.20% | 0.00% | 33.33% | 28.54% |
| 不满意 | 2.30% | 2.67% | 3.18% | 2.63% | 0.00% | 16.67% | 2.67% |
| 很不满意 | 1.36% | 1.10% | 2.75% | 1.50% | 0.00% | 16.67% | 1.61% |
| 合计 | 1175 | 1087 | 692 | 266 | 1 | 6 | 3227 |

2.75% 的三年级学生和 16.67% 的研究生不满意学校现有资助政策宣传的力度,3.18% 的三年级学生和 16.67% 的研究生不太满意学校现有资助政策宣传的力度,后期应该多听取三年级学生和研究生对学校现有资助政策宣传的力度的建议。

### (三)资助政策宣传影响因素

### 1. 学生认为不同的宣传渠道是否会影响资助政策宣传的效果?

| 名称 | 您现在就读的年级是 | | | | | | 总计 |
|------|------|------|------|------|------|------|------|
| | 一年级 | 二年级 | 三年级 | 四年级 | 五年级 | 研究生 | |
| 非常影响 | 21.28% | 19.41% | 22.54% | 21.43% | 100.00% | 33.33% | 20.98% |
| 比较影响 | 45.96% | 44.89% | 42.63% | 50.75% | 0.00% | 16.67% | 45.21% |
| 一般 | 28.85% | 31.65% | 30.20% | 25.56% | 0.00% | 16.67% | 29.78% |
| 不太影响 | 2.38% | 2.76% | 2.75% | 1.88% | 0.00% | 16.67% | 2.57% |
| 不影响 | 1.53% | 1.29% | 1.88% | 0.38% | 0.00% | 16.67% | 1.46% |
| 合计 | 1175 | 1087 | 692 | 266 | 1 | 6 | 3227 |

22.54% 的三年级学生和 33.33% 的研究生都认为不同的宣传渠道会非常影响资助政策宣传的效果,50.75% 的四年级学生都认为不同的宣传渠道会比较影响资助政策宣传的效果。

2.学生认为受助者对资助政策的关心程度是否会影响资助政策宣传的效果?

| 名称 | 您现在就读的年级是 | | | | | | 总计 |
| --- | --- | --- | --- | --- | --- | --- | --- |
| | 一年级 | 二年级 | 三年级 | 四年级 | 五年级 | 研究生 | |
| 非常影响 | 27.40% | 21.53% | 26.59% | 28.95% | 100.00% | 16.67% | 25.38% |
| 比较影响 | 45.45% | 46.00% | 42.20% | 45.86% | 0.00% | 16.67% | 44.90% |
| 一般 | 24.34% | 29.44% | 27.46% | 23.31% | 0.00% | 33.33% | 26.65% |
| 不太影响 | 1.79% | 1.93% | 2.17% | 1.13% | 0.00% | 16.67% | 1.89% |
| 不影响 | 1.02% | 1.10% | 1.59% | 0.75% | 0.00% | 16.67% | 1.18% |
| 合计 | 1175 | 1087 | 692 | 266 | 1 | 6 | 3227 |

27.40% 的一年级学生和 28.95% 的四年级学生都认为受助者对资助政策的关心程度会非常影响资助政策宣传的效果,46.00% 的二年级学生都认为受助者对资助政策的关心程度会比较影响资助政策宣传的效果。

(四)资助政策宣传时机

学生认为在什么时机开展资助宣传工作效果最好?

| 名称 | 您现在就读的年级是 | | | | | | 总计 |
| --- | --- | --- | --- | --- | --- | --- | --- |
| | 一年级 | 二年级 | 三年级 | 四年级 | 五年级 | 研究生 | |
| 高中阶段 | 35.66% | 31.74% | 29.19% | 29.70% | 100.00% | 0.00% | 32.41% |
| 高考结束后 | 34.98% | 31.09% | 34.10% | 29.70% | 0.00% | 33.33% | 33.03% |
| 大学报到时 | 19.23% | 24.20% | 24.86% | 25.56% | 0.00% | 33.33% | 22.65% |
| 大学开学后 | 8.00% | 10.12% | 8.82% | 12.41% | 0.00% | 16.67% | 9.27% |
| 学生受助后 | 2.13% | 2.85% | 3.03% | 2.63% | 0.00% | 16.67% | 2.63% |
| 合计 | 1175 | 1087 | 692 | 266 | 1 | 6 | 3227 |

一年级学生和二年级学生认为应该在高中阶段开展资助宣传工作,三年级学生认为应该在高考结束后开展资助宣传工作,四年级学生认为应该在大学报到前开展资助宣传工作,研究生认为应该在高考结束后和大学报到时开展资助宣传工作。